晚清三杰

王第 著

WANG DI ZHU

河北出版传媒集团
花山文艺出版社

图书在版编目（CIP）数据

晚清三杰/王第著. —石家庄：花山文艺出版社，2015.10（2021.1重印）
ISBN 978-7-5511-2497-3

Ⅰ.①晚… Ⅱ.①王… Ⅲ.①曾国藩（1811～1872）—传记②李鸿章（1823～1901）—传记③左宗棠（1812～1885）—传记 Ⅳ.①K827=52

中国版本图书馆CIP数据核字（2015）第210824号

书　　名：	晚清三杰
著　　者：	王　第
责任编辑：	梁　瑛
责任校对：	李　伟
美术编辑：	胡彤亮
出版发行：	花山文艺出版社（邮政编码：050061）
	（河北省石家庄市友谊北大街330号）
销售热线：	0311-88643221/29/31/32/26
传　　真：	0311-88643225
印　　刷：	三河市华东印刷有限公司
经　　销：	新华书店
开　　本：	710×1000　1/16
印　　张：	23.75
字　　数：	350千字
版　　次：	2016年1月第1版
	2021年1月第2次印刷
书　　号：	ISBN 978-7-5511-2497-3
定　　价：	39.80元

（版权所有　翻印必究·印装有误　负责调换）

序　言

一个半世纪以前，随着太平天国运动的兴起，有三个历史人物走上了清朝后期的军政舞台，他们就是被后世称作晚清三杰的曾国藩、李鸿章和左宗棠。其中，曾国藩是湘军祖师爷，左宗棠也是湘军大佬，李鸿章则是淮军掌门人。

在当今中国，曾国藩几乎成了家喻户晓的人物，他的家书家训和为官处世之道被广泛地奉为圭臬。然而，曾国藩的家人大多生活得并不如意，其中一些人的命运十分凄惨；曾国藩在官场也树敌甚多，他屡屡遭受一些同僚的排挤和攻击；曾国藩在事业上算是成功者，他在剿灭太平军的活动中居功至伟，在洋务运动中也多有建树，但他一生经历了非同寻常的磨难和挣扎，在晚年还饱受世人的非议。笔者力求真实而完整地还原曾国藩的一生，并在此基础上进行点评，希望能够对这一人物和那段历史做个比较准确的交代。

李鸿章是曾国藩的关门弟子，李鸿章的淮军正是脱胎于曾国藩的湘军，然而李鸿章在洋务运动中的功业是空前绝后的，在湘军被裁撤之后淮军便成了中国最为强大的一支国防力量，就连袁世凯的北洋六镇都是在淮军的基础上发展起来的。李鸿章长期担任直隶总督兼北洋大臣，对晚清时代的军政和外交具有举足轻重的作用，他的一生因此而长期受到人们的褒贬。关于李鸿章，我们更需要重新认识，因为他的许多行为都代表了清朝的意志，而不完全出自他个人的主张。

左宗棠也是湘军阵营中的一个重量级人物，但他并不是曾国藩的下属，甚至当初曾国藩出山练兵，都是肇始于左宗棠的推荐。左宗棠是个个性鲜明的人物，他在科举上并未取得成功，但他以一个师爷的名头玩转了湖南官场，并在一系列的风云变幻中脱颖而出。左宗棠在镇压太平天国上的功业不如曾国藩，在洋务运动中的功业不如李鸿章，然而左宗棠在平定回乱和收复新疆活动上的大功是盖世无双的。

晚清三杰代表着半部晚清史，而晚清史代表着一个王朝的中兴与没落，其悲壮和沉沦是可歌也可叹的。我们研读晚清史，不仅要了解过往的人物和故事，还应着重于发现和挖掘那个时代悲剧的根源，并从中吸取到足够多的智慧养分。倘能通过对晚清三杰的讲述，使人对那段历史有所感悟或有所启迪，笔者的撰写也就有了意义。

目 录

超群绝伦，内安外攘——曾国藩

第一章　雄才出山 …………………………………… 005
第二章　宦海沉浮 …………………………………… 015
第三章　编练湘军 …………………………………… 026
第四章　挥师北上 …………………………………… 034
第五章　沿江东下 …………………………………… 043
第六章　陷入低潮 …………………………………… 049
第七章　东山再起 …………………………………… 056
第八章　决战皖赣 …………………………………… 064
第九章　节制四省 …………………………………… 074
第十章　大功告成 …………………………………… 083
第十一章　两江任上 ………………………………… 093
第十二章　天津教案 ………………………………… 099
第十三章　回任两江 ………………………………… 104
第十四章　家庭生活 ………………………………… 110
第十五章　一生功过 ………………………………… 119

内悦君王，外御列强——李鸿章

第一章	英才出山	129
第二章	由湘及淮	135
第三章	主政江苏	139
第四章	镇压捻军	144
第五章	青云直上	152
第六章	洋务运动	160
第七章	中日交恶	166
第八章	朝鲜问题	170
第九章	中法战争	178
第十章	北洋水师	186
第十一章	甲午战争	193
第十二章	周游列国	206
第十三章	烈士暮年	217
第十四章	家族人物	227
第十五章	一生功过	238

东御洋夷，西定新疆——左宗棠

第一章	潇湘大才	251
第二章	心忧天下	260
第三章	出山入幕	266
第四章	出省始末	275
第五章	步步高升	284
第六章	筹划海防	292
第七章	用兵陕甘	303
第八章	收复新疆	314
第九章	入值军机	331
第十章	掌控南洋	338
第十一章	再入军机	345
第十二章	楚军大佬	352
第十三章	一生功过	359

超群绝伦,内安外攘——曾国藩

曾国藩本是湖南湘乡一介书生，他通过科举求官的方式进入了晚清的官场，并在穆彰阿的提携下迅速攀升为二品大员。如果不是由于太平军挺进湖南时，曾国藩正在家乡为母守孝，那么他是无缘成为湘军祖师爷的。时代风云变幻成就了曾国藩的丰功伟绩，而时代风云是有着深刻的社会成因的，因此我们在研究曾国藩这一人物时，需要结合当时的社会背景进行分析，不然历史就成了英雄传奇。

其实，曾国藩并不是湘勇的初创者，他之所以能够担当该军的最高统帅，主要是由他当时的地位和使命决定的。在内外臣工的保荐下，咸丰帝任命曾国藩为湖南军务帮办大臣，这只是让他协助湖南巡抚办理军务，并未明确指令他编练湘军。曾国藩接旨上任之后，从一开始就寻求独立建军之道，并根据形势的变化积极扩张实力，最终把湘军打造成为当年神州第一劲旅。

曾国藩率师镇压太平天国，本身就有些自不量力的意味，因为最初湘军只有一万多人，太平军却是带甲百万坐地千里。曾国藩初次率军与太平军交战，就遭到了败军之耻，甚至沦落到自杀的境地。后来，曾国藩在与太平军长期对阵的过程中，更是屡遭失败和凶险。而与此同时，清朝地方官吏并不支持曾国藩，他们自始至终都在牵制着曾国藩，而清廷由于对曾国藩缺乏信任，也就乐于压制湘军的发展势头。

然而，曾国藩毕竟是曾国藩，他在极端不利的局势下，保存了湘军实力并得以发展壮大。而且，更难能可贵的是，曾国藩虽然最初并不精通军事，但他从一开始就确立了先占领长江上游再顺江而下的方略，并且他的湘军始终贯彻了"扎硬寨、打呆仗"的原则。湘军之所以能够最终消灭太平军，在很大程度上就是得益于曾国藩在战略上的高屋建瓴，同时也得益于湘军在沙场上的英勇善战。曾国藩在镇压太平天国的过程中，立下了旷世功勋，也坐上了两江总督的高位，正式跻身于清廷封疆大吏的行列。而清朝军政实权从中央下移到地方，正是从曾国藩出镇两江总督开始的，而地方督抚尾大不掉的局面，一直维持到清朝的谢幕。

关于曾国藩在剿灭太平天国之后，为什么没走上改朝换代的道路，而是选择了成为一代中兴名臣，笔者有着自己的解读。湘军全盛时有三十万兵马的规模，而曾国藩所能指挥和调动的不过十几万，其中他的嫡系部队唯有曾国荃统率的五万多人；而曾国荃攻占南京时，僧格林沁和官文等满蒙大员已经分别在江北和两湖地区布防，因此曾国藩自立的胜算并不是很大。至于说到曾国藩的忠君爱国，这也是他不称帝的一个重要原因，但绝不是最根本的原因，因为他代表的不仅是个人和家庭，而是一个军政集团的根本利益。

曾国藩为了向清廷表忠，就在攻占南京之后的一个月内遣散了湘军，自废了使他得以横行天下的武功。如此一来，清廷完全信任了曾国藩，便授予他和其他湘军大佬高官厚禄。然而，在清廷责令曾国藩镇压捻军起义时，他却不能有效指挥淮军队伍，这一历史重任便由李鸿章来完成了。如果没有曾国藩的提携和扶持，就没有李鸿章的淮军势力的崛起，晚清时期的一系列历史事件就要改写。因此，虽然后来在洋务运动中，李鸿章的作为超过了曾国藩，但他终生奉曾国藩为师，并按照湘军的编制和操法打造淮军，在一定意义上算是延续了湘军的政治生命。

曾国藩晚年因处理天津教案而声名扫地，其实这是历史误读了曾国藩，如果我们实事求是地面对天津教案，就会发现曾国藩的处理方式是无可厚非的。

曾国藩本身是个文人，他在行军打仗和处理政务期间，从未放松过对于读书和写作的坚持，这是他有别于其他军政大佬之处。曾国藩终生信奉儒家理学，始终坚持按照道德规范来修身正己，但他年轻时也曾在京城放荡不羁，他在日记中完整地记录了自己的心路历程。曾国藩有着一种绝对二元论的观点，那就是一个人不为圣贤即是禽兽，这一点对于我们今人并不具备指导意义，因为介于圣贤和禽兽之间的常人永远是芸芸众生中的大多数。

不管曾国藩平生有多大作为，他都无力扭转清朝衰亡的命运，这对于他来说是最大的不幸，而他本人也有着难以更改的时代局限性。笔者将以曾国藩的人生轨迹为主线，认真叙述相关人物和事件，详细描绘那段波澜壮阔的历史画卷，并将个人的见解融汇其间，力求从中得出有价值的结论来。

第一章 雄才出山

第一节 耕读传家

1811年，即清嘉庆十六年，曾子城出生在湖南省长沙府湘乡县杨树坪，他就是后来大名鼎鼎的曾国藩，其祖父曾玉屏是位小地主，其父曾麟书是位私塾先生，其母江氏是位普通民妇。在持续的闭关锁国政策之下，清朝的国力和文明已经被西方世界甩到了后面，加之官场腐败、军备废弛、鸦片泛滥、财政紧张，到嘉庆年间已经呈现出全面衰败的态势。然而，清朝的衰败并未影响到曾家人耕读传家的热情，曾玉屏通过奋斗换来了全家的小康，在此基础上他一心想把后代培养成才，其子曾麟书读书也十分刻苦，其孙曾国藩更是通过科举进入了官场。

曾玉屏在年轻时曾经游手好闲不务正业，后来在亲朋好友的劝导下，他才改邪归正勤恳劳作，最终挣来了百十亩水田，使曾家人过上了小康生活。曾玉屏在发家之后，便萌生了培养后人读书做官的想法，可惜他的三个儿子都没能令他如愿。曾麟书作为曾玉屏的长子，他从小就立志通过读书出人头地，成家立业后更是长期醉心于功名，以教授私塾为业而不事生产劳作，可他连续经过十七次科考，最终在四十三岁那年才取得了秀才的资格。曾国藩正是在祖父的期盼下走上读书之路的，他承载了曾家科举求官光大门楣的梦想，他最终实现了这个梦想，但他这条路走得相当艰难，因为他的天资并不十分聪颖。

曾国藩是家中长子，他的四个弟弟分别是曾国潢、曾国华、曾国荃和曾国葆，另外他的姐妹分别是曾国兰、曾国蕙和曾国芝。后来，在曾国藩外出做官和统兵作战期间，曾国潢始终在湖南老家操持家务，而曾国华、曾国荃和曾国葆都成了湘军将帅，其中曾国华命丧沙场，曾国葆也病逝军营，唯有曾国荃取得了攻克天京的大功。总之，曾国藩的弟弟们都是在他的指导下成长起来的，他们大多为追随其兄而付出了沉重的代价，但最终实现了他们的人生价值。

曾国藩自称是曾子的第六十八世孙，对于此说的准确性笔者不敢肯定，但是曾国藩未曾辱没曾子这位曾氏先人，他一生的功业是远超其始祖的，他的学识、品格和地位也是足以光宗耀祖的。曾子作为曾氏先贤存在，给曾国藩潜心读书提供了精神动力，而潜心读书使他走上了一条成功入仕之路。假如曾国藩不是通过科举走上清廷的官场，那么就算他后来参与湘军的组建，也不会拥有那么高的起点。曾国藩的成功之路，就是从他科举求官开始的，为此他做出了巨大的努力。

第二节　求学之路

为了把曾国藩早日培养成才，在他四岁那年，即1815年，清嘉庆二十年，其父曾麟书就开始对他进行文字启蒙了。曾麟书虽然当时连个秀才功名还没考取，但他已经具备了比较扎实的国学功底，用来引导儿子读书识字已经足够了。凡是了解传统教育的朋友都应该知道，旧学启蒙教育是与我们今天教授小学生不同的，它一般不是从识字读音开始的，而是让孩子先行背诵一些经典文辞，比如《三字经》《百家姓》和《千字文》之类的东西。正如笔者前文所说，曾国藩从小并未表现出过人的读书天赋，他背诵文书的效率不高，总要靠反复吟诵来加强记忆。

1816年，曾国藩时年五岁，经过一年的启蒙教育，他已经能够背诵一些基本的经典篇目，也识得了些许简单的汉字。为了让曾国藩正式走上读书的道路，其父曾麟书便把他带入了家庭私塾利见斋，让他正式成为一名学童。虽然教导曾国藩读书的先生仍是其父曾麟书，但是进入了私塾就要接受严格的管制，因为在这家私塾里读书的有一群孩子，如果没有严格的规矩那是无法保证教学质量的。曾国藩是教书先生的儿子，这意味着他经受的管制会更加严格，这种管制对于一个五六岁的儿童来说是苛刻的，但是曾国藩很快就适应了私塾的教学环境，他总用刻苦攻读来进行自我管理。

曾国藩爱上读书绝不是天性使然，而是一种强化训练的产物，因为从根本上讲私塾教育方式是不科学的。然而，一个人一旦适应了某种东西，他就会跟着惯性走下去，甚至会终生沉醉于此，当然曾国藩也不例外。曾国藩热爱读书的动力，最初主要是家人的期待和引导，也主要是为了早日成就科举求官之梦，也成了他安身立命和修身养性的根本，以至发展到"不可一日不读书"的境地。如果单纯抱着功利目的去读书，那么整日读书肯定是一份很苦的差事，可是如果把读书变成了一种嗜好，那么读书之人就会以苦为乐了。从某种意义上来讲，曾国藩从幼年起，就成了这种旧式教育制度培养出来的书虫。

经过十年的刻苦攻读，曾国藩总算在学问上有了明显的进步，1826年，即清道光六年春，时年十五岁的他参加了长沙府童子试，并在初试中取得了全府第七名的好成绩。童子试又称童试，是清代科举考试的第一关，分为县试、府试和院试三个阶段，排在乡试、会试和殿试之前。凡是在童子试中通过了院试一关的，才能被授予秀才功名，曾国藩虽然在前两关开局顺利，但是这次最终没能通过院试，也就没能取得秀才功名。因此，这次考试对于曾国藩来说，既是一次激励又是一场打击，使他认识到了自身学问上的不足，所以更加勤奋地投入到了读书求学中去。

结束了长沙之行的曾国藩回到湘乡，继续攻读四书五经和八股文，为日后再次参加科举做准备。在此期间，曾国藩的父亲曾麟书的老友欧阳凝祉，非常欣赏少年曾国藩的治学精神和诗文水平，便主动提出要把其女欧阳氏许配给他，从而曾国藩有了未婚妻。订婚之后的曾国藩并未放松对求学之路的坚持，为了进一步深造，1830年，时年十九岁的他赶赴衡阳，进入了当地著名的唐氏宗祠，师从一位名师汪觉庵。汪觉庵当时并不欣赏曾国藩，他认为这个弟子根本就不是读书的料，后来才不得不对曾国藩刮目相看。次年，时年二十岁的曾国藩返回湘乡，进入了本地的涟滨书院，继续探求旧学知识的精髓。

曾国藩的奋斗换来了实实在在的回报，1833年，即清道光十三年，时年二十二岁的他，再次赶赴省城长沙，参加了决定自己科举命运的童子试，最终顺利通过了院试，获取了秀才功名。这是很了不起的一件事，因为在此之前，湘乡曾氏及其乡党读书人中，除了曾国藩的父亲曾麟书之外，还没有人取得任何一项科举功名；而曾麟书已经步入中年，要想通过科举求官的方式光耀门庭那是不太现实了，曾氏一门的希望就落在曾国藩的肩上了。取得了初步成功的曾国藩，回到家乡之后，不但受到了家族及乡邻们的赞誉，而且迎来了他人生中的第一场婚姻，他与欧阳氏正式成婚了，这对于青年曾国藩来说真可谓双喜临门。

成家之后的曾国藩，继续进军科举之路，因为只有参加了乡试、会试和殿试之后，才能进入正途出身的文官行列。1834年春，曾国藩进入了久负盛名的岳麓书院，进一步深造课业，为参加乡试考取举人做准备。岳麓书院是中国古代四大书院之一，历经宋元明清四代，号称"千年学府"，藏书丰富，学术高深，曾国藩进入该书院后如鱼得水，迅速吸收国学知识精华。后来，曾国藩领衔镇压太平天国，与太平军烧毁岳麓书院有着很大关系，因为这家书院承载了中国古代文化传统和读书人的求学梦。

第三节　科举求官

1834年，即清道光十四年秋，时年二十三岁的曾国藩，参加了在长沙举行的湖南乡试。在这个全省顶尖读书人才汇集的场合，曾国藩发挥出了较佳知识水平，从容地完成了全部答卷，最终以第三十六名的成绩成功中举。这在当时是轰动湘乡乃至湖南的一件大事，我们要知道，有许多读书人奋斗了一辈子都拿不到举人的功名，曾国藩的父亲曾麟书年过四十才考取了秀才的功名，而《儒林外史》中的范进中年中举后都兴奋得发疯了，曾国藩年纪轻轻就获此殊荣，一举洗刷了他读书笨拙的名声，迅速成为当地读书人的偶像。

青年曾国藩暴得大名，初步成就了曾氏一门多年来的读书求官梦，令曾家在湘乡一带名声大振。曾国藩取得了举人功名，也就赢得了候补为官的资格，但他有着更高的追求，打算赶赴京师参加会试，获取更大的功名利禄。在曾国藩进京赶考之前，他南下衡阳拜望了恩师汪觉庵，师生二人相见甚欢，汪觉庵再也不敢轻视这个笨学生了。当初汪觉庵曾经跟曾国藩讲："你读书是不会有出息的，假如你将来能中举，为师我就当书童给你背伞。"如今业已中举的曾国藩，对以前的事情仍然耿耿于怀，他设计让汪觉庵真替自己背了一次伞，以此来报当年的一箭之仇。由此可见，青年时期的曾国藩，其心胸还不够开阔，尚未修炼成后来那个老成豁达的大儒。

1834年冬，曾国藩收拾好行囊，辞别了家人，向京城进发，准备参加来年举行的会试。曾国藩从湘乡去北京，第一站就是湖南省城长沙，他在长沙的湘乡会馆遇见了一个叫作刘蓉的年轻学子，两个人一见如故并迅速结为挚友。刘蓉比曾国藩小五岁，后来他也成长为桐城派古文大家，还做了曾国藩身边重要的幕僚，并在曾国藩最危急的时刻挺身而出，最终他爬上了陕西巡抚的高位。曾国藩后来筹建湘军，是在许多同乡挚友的帮助下成事的，而他的第一位幕宾就是这位小老弟刘蓉。

曾国藩途经水旱两路，行程共计三千多里，历时一个多月才抵达北京。曾国藩抵达北京后，按照当时的科举惯例，住进了相当于本省驻京办事处之一的长沙会馆。在明清两代，各地驻京会馆有五百多所，主要是各省籍士绅联络乡谊的地方，而参加科举的本省士子往往会寓居于此。曾国藩入住长沙会馆，对他而言有两个好处：一是可以节省一笔费用，因为会馆对本省籍士子收费低廉；二是可以借机加入湖南籍士绅圈，为将来在科场和官场取得进步打下基础。曾国藩在此期间结识了一位贵人，此人就是湖南籍监察御史劳崇光，他对曾国藩的诗文青睐有加。当然，曾国藩此时的主要任务是读书，他来京的目的就是参加次年的会试，因此他无暇流连于京城街市的美景和八大胡同的春色，而是全身心地投入到圣贤书中去了。

1835年，即清道光十五年春，时年二十四岁的曾国藩正式走入了会试的考场。曾国藩本以为，凭借自己多年的寒窗苦读，应该可以在会试中脱颖而出，没想到结果却是名落孙山，这是他在赴京赶考之后所遭受的第一场重大打击。其实，曾国藩会试失利并不奇怪，因为齐集京城的科考士子都是全国各省的顶级人才，要想在这个强大的阵容中出类拔萃是无比困难的。曾国藩并未被这个挫折击垮，他在经历了短暂的低落之后，继续收拾起原来的书本，重新埋头于这些经典中去。

本来，科考失败的士子要返回家乡的，因为在正常情况下，会试每三年才举办一次，而以当时曾国藩所携带的盘缠，他是支撑不了在京三年的费用的。然而，曾国藩坚定地留在了京城，继续住在长沙会馆读书。何以如此呢？原来，来年是皇太后的六十大寿，按照惯例会加试一场恩科，这就给了曾国藩新的希望。这位皇太后是嘉庆帝的皇后，她虽然不是道光帝的生母，但对道光帝继承大统有推戴之功，因此受到了道光帝的特意尊奉，后来在道光帝宣布禁烟之后，仍专门为她保留了一条进贡鸦片的通道。

1836年，即清道光十六年，曾国藩再次走进了会试的考场。不知是因为曾国藩习艺不精,还是由于他时运不济,反正在发榜当日,他发现自己再次名落孙山。这次惨败对于曾国藩打击不小,他已经丧失了继续居留京师的资本和勇气,只得沮丧地返回老家。曾国藩没有按原路返回,而是专程沿京杭运河南下,一路游览了沿途景致。曾国藩此行,增长了地理和风俗方面的见识,为他后来进攻南京和经营两江做了一些铺垫。

曾国藩自京城返乡,看上去十分潇洒,其实却窘迫万分,因为他是科举失败之后才被迫返乡的,而且此时他已经到了山穷水尽的地步。

道光帝(1782.9.16～1850.2.25),爱新觉罗氏,原名绵宁,即位后改为旻宁,嘉庆帝次子,生母为孝淑睿皇后喜塔腊氏,是清兵入关后的第六个皇帝。也是清朝唯一以嫡长子身份继承皇位的皇帝。

当曾国藩进入江苏地界之后,他顺道拜会了睢宁知县易作梅;易作梅也是湖南湘乡人,他还是曾国藩的父亲曾麟书的旧交好友。曾国藩这个晚辈的来访,让易作梅非常高兴,而且易作梅从曾国藩的谈吐中,发现这个后生绝非池中物。于是,还没等曾国藩开口相求,易作梅就给了他一百两银子作为川资,这对于他来讲不啻雪中送炭。

曾国藩筹到了路费，使他免于沦落到丐帮的队伍中去，而是从容地继续他的东南之旅。当曾国藩乘船到达南京的时候，他因久慕金陵的风采和魅力，便下船登岸进城一游。曾国藩并未像其他游学士子一样贪恋此地的繁华和秦淮河的风月，而是流连忘返于城中的书肆。在一家较大的书肆中，曾国藩发现了一套精装版的《二十三史》，这是他梦寐以求的一部书。曾国藩很想买下这部书，但它价值一百两银子，如果买下了它，那么自己回家的费用就成问题了。在这种情况之下，曾国藩豪赌了一场，咬牙买下了这套书，然后把自己随身的衣服送去当铺当掉，这才勉强凑够了返乡的盘缠。

曾国藩回到家乡之后，其父曾麟书并未批评他两次科举失利，也未抱怨他筹钱买书之举，而是叮嘱他一定要把买来的书读通读透。曾麟书不愧为一位成功的父亲，他很清楚怎么样才能把儿子培养成才；而曾国藩也聆听了父亲的教导，把爱书的品性和读书的精神发扬光大。此时的曾国藩已经不再是那个埋头读书的书虫了，而是有了一些阅历和见识并经受过一定磨难的有为青年，为了寻求志同道合的朋友，他专程赶赴长沙的湘乡会馆，通过刘蓉认识了郭嵩焘等人，一起探讨读书求学之道，并就时局发展相互交换了意见。郭嵩焘比曾国藩小七岁，他后来力劝曾国藩出山编练湘军，也成了曾国藩幕府中的重要成员，最后他成为一名杰出的外交官。

曾国藩是不会放弃科举求官梦的，他在家乡继续攻读课业，1838年初，时年二十七岁的曾国藩经过充分准备，再次从家乡赶赴京城，重新入住长沙会馆，为参加本届会试做好了充足的准备。这是曾国藩第三次参加会试，他多年的努力总算得到了回报，参加完礼部在贡院举办的三场考试，最终他的姓名出现在杏榜上。曾国藩虽然成功考取了贡士，但他的成绩并不算太好，被排在了第三十八名。

会试之后是殿试，所有贡士都得参加由皇帝亲自出题的策论，然后重新排定名次。在此次殿试之后，曾国藩的名次更低了，他被排在第三甲第四十二名，被赐同进士出身。"同进士"实际上是说当事人不够进士的资格，正如"如夫人"是指小妾而不是指正妻，因此曾国藩将此引为平生之耻，后来遇有别人把"同进士"和"如夫人"相提并论便勃然大怒。

按照清代科考惯例，殿试成绩第一甲只有三人，他们分别是状元、榜眼和探花，均被赐进士及第，可以全部直接进入翰林院；第二甲有若干人，他们均被赐进士出身，其中优秀者可以进入翰林院；第三甲有若干人，他们均被赐同进士出身，一般是无缘进入翰林院的。曾国藩作为第三甲成员，被赐同进士出身，也就意味着他没有取得进入翰林院的资格。自唐代开始，翰林院就是学术色彩浓厚的官署，后来更是成为历代高官的培训基地，因此进入翰林院便成了所有读书人的梦想，曾国藩当然也不会例外。

曾国藩后来还是有幸进入了翰林院，这得益于他抓住了最后一个机会，那就是殿试之后的朝考。本届朝考由道光帝的首席军机大臣穆彰阿主持，他比较欣赏曾国藩的诗文，此时他正要笼络党羽，而曾国藩的淳朴风格更是进入了他的法眼。于是，曾国藩在同乡御史劳崇光的指点下，提前怀揣着自己的诗文，跑到穆彰阿的府邸，拜会了这位当朝第一重臣。曾国藩对穆彰阿毕恭毕敬，穆彰阿则对曾国藩关怀备至，曾国藩便趁机叩头认下了这门恩师。从此，曾国藩成了穆彰阿的门生和党羽，穆彰阿正式把他的名字从"子城"更改为"国藩"，并把他推荐给了道光帝。

穆彰阿是道光帝的心腹大佬，因此他的推荐是很受皇上重视的，道光帝决定亲自考核曾国藩。道光帝给曾国藩的出题方式很特别，他命太监把曾国藩引入中和殿停留了一个时辰，而自己又不肯出面相见。曾国藩在紧张中度过了这一个时辰，而后只得满怀失望和疑惑退出了皇宫；为了解开这个谜团，他连夜拜会了恩师穆彰阿。穆彰阿听曾国藩讲完经过，就马上明白了是怎么回事，他便命人赶紧携带四百两银子，去入宫收买执事太监，把曾国藩待过的那间宫殿内壁上的文字誊抄下来。穆彰阿肯为曾国藩这个三甲进士出血，足以证明当时曾国藩就获得了他的器重，而他也将成就曾国藩的功名利禄。

原来，那间宫殿内壁上的文字是一篇《朱子家训》，是道光帝平生比较看重的思想理论。在穆彰阿的嘱托下，曾国藩深夜背熟了这篇文字，并详细探究了其中的精义。于是,在次日道光帝再次召见曾国藩时,他向曾国藩问及了《朱子家训》的有关内容;曾国藩则对答如流,因而颇受道光帝喜爱。在接下来的正式朝考中,穆彰阿把曾国藩排在了第三名,道光帝则亲笔把曾国藩改为第二名,并破格授予他翰林院庶吉士的官职。

翰林院庶吉士也称庶常,虽然只是从七品的小官,但它是明清两代进士所能获取的最高起点,意味着该进士有了飞黄腾达的机会。庶吉士供职于翰林院庶常馆,主要负责文字一类的工作,同时培养处理政务的能力,由户部提供给每人住宅一套及其生活用品,另外每月还有四两半银子的俸禄,散馆后一般被授予编修或检讨的官职。曾国藩当上了翰林院庶吉士,也就正式进入了晚清的官场,成了一名年轻的京官。

第二章　宦海沉浮

第一节　步步高升

1838年底，功成名就的曾国藩，在向翰林院庶常馆的上司请假之后，返回了湖南湘乡老家。此时的曾国藩，已经成了湖南一带的知名人物，他的科考成功激励着湘乡地区的后辈学子，也使曾氏一门提高了名望。在曾国藩的带动下，湘乡一带人才辈出，有很多人陆续登上了历史的舞台，就连后来的名人毛泽东，都是听着曾国藩的励志故事长大的。

曾国藩此次返乡，还有一项重要使命，那就是为曾家制造下一代。曾国藩与欧阳氏成婚已经多年，欧阳氏生下了长子曾纪第，这孩子却在两岁那年得天花早夭了。不孝有三无后为大，现在曾国藩取得了功名，得以放心回归家庭生活了，所以造人一事便提上了日程。经过曾国藩夫妇的不懈努力，1939年底，欧阳氏生下了次子曾纪泽，为曾氏一门延续了香火，也为未来中国制造了一名杰出的外交家。

曾国藩在此次居家期间，游历了湖南境内的多个州府，也考察了各地的书院和祠堂，还结识了一帮士绅名人。曾国藩在这段时期的活动，为他将来在湖南编练湘军和行军打仗准备了条件，只是他当时并未意识到这一点。曾

曾纪泽（1839~1890），字劼刚，今湖南双峰荷叶人，曾国藩之子。袭父一等毅勇侯爵爵位。官至户部左侍郎。有《佩文韵来古编》《说文重文本部考》《群经说》等传于世。

国藩之所以能在家乡闲居一年之久，是因为此时他只是个闲散低级官僚，国家大政方针还轮不到他来左右。此时，禁烟运动已经轰轰烈烈地开展起来，禁烟派代表人物林则徐已经在虎门销烟，而第一次鸦片战争已经爆发。虽然曾国藩此时人微言轻，但他已经初步表达了自己的政治观点，因为他是弛烟派代表人物穆彰阿的门生，所以他倾向于采取温和的方式来对待鸦片贸易。

1839年底，曾国藩带领妻小迁往北京，重新回到翰林院庶常馆供职。从此时开始，曾国藩养成了一个习惯，那就是每天坚持写日记，把每天的所作所为和所思所想都如实记录到日记中去，他的这一功课一直坚持到离开人世之前。除了写日记之外，曾国藩还经常给人写信，尤其是常年坚持给曾氏家人写信，《曾国藩家书》就是从他在京为官开始写起的。曾国藩作为一名忠实的理学信徒，每天坚持自我反省，不断按照儒家教义来矫正自己的心态和行为，一步步成长为一名理学大师，这在他的文字中有着具体的体现。

1840 年，翰林院庶常馆散馆，曾国藩经过考核程序，取得了第二等第十九名的成绩，被授予正七品的检讨官职。这是曾国藩第一次升职，他仍然供职于翰林院，主要从事一些文史类工作。在此期间，曾国藩开始染上了一些京官的恶习，比如吸食鸦片、痴迷围棋和贪恋美色等。而后，曾国藩便时常在日记中责骂自己是禽兽，并努力通过反躬自省的方式来修正自己的行为。曾国藩甚至用绝对二元论的观点来看待问题，他认为一个人不为圣人即为禽兽，因此要努力做个圣人。

在经历了深刻的自我斗争之后，曾国藩戒绝了全部恶习，但是也把自己的身体给拖垮了。曾国藩病倒之后，有两个同僚一直陪护和照料了他，他们分别是吴廷栋和欧阳兆熊。后来，曾国藩的身体好转了，他便与吴廷栋和欧阳兆熊结为挚友，在官场和学业上相互扶持相互砥砺。除了这两个人之外，曾国藩还与倭仁、胡林翼、陈启迈、李文安和陈源衮等人交好，后来这些人有的成了他的至交好友，有的则成了他的政敌。

1841 年，曾国藩拜理学大师唐鉴为师，向他求教治学之方。曾国藩此举增大了他在京城士林中的名气，也为他在官场上向上攀登准备了条件，同年他便被授予国史馆协修，主要工作是考察历代施政的是非得失。在此期间，曾国藩继续发奋努力，一方面增大知识储备量，另一方面严格按照儒家经义来要求自己，从而逐渐向着他心目中的圣人方向靠近。

1843 年，在穆彰阿等人的提携下，年仅三十二岁的曾国藩，被授予翰林院侍讲学士的职位，一跃而成为从四品官员。除此之外，曾国藩还兼任过翰林院庶吉士的教习，并且曾经外放四川担任乡试正考官，进一步培养了官场上的资历和阅历。在此期间，曾国藩招收了两个弟子，

林则徐

一个是老友郭嵩焘介绍过来的江忠源，另一个是同年李文安的次子李鸿章。这两个弟子后来都成了曾国藩的左膀右臂，其中江忠源缔造的楚勇就是湘军的雏形，而李鸿章缔造的淮军取代了湘军的历史地位。

除了积极谋求晋升之外，曾国藩也特别注意自己在士林中的声望，因此他比较关注道德修养和民间疾苦。胡林翼作为曾国藩的朋友，他也有着同样的喜好，他送给曾国藩一套由陶澍撰写的《陶文毅公文集》，曾国藩如获至宝一般。陶澍曾任两江总督，他的功业和名望很大，但他在修身方面并不像曾国藩一样严格。后来，陶澍的儿子陶桄娶了左宗棠的女儿，而围绕着这位陶公子发生了不少故事，笔者将会做些简要记述。

除了读书之外，曾国藩还比较专注于著述，比如他撰写了一篇叫作《里胥》的五言长诗，一方面描述了民众生活的艰辛，另一方面揭露了吏治的腐败。曾国藩是个科举求官的成功者，所以他着眼于对旧体制进行修补和改良；而洪秀全是个科举求官的失败者，所以他着眼于砸烂这个旧世界。这两个人的人生境遇，决定了他们所走的道路有着天壤之别，也为后来的风云变幻奠定了根基。

时至1847年底，在道光帝和穆彰阿的赏识和提携下，年仅三十六岁的曾国藩，先后担任了文渊阁直阁士、内阁学士、武会试正总裁、殿试阅卷大臣等职务，一跃而成为二品大员，同时也成了穆党的中坚分子。这里面有曾国藩个人表现优秀的原因，当然更重要的是穆彰阿的一手提拔，不然曾国藩是不会高升得这么快的。后来，曾国藩爬上了一品大员的高位，那是他在历经艰苦卓绝的奋斗之后，用生命和鲜血换来的，比他此时的上位艰难多了。

1848年春，欧阳氏又给曾国藩生了个儿子，他就是后来成为大数学家的曾纪鸿。曾国藩一生有过三个儿子，其中长大成人的只有两个，另外还有五个女儿。曾国藩对孩子们的教育培养方式是很开明的，曾纪泽和曾纪鸿都没参加科举，他们都按照自己的志趣所在分别学习了外语和数学，曾国藩非但没有干涉他们，而且给他们提供了全力支持，甚至还亲自涉猎了相关基础知识。曾国藩在教子方面的开明，对于今天的人们来说是很正常的，但在那个以科举为正途的旧社会是惊世骇俗的，绝不是一般人能够做到的。同年秋，曾国藩辑录并整理了历代名臣大儒的关于修身、齐家和治国的一些言论，编撰成了一部大作《曾氏家训》。这部作品很快就广为刊发，成了那个时代文人士子为人处世的行为规范，有着很大的影响力。

1849年，即道光二十九年初，时年三十八岁的曾国藩，先是转任礼部右侍郎，然后又署理兵部右侍郎，最后又兼任了吏部左侍郎。如此一来，曾国藩就有了礼部、兵部和吏部三个重要部门的工作经验，对于相关事务有

李鸿章（1823.2.15～1901.11.7），本名章桐，字渐甫（一字子黻），号少荃（泉），晚年自号仪叟，别号省心，谥文忠。安徽合肥东乡（今肥东县）磨店人。因行二，故民间又称"李二先生"。著有《李文忠公全集》。

了全局性的把握，这对于他将来整理军政独当一面是有很大帮助的。曾国藩能够取得这份资历，主要是因为道光帝和穆彰阿打算把他培养成朝廷栋梁，然而非常不幸的是，他后来虽然立下了盖世奇功，但是最终也没能成为中枢大臣，这是因为他的靠山倒台了。

第二节 触怒新君

1850年,即清道光三十年春,清朝发生了一件大事,那就是道光帝驾崩了,而后由咸丰帝继位为君。道光帝之所以选择了庸弱的咸丰帝奕詝作为继承人,而没有选择英明的恭亲王奕䜣,据说是因为奕詝的老师杜受田揣摩透了道光帝的心理。据说,有年春天道光帝带领众位皇子去狩猎,奕䜣获取到的猎物最多,而奕詝却一无所获;道光帝问奕詝情由,奕詝按照杜受田的教导回答说,春天是鸟兽繁殖的季节,他不忍因打猎而杀生;于是道光帝认为奕詝是个仁厚之君,便决意把他立为皇嗣。其实这个故事,与曹魏君主曹丕册立曹叡为太子是如出一辙的,都只是一种传说罢了。

道光帝之所以选择的继承人是奕詝而不是奕䜣,这里面是有其他原因的,首先是奕詝比奕䜣年长,当然更为重要的原因,就是奕詝比奕䜣庸弱。一个英明的君主,往往会选择一个或者年幼或者庸弱的儿子作为自己的接班人,这在中国三千多年的家天下中是屡见不鲜的。其原因也是很容易理解的,那就是一个年幼或

咸丰帝

柔弱的储君往往无力挑战当朝君主的权威和地位，而储君太强对于当朝君主来说一般不是什么好兆头。道光帝选择和培养了奕詝，但他内心深处还是很喜爱奕䜣的，于是他在临终时，虽然册立了奕詝为新君，却同时册封奕䜣为亲王。

自古以来都是一朝天子一朝臣，在此新旧交替之际，朝廷领导班子肯定是要换血的，其中首当其冲的就是首席军机大臣穆彰阿。穆彰阿是道光帝的头号心腹重臣，他多年来收纳党羽把持朝政，如今咸丰帝即位了，他被拿掉是必然的。在咸丰帝将穆彰阿革职之后，他需要重新提拔一位重臣，眼下看来恭亲王奕䜣最有资格，但他却并未重用这个弟弟，而是培养和扶植了肃顺。咸丰帝不敢放手任用奕䜣，主要是因为奕䜣的地位和声望太高了，他怕奕䜣会挑战自己的皇位。咸丰帝垂青和属意的人是肃顺，这是一个厉害的角色，他本是皇族远支成员，平生不学而有术，早就深受咸丰帝宠信了。

穆彰阿倒台了，穆党也就树倒猢狲散了，曾国藩这个穆党中坚面临着尴尬的处境。咸丰帝之所以不把穆党一扫而光，绝不是因为他对曾国藩等人有多深的感情，而是他认为自己登基不久，如果采取大换血的方式来洗牌，那会不利于朝局的稳定，从而也就不利于自己的统治。曾国藩虽然没有跟着穆彰阿一起倒台，但他的好日子算是到头了，因为咸丰帝似乎并不看好他，他要想在新朝站稳脚跟，必须得有所建树了。

长期以来，曾

奕䜣

国藩虽然一路升迁，但是他却时常遭受同乡好友的非议，原因是他始终把保守禄位放在第一位，而不敢对朝廷重大政策进行批评指正。眼下新君上位了，咸丰帝为了摆出虚心纳谏的姿态，便下旨号召群臣献计献策。这对于曾国藩来说是个契机，他需要向湖南籍友人证明自己不是尸位素餐之人，也需要跟这位新君正式打个交道，于是他便趁机上了一道《应诏陈言疏》，而在太平军起事后又上了一道《敬陈圣德三端预防流弊疏》，很快就把自己推到了风口浪尖上。

曾国藩在《应诏陈言疏》中指出，对于一个王朝来讲最重要的是用人和行政，因此皇帝要选用良臣，以防止官场持续糜烂。这封奏疏弹的是人治的老调子，虽然也对朝政有所批评，但是口气并不严厉，而且是用密折的形式上奏的，所以咸丰帝阅后不置可否。然而，曾国藩在明折《敬陈圣德三端预防流弊疏》中，公然对咸丰帝进行了指责和攻击，指出皇帝初登大位就不顾大局、爱慕虚荣且玩弄权术，正在往昏庸无道的方向发展。这一下子就把咸丰帝给激怒了，他阅后气得咬牙切齿，把奏折狠狠地摔在了地上，准备严办曾国藩。

其实，曾国藩在上《敬陈圣德三端预防流弊疏》之前，已经预料到了自己可能会因触怒新君而遭受厄运，轻则会被罢官夺职，重则会被下狱治罪，甚至有被砍头之虞。因此，曾国藩事先把这份奏疏抄写了几份，分别邮寄给湖南老家的亲朋好友，以此来向他们表明心志。当曾国藩之父曾麟书收到这份奏折的复件时，很为儿子捏了一把汗，他回信批评了曾国藩的孟浪和狂妄。曾国藩此次上疏，本身就是一场豪赌，因为此时他的小命攥在咸丰帝的手心里，而天威震怒后果是难以预料的。

咸丰帝本想严厉惩治曾国藩的，可就在他准备采取行动的时候，有人来进谏了，此人就是大学士祁寯藻。祁寯藻是道光帝的老师，也是咸丰帝的老师，后来还当了同治帝的老师，因此世称"三代帝师"，他是为咸丰帝所尊崇的大臣，因此他的意见会受到皇帝的重视。祁寯藻仅用四个字就化解了咸丰帝的愤怒，他说的这四个字是"君明臣直"，意思是说臣子的直谏恰好证明了君主的圣明。祁寯藻不愧为大学士，他以四两拨千斤的功力，轻易就把这道难题给解开了，不但保住了曾国藩的官职和性命，而且令咸丰帝转怒为喜。

祁寯藻在最关键的时刻，出手帮了曾国藩，让他得以度过了危机。咸丰帝转怒为喜，曾国藩也就转危为安，但是咸丰帝是个心胸狭隘之人，从此这个梁子算是结下了，曾国藩日后在官场上的日子就不好过了。曾国藩在了解到事情的详情之后，对祁寯藻是感激不尽，然而他当时不会想到，后来坏了他的好事的人，仍然是祁寯藻。祁寯藻之所以要替曾国藩说话，绝不是基于两个人之间的交情，而是基于他对咸丰帝的心理的把握，当然他后来让咸丰帝防范曾国藩，也是出于这种心态。

第三节 回乡守制

1851年，即清咸丰元年初，洪秀全和杨秀清等人，率领数千名拜上帝教信徒，在广西桂平金田村组织起义并建号"太平天国"，清廷派出数万八旗和绿营大军前去镇压，竟被起义军打得溃不成军。这一事变震惊了即位不久的咸丰帝，清朝也迎来了它开邦立国之后最大的一场统治危机，如果不能扑灭太平军，那么清朝的江山必将不保。

关于如何镇压太平天国和化解统治危机，曾国藩在给咸丰帝的奏疏中做了详细的说明，但他的意见

洪秀全（1814.1.11～1864.6.1），原名洪仁坤、洪火秀，生于广东花县（今广州花都区）福源水村。

并未被皇帝重视，而是被搁置了起来。此时的咸丰帝不会想到，将来能够领衔镇压太平军的，就是自己眼前的这个文官。咸丰帝根据祁寯藻的意见，没有处分曾国藩，但他并没有重用曾国藩的意思，而是把他连同他的奏折一起给搁置了起来。后来咸丰帝起用曾国藩的决定，是在局势持续恶化之后，且是在内外臣工的联合奏请之下做出的。

时至咸丰年间，清朝入主中原已有两百多年，如今嘉道中衰，其统治早已陷入了危机之中，国力远远不及西方列强，官场和军队已经腐化不堪，阶级矛盾更是异常尖锐，再加上鸦片泛滥和财政紧张，因此太平军起义一爆发，大局随即变得难以收拾。咸丰帝很清楚，八旗和绿营军已经不中用了，要想把太平天国镇压下去，必须寻找新的军事支柱了。在多年前的白莲教大起义爆发后，清廷就是靠授权地方官僚组织团练将其镇压下去的，如今"太平天国运动"爆发，咸丰帝自然就想起了这件法宝。咸丰帝急忙在南方十个省区范围内，任命了三十多名团练大臣，其中并没有曾国藩。

尽管咸丰帝不重视曾国藩，但曾国藩却竭尽全力要为咸丰帝和清廷分忧。1852年，他又上了一道《备陈民间疾苦书》，向皇帝讲述了起义爆发的根源。曾国藩的这道奏疏，仍未引起咸丰帝的关注，因为在皇帝内心深处，他已经被边缘化了。咸丰帝觉得，曾国藩就是一个喜欢夸夸其谈的书生，根本就不是带兵打仗和治国理政的人才，根本就不堪大用。

同年七月，咸丰帝派给曾国藩一项差事，让他去主持江西乡试，并不是参与军国大事。

曾国藩领旨之后，出京一路南下，当他来到安徽境内的时候，忽然收到了从老家传来的讣告，其母江氏病故了。曾国藩是个知名的理学人物，而儒家理学是最讲孝道的，他接到丧讯之后悲痛万分，连忙向朝廷乞假要求回乡守制。按照当时的规定，在父母或祖父母死后，儿子或孙子是要守孝三年的，而且在守孝期间是不能做官的。咸丰帝很痛快地就批准了曾国藩的守制请求，并未下旨令他夺情为官，如果不是后来的形势使然，曾国藩的宦海生涯就暂告终结了。

曾国藩回到了家乡，为母亲举行了隆重的葬礼，而后严格按照古代守制的规定，不参加社交活动，也不过夫妻生活，甚至不喝一滴酒，当然也不再过问官场上的是非。然而，树欲静而风不止，太平军已经从广西打到了两湖地区，并迅速沿长江东下，在南京建立起了伪都城。在太平军纵横湖南期间，由于其志不在此，所以也就没有攻下省城长沙，但是他们蹂躏了多数州府，烧毁了多所书院和寺庙，冲击了社会秩序，而各地的土匪和会党也乘势而起。此时曾国藩虽然只是一名回乡守制的在籍侍郎，但他的地位和名望已经很高了，随着太平军第二次入湘，湖南的军政形势也到了不容他坐视不理的地步。

第三章　编练湘军

第一节　夺情始末

　　守制之人奉旨戴孝出山，这在封建帝国时代被称作夺情，有权决定官员夺情的一般只有皇帝。曾国藩是个特别注重仁孝节义的理学人物，而且他在官场上正处于失意阶段，因此如果不是太平军和土匪及会党武装冲击湖南，并有殃及湘乡曾氏的趋势，他是不会轻易出山的。太平军在南京建都之后，又开展了北伐和西征活动，其中西征的战略目标便是两湖地区。随着太平天国兵锋的逼近，湖南地区再度紧张起来，随着咸丰帝颁下夺情旨意，曾国藩建功立业的雄心壮志又被激发了起来，他便走上了编练湘军的道路。

　　在曾国藩夺情出山之前，有一个人物开始在湖南官场崭露头角，此人便是左宗棠。左宗棠在科举上没有取得明显建树，因而他没能通过正途进入官场，但是由于他在当地士绅圈中颇负才名，所以受到了时任湖南巡抚张亮基的器重。张亮基为了更好地守住长沙经营湖南，便想把左宗棠收入自己的幕府中，但他担心左宗棠性情高傲难以为其所用，便采取了一个小小的计策。张亮基采取的计策是，命人把陶澍的公子、左宗棠的女婿陶桄请入官署，好好招待但是迟迟不放归，目的是敦促左宗棠亲自来巡抚衙门要人。左宗棠上门来兴师问罪之时，张亮基诚恳地聘请他担任自己的师爷，授权他代为处理湖南辖区的军政事务。左宗棠经过深思熟虑，并讲明了几项合作条件，最后才接受了张亮基的聘任。

左宗棠上任之后，就协助张亮基把长沙的城防和湖南的行政工作抓了起来，他认为太平军在占领武汉之后，随时都可能南下攻击长沙，而驻守省城的绿营兵军纪涣散，因此要想保境安民必须大力发展团练。在咸丰帝颁布发展地方团练的命令之后，湖南境内已经有了多股团练武装，比如，江忠源的楚勇、罗泽南和王鑫的湘勇

罗泽南（1807～1856）字仲岳，号罗山，湖南湘乡人。

等。但是，这些团练都是小股民兵武装，缺少一个统一的统帅，也缺乏稳固的军饷来源。为了更好地开展湖南军务，左宗棠向张亮基建议，奏请朝廷颁发对曾国藩的夺情旨意，让正在守制的在籍侍郎曾国藩出山。

张亮基的奏折送达咸丰帝的案头后，咸丰帝并不认为让曾国藩出山有多大意义，但是他身边的王公大臣都认为曾国藩确有统兵理政之才，尤其是肃顺也力挺了曾国藩，咸丰帝这才下旨命令曾国藩帮办湖南军务。曾国藩在接到咸丰帝的圣旨之后，并未立即同意出山，不是因为他不想出山，而是因为他不想这么草率地出山。在曾国藩看来，自己好歹也是一名二品大员，与湖南巡抚是平级的，怎么可以随随便便就投身对方的旗下做事呢？

曾国藩不同意出山，左宗棠却非要曾国藩出山，于是他便让曾国藩的老

友郭嵩焘前去劝驾。郭嵩焘受命之后，亲自前去曾国藩的湘乡老家，以国家大义和私人情谊相感召，再结合当时的军政形势进行分析，苦口婆心地劝说曾国藩出山。1853年初，时年四十二岁的曾国藩，经过郭嵩焘的一再劝说，终于答应出山相助，他拜别了家乡父老，赶赴长沙就任了湖南军务帮办大臣，踏上了一条充满艰难和凶险的成功之路。

第二节　驻军长沙

曾国藩这个军务帮办大臣，只是咸丰帝授予他的一项差事，而不是一个正式的官职，其职权范围也是模糊不清的。曾国藩到达长沙之后，便在巡抚署衙附近开设了帮办大臣公署，然后接掌了罗泽南和王鑫的一千多名湘勇，并在此基础上发展湘军武装。另外，曾国藩为了肃清湖南境内的土匪和乱民，下令成立了审案局，也就是军事执法局，在行政司法体系之外，用军法来维持本省治安。

曾国藩只是个文官和书生，在此之前他虽然担任过兵部侍郎，但是从未带过兵更未打过仗，因此整军经武对于他来说是个挑战。然而，曾国藩就是曾国藩，他从一开始就根据前朝戚继光的练兵模式，制订了一整套扩军计划和营务规章。曾国藩把最初的湘勇（湘乡练勇）分为三个营（每营五百人），分别交由王鑫、罗泽南和邹寿璘统领，让他们驻军长沙严格训练，再在湘乡和辰州等地招募壮实的青年农民参军，然后联合其他各支团练武装（比如楚勇和宝勇），共同组成新兴的湘军（湖南新军）。

曾国藩开始驻军长沙打造湘军的时候，湖南巡抚张亮基升任了湖广总督，由潘铎暂时署理湖南巡抚，而后由骆秉章担任了湖南巡抚的职务。因为曾国藩和张亮基及潘铎共事时间较短，所以彼此之间尚且能够和平共处，但他与骆秉章共事几个月之后，双方的矛盾就不可调和了。曾国藩不仅得罪了骆秉章，而且把湖南官场上的文武大员几乎得罪光了，这里面的冲突是根本利益之争，最终曾国藩不得不黯然离开长沙，另寻他处发展去了。

在湖南巡抚骆秉章和提督鲍起豹看来，曾国藩编练的军队就是传统的团练，只能作为绿营的补充，曾国藩是要完全听命于他们的。然而，在曾国藩看来，自己是奉旨办差，相当于钦差大臣，而且他要把湘军打造成一支盖过八旗和绿营的强大新军，并以此作为抵御太平军的主要武装，因此湖南当局必须在钱粮方面提供全面支持。双方争执的根本是军饷问题，也就是钱粮问题。根据咸丰帝的指示，曾国藩是可以自筹粮饷的，可是曾国藩在湖南境内自筹粮饷，必然要侵犯湖南当局的税收和财政利益。

除了练兵之外，曾国藩还开办审案局，采用乱世用重典的原则，在湖南境内大力惩办土匪、会党和乱民。在审案局成立之前，湖南每年处决的犯人不到一百人，而在审案局成立之后，湖南每月处决的犯人就达数百人，因此曾国藩便混到了一个"曾剃头"的名号。就客观情况来讲，审案局办案超越了正常的行政机关和司法程序，存在着滥杀无辜和草菅人命的嫌疑；但从另一方面来讲，审案局重拳出击有助于肃清湖南境内的匪患，大大抑制了乱民依附太平军的趋势。曾国藩成立审案局，对于湖南的军政形势有利，但是同时剥夺了湖南各级官员审理刑事案件所能得到的"人情费"，因此令包括长沙知府仓景恬在内的多个官员都对他切齿痛恨。

曾国藩得罪了整个湖南官场，因此湖南各级官员都不买他的账，在经费和钱粮方面对他多有掣肘，因此他在长沙的处境十分尴尬。没有经费就没法练兵审案，为了筹集到必要的经费，曾国藩不得不对湖南境内的大户士绅勒令强捐。湖南的富翁们都很清楚，一旦太平军攻陷了本土，如果没有一支强劲的军队来与之抗衡，那么自身的财富乃至性命就会灰飞烟灭，因此从理性上来讲他们也该捐献军饷。但是，人都是有其自私自利的一面的，每个人都想着让别人出钱来保卫自己，这就给曾国藩的筹款工作带来了很大的阻力。为了杀一儆百，曾国藩下令抓捕了湖南官僚首富陶澍的公子陶桄，逼令陶家捐纳重资。左宗棠作为陶桄的岳父和曾国藩的举荐人，他亲自出面向曾国藩提出，要求立刻无条件释放自己的女婿。谁知曾国藩此时太缺钱了，他坚持让陶家人先交钱,然后才肯放人,这就把左宗棠也给得罪了。

曾国藩得罪了整个湖南官场,也让自己陷入了孤立无援的境地,为了树立起自身的威信,他做了两件事:一是拉拢和保举了满族将领塔齐布;二是弹劾并罢免了另一名清将德清。塔齐布是个难得的将才,英勇善战且治军严格,他与曾国藩十分投缘。曾国藩拉拢和保举了塔齐布,并把他引入到自己的阵营,从而增强了自身实力,还借以取得清廷的某种信任。而德清是个庸碌无能的将领,他在太平军入寇之时只知率部溃逃,并在战后隐瞒了败绩。曾国藩弹劾了德清,清廷就将其撤职查办了,从而曾国藩震慑了湖南官场,也彻底得罪了提督鲍起豹,因为德清是鲍起豹的铁哥们儿。

鲍起豹本是湖南提督,他手握绿营统兵大权,曾国藩处置了他的铁杆部将,他必然要采取报复性行动。鲍起豹为了对付曾国藩,便指示绿营兵殴打曾国藩的属下,曾国藩与鲍起豹交涉此事,鲍起豹便把肇事者交给曾国藩处置。曾国藩把肇事的绿营兵关押了起来,鲍起豹随即指示大批绿营兵包围了曾国藩的官署,曾国藩想杀掉这名绿营兵又怕遭到报复,想放掉他又怕手下不干。曾国藩陷入了左右为难之中,一群绿营将士冲进了官署,把肇事绿营兵给抢走了,还打伤了他的几名部属。曾国藩派人去请骆秉章出面处理,骆秉章不但不处理闹事的绿营兵,而且要求曾国藩做出让步。在这种情况下,曾国藩只好低头认输了,他很清楚自己必须要率部离开长沙。

曾国藩在长沙驻军半年,就再也待不下去了,经过这场严重冲突,他的威信已经扫地;如果上奏朝廷处理,朝廷也未必会站在他这一边;如果继续留在长沙,那么新的冲突还会发生,到时他的小命都难保了。可是,如果离开长沙,又该何去何从呢?此时衡州(即今衡阳)一带的匪患日渐猖獗,曾国藩便趁机上奏清廷,请求率部移防衡州剿匪。在接到了朝廷的批复之后,曾国藩率领所部将士,灰溜溜地撤出长沙转赴衡州。

第三节 移防衡州

曾国藩率部转赴衡州之举，我们从表面上看，会认为这是他怕了鲍起豹。其实并非如此，绿营军在搞内斗时咄咄逼人，在迎战太平军时就不中用了。曾国藩之所以不跟鲍起豹火并，是因为他不想把力量消耗在内斗上，而要不遗余力地壮大自身实力，为迎战太平军做准备。而且曾国藩移师衡州之后，还有一个重大好处，那就是当地州府官员没人能与他争锋，他在筹措粮饷和招募军队时所遇到的阻力就小得多了。

曾国藩移防衡州，还有一项重要任务，那就是剿灭本地的匪患。为了完成这一任务，他选派手下大将王鑫，率领所部精锐军力，一举荡平了盘踞在衡山、耒阳和桂东一带的土匪和会党。此时王鑫是曾国藩手下头号大将，史书上说他带兵打仗"驭下极严且严而又恩"，所以他深受将士们的拥戴，从而取得了一系列显著战果。王鑫只是秀才出身，他的政治地位比曾国藩低得多，但他自认为自己是个军事专才和大才，而曾国藩不过是个文官，因此他要壮大实力并自立门户，这样一来两个人之间的关系便恶化了。

王鑫在出征打仗期间，一面招兵买马一面招降纳叛，迅速把手下军队扩充到三千人。曾国藩对此是很不满意的，因为王鑫作为将领在扩大实力的时候，并未征得他这个统帅的首肯。此时曾国藩手下只有一千多人，而他的部将王鑫手下却有三千兵马，长此以往曾国藩何以控制和指挥王鑫呢？再说，此时曾国藩初到衡州，所能筹到的军费和粮饷十分有限，而筹款本身又十分困难，怎么可能全部用来供王鑫养兵呢？

曾国藩对王鑫十分不满，却又不能惩治对方，因为王鑫一连取得了几场胜仗，正处在春风得意的阶段。可是，曾国藩又不肯放任王鑫的膨胀，他便在军饷上为难王鑫，并到处散布不利于王鑫的言论。曾国藩的目的并未达到，因为王錱从湖南巡抚骆秉章那筹到了足够的粮饷，而且曾国藩的老友刘蓉还出面制止了他攻击王錱的言行。骆秉章之所以愿意支持王錱，正是因为王錱出身低微，容易操纵和控制。并且，以骆秉章为首的湖南官场，正打算借支持王錱来抵制曾国藩。刘蓉之所以替王錱说话，是因为他认为曾国藩在对待王錱的态度上不够豁达，显得心胸狭窄缺乏容人之量。

曾国藩为了压制王錱的发展，便亲自出面找到骆秉章，指出王錱的军队属于湘军团练，而不属于绿营兵，所以不应接受湖南省财政的拨款，而应该按照咸丰帝的旨意自筹粮饷。骆秉章无意支持曾国藩，但曾国藩与他级别相当，因此他便做了一些细微的让步，同意把王錱的队伍缩编为两千四百人。曾国藩之所以要不遗余力地打压王錱，是因为他不允许在湘军体系之内，有人挑战他的统帅地位，他要全权掌握湘军的发展。这是曾国藩与王錱反目的开始，最终王錱因失去了曾国藩的支持帮助而命丧沙场，但是他的军队却保留了下来。

曾国藩在打压王錱的同时，也没忘大力发展嫡系势力，他一方面积极筹措粮饷，另一方面拼命扩军备战，在半年之内就把湘军发展到一万七千人的水陆大军。曾国藩招募的湘军，主要是湖南各地朴实的农民，他们没有八旗和绿营兵身上的油滑之气，而且相互之间以亲族和乡谊为纽带，所以在训练和作战时能够共同进退。另外，曾国藩还制定了一套严格的奖惩制度，来保障良好军纪的形成，使这支新兴军队成为一支纪律严明的雄狮劲旅。曾国藩还亲自编写了让湘军传唱的《爱民歌》，据说，袁世凯的《大帅练兵歌》和毛泽东的《三大纪律八项注意》都是据此改编的。

曾国藩之所以要大力发展水师，是因为他认识到太平军盘踞的江南地区江湖密布，要想战胜必须水陆配合作战。为此，曾国藩不惜血本，在衡州地区打造了数百条战船，并派人前往广东购买了数百尊西洋火炮，从而取得了装备上的优势。曾国藩把陆军交由塔齐布率领，而把水师交由褚汝航和彭玉麟率领，命令他们严格开展实战演练，为将来北上迎敌做准备。曾国藩在衡州练兵的时候，太平军正在北伐和西征，他们一路攻略中原和两湖要地，令清廷上下惊恐万状。于是，咸丰帝命令曾国藩率军北上，参加围剿太平军的战斗。可是，曾国藩抵制了咸丰帝的命令，他要把湘军练好再出战，以达到马到功成之效。

第四章　挥师北上

第一节　讨匪檄文

1854年，即清咸丰四年初，时年四十三岁的曾国藩，把湘军初步编练成军之后，便在衡州发表了著名的《讨粤匪檄》。在这篇讨匪檄文里，曾国藩痛斥了太平军荼毒生灵和毁灭儒教的罪行，以礼义廉耻和道德文化相感召，正式向太平天国宣战，并号召正人君子加入讨逆剿匪的行列。曾国藩与洪秀全之间的矛盾和仇恨是根本性的。因为洪秀全的太平天国是以颠覆清朝为目标的，而清朝是曾国藩所有功名利禄的来源。另外，洪秀全以拜上帝教为旗帜，摧毁了势力范围内的儒家文化，这是以理学信仰安身立命的曾国藩所无法容忍的。曾国藩的这篇《讨粤匪檄》篇幅不是很长，但是铿锵有力文采飞扬，笔者将其全文复制如下：

为传檄事：逆贼洪秀全杨秀清称乱以来，于今五年矣。荼毒生灵数百余万，蹂躏州县五千余里，所过之境，船只无论大小，人民无论贫富，一概抢掠罄尽，寸草不留。其掳入贼中者，剥取衣服，搜括银钱，银满五两而不献贼者即行斩首。男子日给米一合，驱之临阵向前，驱之筑城浚濠。妇人日给米一合，驱之登陴守夜，驱之运米挑煤。妇女而不肯解脚者，则立斩其足以示众妇。船户而阴谋逃归者，则倒抬其尸以示众船。粤匪自处于安富尊荣，而视我两湖三江被胁之人曾犬豕牛马之不若。此其残忍残酷，凡有血气者未有闻之而不痛憾者也。

自唐虞三代以来，历世圣人扶持名教，敦叙人伦，君臣、父子、上下、尊卑，秩然如冠履之不可倒置。粤匪窃外夷之绪，崇天主之教。自其伪君伪相，下逮兵卒贱役，皆以兄弟称之，谓惟天可称父，此外凡民之父皆兄弟也，凡民之母皆姊妹也。农不能自耕以纳赋，而谓田皆天王之田；商不能自买以取息，而谓货皆天王之货；士不能诵孔子之经，而别有所谓耶稣之说、《新约》之书，举中国数千年礼义人伦诗书典则，一旦扫地荡尽。此岂独我大清之变，乃开辟以来名教之奇变，我孔子孟子之所痛哭于九原，凡读书识字者，又乌可袖手安坐，不思一为之所也。

自古生有功德，没则为神，王道治明，神道治幽，虽乱臣贼子穷凶极丑亦往往敬畏神祇。李自成至曲阜不犯圣庙，张献忠至梓潼亦祭文昌。粤匪焚郴州之学官，毁宣圣之木主，十哲两庑，狼藉满地。嗣是所过郡县，先毁庙宇，即忠臣义士如关帝岳王之凛凛，亦皆污其宫室，残其身首。以至佛寺、道院、城隍、社坛，无朝不焚，无像不灭。斯又鬼神所共愤怒，欲一雪此憾于冥冥之中者也。

本部堂奉天子命，统师二万，水陆并进，誓将卧薪尝胆，殄此凶逆，救我被掳之船只，找出被胁之民人。不特纾君父宵旰之勤劳，而且慰孔孟人伦之隐痛。不特为百万生灵报枉杀之仇，而且为上下神祇雪被辱之憾。

是用传檄远近，咸使闻知。倘有血性男子，号召义旅，助我征剿者，本部堂引为心腹，酌给口粮。倘有抱道君子，痛天主教之横行中原，赫然愤怒以卫吾道者，本部堂礼之幕府，待以宾师。倘有仗义仁人，捐银助饷者，千金以内，给予实收部照，千金以上，专摺奏请优叙。倘有久陷贼中，自找来归，杀其头目，以城来降者，本部堂收之帐下，奏受官爵。倘有被胁经年，发长数寸，临阵弃械，徒手归诚者，一概免死，资遣回籍。在昔汉唐元明之末，群盗如毛，皆由主昏政乱，莫能削平。今天子忧勤惕厉，敬天恤民，田不加赋，户不抽丁，以列圣深厚之仁，讨暴虐无赖之贼，无论迟速，终归灭亡，不待智者而明矣。若尔胁从之人，甘心从逆，抗拒天诛，大兵一压，玉石俱焚，亦不能更为分别也。

本部堂德薄能鲜，独仗忠信二字为行军之本，上有日月，下有鬼神，明有浩浩长江之水，幽有前此殉难各忠臣烈士之魂，实鉴吾心，咸听吾言。檄到如律令，无忽！

曾国藩是将这篇讨匪檄文发布全国的，这么一来他鼓舞了清朝抗击太平军的士气，也就把自己摆到了对敌斗争的第一线。从此，洪秀全及其太平天国都知道了曾国藩这么一个人，但是他们尚未把曾国藩当作主要的对手。因为，此时太平军有百万之众，而曾国藩手下只有不到两万人，而且湘军尚未在战场上打出威名。然而，最终剿灭太平军的主力，就是以这两万人为基础不断壮大起来的湘军，曾国藩终将成为洪秀全的最大克星。

第二节　兵败靖港

就在曾国藩发布讨匪檄文之时，太平天国的西征军已经溯江而上，接连攻克了湖北黄冈和湖南岳州（今岳阳），并有南下长沙之意。湖南巡抚骆秉章闻讯大惊，急忙委派王鑫率部阻挡太平军。王鑫算得上是一员虎将，他率领手下数千精兵，迅速击溃了来犯的太平军，一举收复了岳州。太平军领教了王鑫的厉害，他们广为传诵的一句话是"初对莫逢王老虎"，这充分体现了太平军对王鑫率领的部队的畏惧之心。然而，王鑫率领的部队毕竟人数太少，因此当太平军以绝对优势的兵力卷土重来之后，王鑫只得率兵撤退，岳州再次落入敌军之手。而且，太平军乘胜南下，一举攻克了湘潭，对长沙形成了南北夹击之势。

骆秉章在长沙被围之时，想到了屯兵衡州的曾国藩，便急忙派人去请他来解救长沙的危局。这下轮到曾国藩大显身手了，他要想成功剿灭太平军，就必须先把湖南这个基地给保卫好。于是，曾国藩命令手下大将塔齐布和褚汝航率领湘军主力以最快的速度援助湘潭，然后自己带领数千人马开进长沙城。曾国藩此次返回长沙，与他一年前撤离长沙时的情形已经大不相同了，上次他是被排挤出去的，这次他却是以拯救者的姿态开进来的。长沙城内的士绅们，生怕声势浩大的太平军攻破这座省城之后，会抢掠他们的财富并残杀他们的家小，而其他兵将却无力阻挡太平军的进攻，因此他们便把全部希望寄托在曾国藩身上。曾国藩要想维持湘军的生存和发展，也必须取得这些士绅的支持，因为筹措军费还得靠他们呢。

就在湘军与太平军在湘潭激战之时，长沙城内的士绅们得到一个情报，那就是长沙西北的靖港镇盘踞着少数太平军，他们正打算参与围攻长沙城。这些士绅为了更好地防卫长沙城，便一起来央求曾国藩，请他亲自率军前去攻取靖港镇，以此来维护长沙的安全。本来，曾国藩已与湖南各级文武官吏达成了一致意见，那就是在收复湘潭的时候，长沙城要构筑坚固的防御工事而不主动出战。现在，士绅们带着真金白银和满腔热忱来求曾国藩了，他也想亲率军队打一场胜仗，以此来给湘军树立威名，可是他这一次将输得一塌糊涂。

靖港镇不过是长沙周边的一个不起眼的小镇，它后来之所以声名远扬，主要是因为曾国藩在这里跟太平军打了一仗，更是因为他兵败此地后欲投水自尽。1854年5月，曾国藩率领湘军水师沿湘江顺流而下，他打算一举攻克靖港镇并消灭太平军，没想到由于当时东南风正烈，他的船队便顺风驶进了太平军的伏击圈。盘踞在靖港镇的太平军人数并不多，但是他们已经屡胜清军，所以也就没把曾国藩当成厉害角色。曾国藩的水师都是大船，但也只是木船，太平军在把这支船队诱入伏击圈之后，便发起了猛烈的火攻，一举击溃了曾国藩的水师。

曾国藩在水师落败之后，急命将士采取搭浮桥的方式，继续进攻靖港镇，打算与太平军决一死战。这些将士大多是新募士兵，未曾经受过严格的军事训练，也从未经历过真正的战争，因此在太平军的猛烈反攻之下，他们纷纷向后败退。在这种情况之下，曾国藩把他的统帅大旗插在阵前，下令军队拼死向前，凡是后撤过旗者斩，并亲自拔出宝剑击杀了几名逃兵。但是，在太平军的猛烈反攻下，湘军还是被迫纷纷溃退了，他们往往选择绕过帅旗的方式向后逃跑，曾国藩对此也是无可奈何。至此，曾国藩发动的靖港之战，以湘军的完败宣告终结。

曾国藩战败之后，被手下给架到战船上逃命，可是面对这惨败的场景，他一跃跳入湘江洪流之中。曾国藩身边的将士，见到大帅投水自尽了，便纷纷跳下水去救他，可是他死活不肯上岸，还挣扎叫骂不止。在这种情况之下，有个叫章寿麟的幕僚跳下水，诓骗曾国藩说"湘潭大捷了"，这才把他给拖上战船。曾国藩再次上船之后，了解到所谓的湘潭大捷是没影的事，便连忙给咸丰帝写了一道乞罪折，并继续准备自杀谢罪。

在随船回到长沙之后，曾国藩并不入城，而是独自在城外折磨自己：他带着一脸的污垢和一身的泥沙，既不洗漱更衣，也不进食水米，而是派人请左宗棠前来接手军务和账册，然后准备一死了之。曾国藩在靖港兵败之时，眼睁睁地看着自己苦心打造的战船被烧毁，而所率领的士兵或死或逃，他在这一沉重打击之下想要寻死是可以理解的。然而，现在已经脱离险境，曾国藩仍然不肯原谅自己，非要以死明志。

曾国藩以自杀来表明自己的心志，激励率领的湘军将士，给那些看自己笑话的湖南官僚摆出一个姿态，同时也给咸丰帝和清廷一个交代。左宗棠闻讯之后，急忙连夜从长沙城上攀着绳子下爬，赶来面见曾国藩。见左宗棠来到自己面前，曾国藩感到非常欣慰，他认为左宗棠肯定会安慰自己一番。然而，曾国藩错了，左宗棠非但没好言相劝，而且上来就责骂他蠢得跟猪一样。左宗棠斥骂了曾国藩的求死之举，并告诫他要继续率领湘军为皇帝尽忠。正在此时，曾国藩的父亲曾麟书也来信告诉他：假如你能率军打出湖南省，那么我替你感到骄傲；假如你死在湖南境内，那么我不会为你流一滴眼泪。

章寿麟在救曾国藩上岸的时候，说湘潭大捷是诓骗之词，但是一天之后这句谎言竟然成真了，塔齐布和褚汝航果然率领湘军水陆主力大军，一举战胜了太平军并收复了湘潭。这样一来，曾国藩的湘军算是遭受了一场小败，随后获得了一场大胜。咸丰帝接到军情汇报之后，并未惩罚曾国藩，而是命他继续率领湘军镇压太平军。

曾国藩是个战略家，他制订了一套剿灭太平军的方略，就是先行占领长江上游，而后沿江东下直捣太平天国的老巢天京；他也是个练兵家，他制定了一整套的军纪制度和营务规范，确立了"扎硬寨"和"打呆仗"的原则，为战胜太平军奠定了根基。但是，曾国藩并非一个军事专才，他直接指挥的战斗往往难以取得显著的战果，兵败靖港只是其中第一次失利，以后他还将陷入更为凄惨的境地，而且还将继续以自杀的方式来排遣心中的沮丧。

第三节　收复武昌

在靖港之战和湘潭之战中，曾国藩的湘军水陆各营损失惨重，但也保卫了长沙并收复了湘潭等地，算是立下了不小的功劳。而与此同时，鲍起豹的绿营部队却无所作为，任由太平军祸乱潇湘。为此，曾国藩上奏咸丰帝，请求朝廷撤掉鲍起豹，改任塔齐布为湖南提督。曾国藩的请求是很有策略性的，他相信咸丰帝会予以照准，因为塔齐布不但战功卓著，而且是满洲绿营将领出身，这意味着塔齐布不但能够让清廷放心，也能令绿营军所接受。

咸丰帝果然批准了曾国藩的奏疏，将鲍起豹革职，任命塔齐布为湖南提督。如此一来，对于曾国藩和湘军来说，至少有两项明显的收益：一是塔齐布是曾国藩的部属，由曾国藩保举他做了湖南提督，也就让湘军掌握了整个湖南的军事系统，在很大程度上获取了全省的军政资源，而曾国藩本人的地位也水涨船高；二是通过弹劾鲍起豹和保举塔齐布，曾国藩用他的实际行动，震慑了湖南官场，也激励了湘军将士，使敢于跟他作对的官员有了忌惮之心，同时令其他湘军将领看到了前途和希望。曾国藩手下的湘军将领，后来有的在战争中丧失了生命，成了晚清帝国的忠烈之士；多数将领却得以在湘军建功立业的过程中脱颖而出，从而成为独当一面的军政大佬。

咸丰帝批准曾国藩的奏疏是有条件的，这条件就是要他率领湘军继续挥师北上，一举收复被太平军攻占的武昌。在整个太平天国运动期间，太平军一共三次攻占武昌，这次是他们第二次盘踞武昌。武昌地处长江上游，战略位置极其重要，谁占了武昌谁就有了沿江顺流而下的优势。因此，武昌成了清朝和太平天国的必争之地，就算没有咸丰帝的明确指示，曾国藩也会想方设法地先行夺回武昌。但是，曾国藩此时北上收复武昌的时机并不成熟，因为湘军在此前的战争中损失惨重，一时之间难以招募到充足的兵力。

咸丰帝既然下了命令，曾国藩就必须无条件执行，为了能够迅速积聚起雄厚的力量，他充分发挥人脉优势，除了动员湘军所率领的人员之外，还积极联络了胡林翼和江忠淑（江忠源之弟）等人的团练武装，与他们一起北上协同作战。曾国藩制订的作战计划是，自己亲率水陆中军攻占岳州（今岳阳），胡林翼所率领的为左路军攻占常德，江忠淑所率领的为右路军攻占崇阳，然后三路大军合围武昌。其中，曾国藩的中路军，以褚汝航的水师为主，辅以塔齐布的陆军，在这三路人马中实力最为雄厚，而胡林翼所部左路军次之，江忠淑的右路军力量则比较薄弱。

1854年7月，曾国藩所率领的中路军，经过十分激烈的战斗，击败了太平军的悍将韦俊（北王韦昌辉之弟），并阵斩另一猛将曾天养，攻下并保守了岳州。此战曾国藩虽然获胜了，但是也付出了沉重的代价，他手下大将褚汝航战死于沙场，水师只得交由彭玉麟统领。而与此同时，胡林翼所率领的左路军经过力战，也胜利攻占了常德，然后继续向北挺进湖北。唯一差强人意的是江忠淑的右路军，由于实力不足所以没能攻下崇阳，影响了全军的进军步伐。曾国藩了解了右路军的困境，便率领中路军前去增援，不但顺利攻占了崇阳，而且乘胜攻克了咸宁，把大军屯驻在武昌南面。

在曾国藩率军从南面围攻武昌的时候，新任湖广总督杨霈也从北面围攻汉阳，这从战略形势上决定了湘军的胜利。关于如何攻取武昌的问题，曾国藩听取了罗泽南的建议，兵分两路同时出击，一路由罗泽南率领进攻花园，另一路由塔齐布率领进攻洪山。在曾国藩的统一部署下，罗泽南和塔齐布所率领的两路都进展顺利，分别攻取了花园和洪山。时至 1854 年 10 月，盘踞在武昌城内的太平军，为了免于遭到灭顶之灾，主动向东撤退，从而曾国藩得以胜利收复武昌。这是曾国藩起兵以来所取得的第一场大胜仗，标志着太平军从此将处于战略守势，而湘军这一新兴军政集团开始崛起。

当曾国藩收复武昌的喜讯传到北京紫禁城的时候，咸丰帝兴奋得手舞足蹈，他认为清朝从此有救了。在八旗和绿营完全不敌太平军的大环境下，曾国藩以一文人的身份编练新军，取得了如此辉煌的战功，自然令咸丰帝又惊又喜。为了表彰曾国藩的功绩，咸丰帝当即下旨，任命他为湖北巡抚。曾国藩接到这一任命，自然是十分兴奋和欣慰的，因为这意味着自己从此有了实际的行政权力，再为湘军筹措兵马钱粮时就十分便利了。然而，按照当时官场的潜规则，在接到朝廷的任命之后一般是要谦让一下的，曾国藩自然也不能免俗，他向咸丰帝上表说，以自己的才德不足以担任湖北巡抚的要职。

曾国藩本来只是照例做个姿态，没想到咸丰帝真把他这一湖北巡抚的官衔给免了，改任他为兵部侍郎，让他继续率领湘军沿江东下征讨太平军。除此之外，咸丰帝还在谕旨中对曾国藩吹毛求疵，嫌他在请辞折中未署上湖北巡抚的官衔，并以此为借口训责了他一通。曾国藩被这突如其来的变故给搞蒙了，他几经打听才知道了事情的来龙去脉，原来在咸丰帝刚刚发出了对自己的任命书之后，大学士祁寯藻便出面谏阻了这一任命。祁寯藻跟咸丰帝说："曾国藩不过是个处在守孝期间的在籍侍郎，他振臂一呼就能聚齐数万之众，还一举攻占了武昌这么重要的城池，这本身就不是国家之福；如果皇上再任命他为湖北巡抚，这对于湘军来说就是如虎添翼，假如将来他有了谋逆之心，朝廷又该如何应对呢？"

咸丰帝听完祁寯藻的陈述，马上想起了满汉相防的祖训，于是他立刻收回了让曾国藩担任湖北巡抚的旨意,改任相对弱势的陶恩培担任这一要职。当初在曾国藩上疏激怒咸丰帝时,出面维护他的人是祁寯藻;如今在曾国藩立下大功时,唆使咸丰帝打压他的人仍是祁寯藻。由于祁寯藻的一句话,曾国藩没能当上湖北巡抚,而是率领湘军继续东下镇压太平军,这对他而言是祸也是福。

第五章　沿江东下

第一节　冲破天险

曾国藩没能当上湖北巡抚，而是奉咸丰帝之命顺江东下，为了取得对太平军的优势，清廷同意让他指挥湖北提督桂明的军队。如此一来，曾国藩便在很大程度上取得了两湖地区的军政资源，实际所能掌握的军权赶上了湖广总督杨霈，超过了湖北巡抚陶恩培和湖南巡抚骆秉章。可是，桂明不像塔齐布一样骁勇善战，他是个庸碌怯懦之将，其所率领的军队都是不堪大用的绿营兵，因此这支武装只能作为湘军的补充力量。

1854年底，曾国藩兵分三路，沿长江一线向东开进，与太平军在水陆战场上展开了激烈的战斗。曾国藩的进军计划是，以桂明为北路统领，命他率部攻占蕲春和广济；以塔齐布为南路统领，命他和罗泽南分别攻占大治和兴国；自己与彭玉麟、杨载福和鲍超所率领的水师，冲破太平军在田家镇一带的军事封锁。曾国藩的计划是完善的，但是在执行过程中产生了一些偏差，主要是由于桂明所率领的绿营兵无所作为，拖了全军的后腿；另外驻守蕲春的是太平军悍将陈玉成，这也是导致北路军失利的一个重要原因。

战斗打响后，塔齐布顺利率军队攻下了大治，罗泽南也按照原定计划夺取了兴国，为湘军的胜利进军赢得了先机。既然南路军获胜了，曾国藩便率中路水军乘胜前进，他相信只要自己能打败太平军的水上封锁，北路军将不战而胜，事实证明他的这一判断是准确的。然而，湘军水师冲破田家镇的军事封锁并不容易，因为这是一块难啃的骨头。田家镇位于太行山南麓，长江流经此地开始变窄，而此地与对岸的地形有利于封锁长江，因此这里一直是个天险要塞。除了地理优势之外，为了阻挡湘军沿江东下的步伐，太平军秦日纲率领的军队还在田家镇布置了两道拦江铁索、数千条大小炮船和民船以及一些武装竹筏，这都将成为湘军东进的巨大障碍。

为了突破这道天险，曾国藩和彭玉麟、杨载福、鲍超等人商议决定，把湘军水师分为四队：第一队准备熔铁炉、铁剪、大锤和大斧等物，专门负责切断两道拦江铁索；第二队配置密集火力，全力轰击太平军的军事据点；第三队负责乘胜追击，主要负责扩大战果；第四队留守后方，作为战略预备队，负责统筹和接应。战斗打响后，战场上的形势与事先计划的有所不同，太平军统帅秦日纲打算借用东风采取火攻，一举烧掉湘军的战船。在这种形势之下，彭玉麟和杨载福拼死抵挡住太平军的攻势，鲍超率领的军队绕到了敌军后方，采取前后夹击的战术才赢得了战争。

随着战争的进行，湘军也采取了火攻的方式，一举烧掉了太平军的四千多条船只，俘获了剩余的五百多条。至此，太平军在田家镇的防线被完全攻破，秦日纲被迫率领残部向东撤退。而与此同时，陈玉成所率领的军队独木难支，也不得不率领人马从蕲州东撤，曾国藩的战略目标实现了。不管是湘军还是太平军，他们的水师战船都是木质的，因此火攻成了当时最为奏效的作战方式。

第二节 湖口败绩

曾国藩率领湘军冲破了田家镇封锁线，也就打出了两湖的范围，沿江向东进入了江西的地界。1855 年初，曾国藩继续率军东进，目的是一举攻克江西的战略要地九江，打开向东镇压太平天国的通道。九江北靠长江天堑，东临中国第一大淡水湖鄱阳湖，太平军在此地布下了重兵，并派名将林启荣镇守。而且，由于曾国藩的湘军在两湖地区重创了太平军，所以他们对太平军有了轻敌之意，而太平军则对湘军严阵以待。因此，曾国藩要想攻占九江，绝非一件十分容易的事。

事实也正是如此，由于林启荣所率领的太平军防守严密，曾国藩命令水陆大军对九江交相围攻，经过了一轮惨烈的战斗，湘军折损了一些军队，仍然没能攻破这个要地。面对坚如磐石的九江城，曾国藩充满了沮丧，他决意绕过此地，继续沿水路东下，先攻破东边的湖口，再回头夹攻九江。曾国藩的算盘打得不错，可是镇守湖口的是太平军的另一名将赖桂英，他早就等着湘军来攻了。经过又一轮激战，湘军在付出了一定代价之后，仍然没能攻破湖口。

曾国藩先后在九江和湖口登陆战中遭遇了失败，但是由于湘军水战占有优势，所以主力部队得以撤出战场。为了歼灭湘军水师，太平天国最能征善战的翼王石达开，亲自率领水师来迎战曾国藩。此时的石达开只有二十四岁，但他已经成为太平军的第一猛将，假如不是后来太平天国走向分裂，他足以撑起起义军的天空。石达开迎战曾国藩的地方就是湖口（鄱阳湖和长江之间的交汇口）。鄱阳湖的主体部分虽然十分辽阔，但是在湖口一带却比较狭窄，这里便成了两军交战的主战场。

石达开很清楚，太平军的水师实力是不足以与湘军相提并论的，因为湘军水师以大船为主，以小船为辅，而太平军的船队大多是由小型民用船只改造的。俗话说，船大好压浪，船小好调头。因此，石达开充分利用太平军小船的机动性，来挑战湘军水师的水上霸权。为了诱敌深入，石达开故意让曾国藩占了些小便宜，以己方船只数十艘被烧毁的代价，先把湘军的小船引入了鄱阳湖，而后借用地形优势把湘军的主力大船阻挡在了长江口。如此一来，湘军水师被一分为二隔成两部分，首尾不能相顾，陷入了战略上的被动。

曾国藩开始没把石达开放在眼里，湘军水师将士也轻视太平军的破船，因此他们才陷入对方预设的伏击圈中。随着石达开的一声令下，太平军充分利用小船的机动性，将湘军的主力战船给分割包围了，然后借助风势放火烧船。结果，火借风势风助火威，包括曾国藩的座船在内一百多条大船被烧成灰烬。曾国藩被属下紧急护送到罗泽南的陆军大营，水师损失惨重，连自己多年来珍藏的文牍和公函也葬身火海。

曾国藩这次在湖口遭遇的惨败，比上次的靖港之败还要惨烈，上次他选择了自杀，这次他选择了拼命。曾国藩骑上一匹战马，没命地向太平军冲去，要跟敌人同归于尽。曾国藩只是一个战略家，他对于具体的军事指挥并不在行，自己去冲锋陷阵完全是另一种形式的自杀。在这种情况之下，部将罗泽南和幕僚刘蓉赶紧拦住了曾国藩，劝他不要做无谓的牺牲，要重新收拾部众，以便日后卷土重来。

曾国藩此次湖口拼命，与他上次靖港自杀一样，多少有些演戏的成分，目的是借以向有关各方表明自己的态度。但是，这里面应该有曾国藩真实的感情冲动，他眼看着自己辛辛苦苦打造的水师被摧毁，心里的沮丧、懊悔、伤痛和绝望是可想而知的。

第三节　分兵回援

石达开通过水战打败了曾国藩,然后趁机把战场转移到陆地,连续攻占了江西东部的广信、乐平、弋阳和饶州等地。曾国藩整合了湘军陆军武装,打算交由塔齐布指挥,夺回石达开据守的赣东地区。可惜的是,塔齐布虽然英勇善战,但他在经历了一系列的苦战之后,身体日渐不支,最后竟然咯血而死。塔齐布病死之后,曾国藩痛心不已,他安葬了这位心腹爱将,然后把陆军指挥权交给了罗泽南。

罗泽南果然没让曾国藩失望,他抓住了石达开骄傲轻敌的心理,发动了突然袭击,一举夺回了赣东部分地区。若论个人指挥水平,罗泽南也许不是石达开的对手,但是湘军的总体实力还是强于太平军的,所以罗泽南在与石达开的对阵中取得了优势。上次石达开能够打败曾国藩,主要是巧妙地采取了火攻,这一招在陆地上发挥起来就有难度了,这也是他暂时转入了守势的原因之一。

在石达开把曾国藩拖在江西战场的时候,太平天国并未忘记反攻武昌,洪秀全和杨秀清命令秦日纲和陈玉成率领军队再次攻入湖北地区,以求夺回长江上游地区和战略主动权。在太平军的疯狂反扑下,湖广总督杨霈节节败退,被迫从武汉一路向北逃窜,最后一直撤退到湖北北部边境的枣阳地区。而与此同时,湖北巡抚陶恩培,率领绿林军困守在武昌城内,与太平军展开了拉锯战。最终,绿营兵不敌太平军,陶恩培兵败身死,武昌再次落入了太平军之手。

笔者曾在前文讲过,武昌是个非常重要的地方,因此清朝无论如何也是要尽快收复此地的。此时,绿营和八旗已经完全不中用了,要想夺回武昌这一要地,清廷只能寄希望于湘军。当曾国藩接到咸丰帝的圣旨的时候,他正在江西与石达开的太平军对峙，他很不情愿此时分兵回援湖北。但是，对于曾国藩来说，一是圣命难违，假如不听从咸丰帝的命令，那么以后湘军再想筹饷就难了；二是武汉确实重要，假如不能尽快收回此地，那么湘军将会处在太平军的东西夹击之中。于是，曾国藩仅仅留下数千兵马，驻扎在九江之南，与太平军继续对峙；同时命令彭玉麟和罗泽南，让他们分别率领湘军水陆大军，溯江而上回援武昌，与胡林翼所率领的军队协同作战。

在胡林翼、彭玉麟和罗泽南所率领的湘军的联合围攻下，秦日纲和陈玉成所率太平军被迫撤出了武汉地区，湘军再次收复了这一战略要地。在此战获胜之后，咸丰帝将湖广总督杨霈革职查办，改任满臣官文为湖广总督，同时任命胡林翼为湖北巡抚。胡林翼虽然算不上是曾国藩的部将，但他始终以曾国藩的副手和湘军的二号人物存在，所以由他出任湖北巡抚也就稳定了湘军的后方。彭玉麟率领湘军水师再下江西，重归曾国藩的门下；罗泽南却不能一同回师了，因为他在围攻武昌的战斗中中弹身亡了。

在湘军与太平军对阵的军事生涯中，水陆大将褚汝航、塔齐布和罗泽南相继身亡了，王鑫也在不久后死于军中，后来曾国藩两个弟弟也先后在战争中死亡。但与此同时，湘军却日渐壮大了起来，新一代将领鲍超、李元度、李续宾等人逐渐走上重要岗位。此后的两年，曾国藩将承受更为深重的磨难，湘军征战也将步入低潮；但是这支军队顽强地生存了下来，最终成了太平天国的掘墓人。

第六章　陷入低潮

第一节　困守南昌

鉴于武昌的特殊地位，太平军是不会放弃对此地的争夺的，于是在 1855 年 11 月，石达开亲率重兵前来征讨。胡林翼对石达开的来犯十分重视，他率领湘军一部做好了防守工作，凭借坚城利炮抵御太平军。经过一轮激烈的争夺战，胡林翼拼死保住了武昌城，石达开最终没能攻进城去。然而，石达开并没有放弃，他凭借太平军的优势兵力，先行攻占了武昌南面的敬城，而后攻占了敬城东边的桐城，对武昌城形成了战略威慑。

石达开的目的不仅是打败胡林翼，他更想战胜曾国藩，为此他在占领通城之后，通过率军翻山越岭的方式，出其不意地攻占了江西义宁（今修水）。石达开并不急于找曾国藩决战，正如他不急于拼掉老本攻占武昌一样，而是先后占领了瑞州和临江（今清江），并在比基础上不遗余力地攻略江西各州府，最大限度地搜刮战略物资，扩大太平军的势力范围，同时极力压缩湘军的生存空间。

当石达开在江西地区纵横开阖的时候，广东天地会首领葛耀明也途经湖南攻入江西，先后攻略了安福、分宜、万载和新昌（今宜丰）。天地会本来不属于太平天国，但他们都是反清武装，自然会协同作战，这就给湘军统帅曾国藩和江西巡抚陈启迈带来极大的麻烦。另外，太平天国的势力此时比天地会强大，而葛耀明又十分仰慕石达开，所以这两支反清武装在新昌会师后，他们正式合二为一，成为太平天国的生力军。此后，在石达开的统一指挥之下，袁州（今宜春）、萍乡和吉安也落入太平军之手，清朝在江西的势力急剧下降。

石达开和葛耀明在江西攻城略地的时候，陈启迈手下的绿营兵勇望风而逃，曾国藩手下的湘军也是独木难支，被迫退守省城南昌。此时石达开的太平军已经包围了南昌，假如他们不惜代价攻占此城，那么曾国藩的湘军和陈启迈的绿营都是在劫难逃的。随着太平军日益收缩包围圈，南昌城成了一座孤岛，对外联系被完全切断，曾国藩陷入了累卵之危。然而，石达开最终没有下令攻城，而是率领主力部队撤走了。石达开之所以撤军，是因为清将向荣在天京（今南京）南边设立了江南大营，准备围困和攻占天京，东王杨秀清只得急调石达开回来支援。

南昌形势稍微好转，曾国藩和陈启迈就搞起了内讧，他们之间不能精诚团结，而是相互拆台，大有水火不容之势。曾国藩和陈启迈是同年进士和多年老友，他们之间有着很深的交情，因此曾国藩在进入江西之前认为，他与陈启迈之间的关系肯定比他与骆秉章要好得多。而且，曾国藩认为，在江西陷入危难之际，自己率军前来助阵，陈启迈理应感激自己，所以陈启迈该把有限的财政资源优先调拨给自己。另外，曾国藩还觉得，自己以兵部侍郎兼湘军统帅的身份入援江西，是有权指挥陈启迈和他手下绿营兵将的。

然而，曾国藩错了，而且错得一塌糊涂，因为陈启迈根本就不念及同年之谊，也不把他的身份放在眼里，而是对湘军多方掣肘，拒不提供必要的军械粮饷。在这种情况之下，曾国藩列举了陈启迈的几条罪状，然后向咸丰帝参劾了这位老同学。咸丰帝还要倚重曾国藩的湘军，因此他下旨撤换了陈启迈，改任蒙古大员文俊为江西巡抚。文俊到任南昌后，他慑于曾国藩的威势，不敢太过与湘军为难，但是双方之间的合作仍然不愉快，因为地主和客军之间的利益冲突是持续存在的。

第二节 柳暗花明

1856年,在杨秀清和石达开的内外夹攻之下,向荣的江南大营被攻破,向荣本人也死于非命,天京之围得以化解。随后,石达开溯江而上,再次争夺长江上游的霸权;可他很快就发现,胡林翼已经在武昌外围筑好了防御工事,要想再夺武昌已经近乎不可能了。为了配合石达开西征,太平天国的北王韦昌辉进军江西,与曾国藩的湘军展开了激战。韦昌辉也是太平天国创始六王之一,出身地主富豪家庭,东征西讨身经百战,因此他也成了曾国藩的劲敌。

此时曾国藩手下的头号战将是湘军水师统领彭玉麟,他不甘于受困南昌的既成事实,拼死与太平军作战,总算收复了南昌之北的南康,在一定程度上拓展了湘军的生存空间。然而,湘军和太平军在江西地区的力量对比仍然悬殊,湘军再想有所作为就难了,他们似乎看不到突破太平军包围圈的希望。假如曾国藩所部湘军被太平军聚歼于南昌,那么不但江西的地盘势必全部沦丧于太平军之手,而且两湖地区的安全也就失去了保障,因此湖北巡抚胡林翼和湖南巡抚骆秉章是肯定要派军援助曾国藩的。

胡林翼为了驰援曾国藩,命

石达开

令其弟曾国华率领四千名湘勇，从湖北开赴江西战场。骆秉章为了驰援曾国藩，命令其弟曾国荃率领两千名湘勇，从湖南开赴江西战场。虽然曾国华和曾国荃所带援兵并不多，但这些都是能征善战的湘勇精锐，而且出于兄弟相救之心，所以他们注定是会竭尽全力打开局面的。曾国华率部攻克了新昌，打开了江西和两湖地区的交通线；曾国荃更是凶猛异常，先是率部收复了萍乡，接着又收复了万载。

曾国华和曾国荃的到来，解救了曾国藩的危局，诠释了打虎还是亲兄弟的真谛。而且，曾国华带来了一员出色的战将，此人就是虽然昙花一现却生猛无比的刘腾鸿。虽然湘军来援兵了，而且取得了一些胜利，但在江西这盘棋上，他们与太平军的力量对比中仍然不占优势。在这种情况之下，没人敢主动挑战驻扎在瑞州的韦昌辉，除了这个不怕死的刘腾鸿。刘腾鸿率部突袭瑞州，把太平军主帅韦昌辉打得丢盔弃甲，并迅速攻占了瑞州南城。后来，在韦昌辉撤离战场之后，刘腾鸿又通过长期围困的方式，攻占了瑞州北城，但他本人也在此战中丧生。

本来韦昌辉是打算发起反击的，但在最关键的时刻，太平天国的老巢天京出大事了。原来，太平天国的最高首领虽然是天王洪秀全，但是实际上的军国大权却掌握在东王杨秀清手里；而且，在拜上帝教的权力体系中，杨秀清是代表"天父"下凡，因而他有利用神权来打压洪秀全的资格。在太平军起事的头几年，虽然南王冯云山和西王萧朝贵战死了，但是面对清朝势力的围攻和镇压，天王洪秀全、东王杨秀清、北王韦昌辉和翼王石达开这几个顶级大佬都理性地保持着团结。然而，随着清军的江南大营被攻破，太平天国暂时稳定了天京的局势，内部争权夺利首先在洪秀全和杨秀清之间展开了。

洪秀全是太平天国名义上的最高首领，他当然不甘心接受大权旁落的局面，更不甘心被杨秀清不断用神权打压自己。从杨秀清的角度来讲，他认为自己才是太平天国真正的领导人，而洪秀全不过是个木偶，所以他要更进一步，成为实至名归的元首。为此，杨秀清以天父下凡的形式，当众责令洪秀全要封自己为万岁，这突破了洪秀全的底线。当时天京的大权主要掌握在杨秀清手里，洪秀全不敢不答应，就佯装同意了这一重大人事任命。然后，洪秀全为了扳倒杨秀清，便密令韦昌辉秘密进京，帮助自己解决这一重大问题。

韦昌辉接到洪秀全的密令之后，立刻率领手下三千精锐将士，连夜离开江西前线，回师天京发动事变。韦昌辉率军冲进了东王府，不但杀掉了杨秀清，而且灭了他满门。为了彻底清除东王一系的势力，韦昌辉还在政府和军队中展开了大屠杀，因被株连而惨遭杀害的达到两万多人，杨秀清的弟弟杨辅清逃了出去。在这种情况下，石达开也返回了天京，他当众指责了韦昌辉的暴行。韦昌辉见石达开这么不识相，对他也动了杀机，在石达开坠城外逃之后，韦昌辉就杀了他全家。

石达开跑到城外，然后召集部众围攻天京，在这种情况下，天京军民要求杀掉韦昌辉谢罪，洪秀全只得下旨执行。于是，北王韦昌辉和支持他的燕王秦日纲被杀，他们的部将并未遭到大规模清洗，韦昌辉的弟弟韦俊后来投靠了清朝。石达开率军进城之后，被天京军民拥立为"义王"，洪秀全却担心石达开会成为下一个杨秀清，便拒不任命他为军师，而是任命他为主将，并同时把自己的两个哥哥册封为王，让他们来牵制石达开。在太平天国的权力体系中，军师相当于摄政王，而主将只相当于一般的王。洪秀全猜忌并压制了石达开，石达开当然十分不满，于是他率领所部二十余万太平军离开天京转战外地，从此太平天国军政集团正式分裂了。

经过天京事变，太平天国不但走向了分裂，而且在很大程度上揭穿了自己的神学骗局，因此丧失了凝聚性和向心力，开始从整体上走向衰落。假如不是太平天国内部出了问题，曾国藩能否走出江西困境都是个问题，根本不用提由他来率领湘军消灭太平军了。天京事变之后，曾国藩在江西战场上的压力减轻了，但是与此同时，他与江西巡抚文俊之间的明争暗斗又开始上演了。为了壮大湘军水师，曾国藩需要筹措大笔造船经费，为此他与文俊展开了财政权力争夺战。

曾国藩与文俊之争，不过是他与陈启迈之争的延续，当然将来还有他与沈葆桢之争。他们不但争夺江西省财政的分配权，而且争夺各地的募捐权和收费权，甚至还争夺各州府的司法权，所有这一切都是在争夺财权。湘军士兵的军饷，是普通绿营士兵的三倍，曾国藩需要以此来保障军队的士气。另外，湘军的水师战船、陆军车马、枪炮弹药，都是需要重金来维持运作的。养活和发展湘军这样一支强大的军队，肯定需要投入大量的经费和物资，因此筹饷是曾国藩一直以来的最大难题。

第三节　丁忧回籍

1857年，即清咸丰七年初，曾国藩时年四十六岁，他的父亲曾麟书病逝了。曾麟书的死，对于曾国藩而言是件大事，按照当时的礼制规定，他是要回乡守制三年的。当年曾国藩之所以走上编练湘军的道路，就是因为太平军攻入湖南的时候，他正在湘乡老家给母亲江氏守孝。如今父亲又亡故了，曾国藩立刻给咸丰帝上了一道哀疏，没等咸丰帝发来旨意，就把江西的军务托付给了杨载福和彭玉麟，当天就带着弟弟曾国华回家奔丧去了。

按照当时官场上的规矩，曾国藩是要等到咸丰帝的旨意才能离开军营的，他擅自离队属于违反规定的。但是，在封建帝国时代，孝是盖过一切的，而清朝也以仁孝治天下，所以咸丰帝只能认可了曾国藩的行为。咸丰帝念及曾国藩的勋劳，不但批准了他三个月的假期，而且赐予他一笔抚恤金。此时的曾国藩已经成了湘军无可争议的统帅，而按照湘军的规制，士兵服从将领，将领服从统帅。所以，清朝要想镇压太平天国就离不开湘军，而咸丰帝要想更好地调动湘军就离不开曾国藩。

曾国藩在给咸丰帝的回奏中说，大清立国两百多年以来，还没有哪一个大臣被两次夺情的先例，所以自己坚决要为父亲守孝三年，口气是相当强硬。另外，曾国藩借此机会，向咸丰帝抱怨说，自己一直没有正式的职衔，也没有相应的事权，因此湘军饱受地方官吏的刁难。曾国藩的言外之意是，要么你咸丰帝授予我实在的军政大权，要么你批准我丁忧守制的请求，免去我的一切军政职务。从咸丰帝登基伊始，曾国藩就在与他斗法，以前是没有发作的机会，现在正好可以借题发挥了。

咸丰帝也是个性格倔强的人，他偏偏不满足曾国藩的要求，而是在接下来的圣旨中，把曾国藩痛斥了一顿。咸丰帝给曾国藩的旨意很明确，关于朝廷是否要免去你的职务，由我皇帝说了算，而不是由你自己说了算。曾国藩便不再理会咸丰帝，他在老家为父亲举行了一场隆重的葬礼，然后在故宅之上建了一座思云馆，以此来寄托他对双亲的哀思。此后，咸丰帝屡次降旨催促曾国藩出山，他都以各种理由推拒，与皇帝打起了太极。

在曾国藩居家守制期间，左宗棠来拜访过他一次，此人仍是一副臭脾气，一见面就大大咧咧地说："你以为你离开了江西，江西的局势就不可收拾了吗？告诉你，江西有没有你一个样，甚至你不在那儿的时候，湘军的表现更好了！"左宗棠并不是信口开河，在曾国藩离开江西前线之后，骆秉章命令王鑫率领老湘营三千人，接连攻克了宁都、新城、广昌、乐安等地，最终王鑫付出了生命的代价，才把太平军的气势给打压下去。此后，作为湘军一部的楚勇，在首领刘长佑的率领下，打败了石达开的大军，收复了临江府城；他们又在萧启江和刘坤一的率领下，攻陷了抚州府城。

1858年春，李续宾所率湘军与太平军展开了激烈的争夺战，最终成功夺取了重镇九江。李续宾完成了曾国藩未竟之功，曾国藩感到非常兴奋，他让其弟曾国华进入李续宾的幕府。这是曾国藩同意再次出山的信号，他是不甘于终老泉林之下的，因为湘军的平叛事业在等待着他。随后，曾国荃也率部攻克了吉安，并消灭了大量太平军，再次打出了湘军的声威。

第七章 东山再起

第一节 圣谕煌煌

1858年7月，曾国藩正在湘乡老家为父守制，湖南巡抚骆秉章转来了咸丰帝的圣旨，命令他重新出山督办浙江军务。此时曾国藩已经在家守孝一年多了，假如他真的连续守孝三年，那么率领湘军镇压太平军的大业恐怕就与他无缘了。

咸丰帝为什么非要让曾国藩夺情呢？原来，驻守在江西境内的湘军各部多方出击，击溃了与他们对峙的太平军，收复了除景德镇之外的各州府的地盘；太平军无法在江西立足，便在李秀成的率领下，转战到江浙地区。江浙地区是整个中国最为富庶的两个省份，假如让太平军占据了此地，那么他们就能获得充足的钱粮来源，这对清朝是非常不利的。既然没有曾国藩，湘军仍然能在江西打胜仗，那又为什么非要再让曾国藩出来主持呢？因为，湘军虽然打了一些胜仗，但是各部之间互不统属，难以形成一股合力；要想集中湘军的力量对付太平军，唯有请曾国藩亲自出面，而其他统帅是没有资格和威望来整合湘军的。

此时的曾国藩，已经不再是五年前的那个曾国藩了，经过数年的军旅和宦海生涯,又痛定思痛地反躬自省了一年多,他已经深刻地认识到自身存在的缺陷和不足,变得成熟和圆润了许多。曾国藩认识到,要想讨伐平定太平天国,仅靠湘军的力量是不够的,还必须联合南方各省的军政大佬,以最大的诚意来换取他们的支持,这样才能获取足够的军政资源。于是,曾国藩在接旨之后,把家中事务委托给弟弟曾国潢,然后带着几名随员,先去长沙拜会了骆秉章和左宗棠,又去武昌拜会了官文和胡林翼,最后赶到江西拜会了新任巡抚耆龄(此时文俊已离职)和湘军部将杨载福及彭玉麟。

本来由于集团利益之争,曾国藩跟骆秉章是有着很深的矛盾,但他们在对付太平军的大方向上是一致的。曾国藩这次出山之后,非常低调谦和地拜会了骆秉章,再也不摆钦差大臣和朝廷大员的派头了。骆秉章也注意到了曾国藩态度上的变化,很愉快地接待了他,双方化敌为友重归于好。后来,骆秉章调任为四川总督,但他仍然与曾国藩的湘军通力合作,为剿灭太平军协同作战。

左宗棠本来是曾国藩的朋友,两个人之间在地位上是比较平等的,他们曾经因为陶桄抗捐一事产生过矛盾,但是,他们之间的矛盾不深,同属于湘军的组成部分,在利益诉求上也就比较接近。曾国藩与骆秉章能够握手言和,在很大程度上是左宗棠的功劳,左宗棠以师爷的身份主政湖南多年,在张亮基和骆秉章面前都是很有分量的,他的态度往往就代表了湖南官方的态度。后来,左宗棠曾到曾国藩身边参赞军务,成了曾国藩的得力助手。

胡林翼是曾国藩的老友,他们共同支撑着湘军的平叛事业,而且胡林翼较早成了湖北巡抚,掌握了长江上游省份的军政资源,为曾国藩提供了最大的支持。除此之外,胡林翼比曾国藩多一项本领,那就是性情豁达开通,擅长化敌为友,也为曾国藩与官文握手言和准备了条件。因此,曾国藩在重新出山之后,去拜会其他大佬时,主要是礼节性的会面,而他与胡林翼之间的会谈才更有实质内容。为了壮大湘军的力量,共同消灭太平军,曾国藩与胡林翼密谈了十昼夜。至于这两位大佬密谈的内容详情,我们找不到完整的文字资料,但是他们的团结协作肯定是湘军胜利的保障。

在胡林翼引荐和撮合之下，曾国藩还与湖广总督官文进行了一场会面，双方交谈的气氛良好，后来他们也进行了一些配合与协作。官文是满族大员，而曾国藩是汉军领袖，他们之间相互排斥和防范是正常的。而且，在曾国藩眼里，官文就是一个尸位素餐的庸碌之辈，他从内心深处是瞧不起这个湖广总督的。但是，曾国藩要想在官场上混下去，要想在长江流域有所作为，就必须跟官文交朋友。笔者在前文中说过，此时的曾国藩已经比之前成熟多了，他也与官文虚与委蛇，尽量争取对方的支持。

曾国藩结束了两湖之行，来到了江西的地盘上，他先到九江与杨载福会谈，后去湖口与彭玉麟会谈。曾国藩与这两员大将就江西的军情交换了意见，并视察了湘军水师，向大家宣告自己的归来。湘军还是原来的湘军，曾国藩永远是他们的最高旗帜，他对湘军的号召力是无与伦比的。最后，曾国藩前去南昌，拜会了江西巡抚耆龄。耆龄作为满洲正黄旗出身的大员，他非常敬佩曾国藩编练湘军和对抗太平军的事迹；曾国藩吸取了之前跟陈启迈等人交恶的教训，与耆龄交上了朋友，以便取得他对湘军的全力支持。

曾国藩在拜会了他们之后，就开始筹划与太平军的会战，他准备以实实在在的业绩，向咸丰帝表达他对大清国的忠诚。太平天国经过天京之变，虽然元气大伤并走向分裂，但是很快又重新振作起来。石达开率部离开了洪秀全的势力范围，在华南地区展开运动战，对清朝南方数省形成了极大威胁。另外，洪秀全重用后起之秀的青年将领陈玉成、李秀成，他们逐渐成为太平天国的顶梁柱，也成为曾国藩的头号敌人。

曾国藩尚未到达南昌的时候，他又接到了咸丰帝的一道圣旨，命他暂时不必进入浙江，而是先去福建扫平匪患。接到这份旨意，曾国藩哭笑不得，因为别说闽浙两省，就连江西的地盘也尚未肃清，杨辅清仍然占据着景德镇地区。杨辅清是杨秀清的弟弟，他在天京事变中幸免于难，洪秀全为了收买人心，便册封他为辅王，让他为太平天国建功立业。如今曾国藩统兵作战，仍然秉持这一习惯，他决定先肃清江西地界再说。

第二节 三河之役

就在曾国藩与杨辅清在景德镇地区对峙的时候，石达开率军攻入了瑞金地区，李秀成继续攻略浙江，陈玉成则进犯安徽，给湘军造成了很大压力。面对敌人的多路进攻，曾国藩命令张运兰率领老湘营对抗杨辅清，同时请弟弟曾国荃率部助战；命令萧启江率领楚勇出战石达开，暂时不理会李秀成；最后命令嫡系将领李续宾和弟弟曾国华开进安徽，打退陈玉成的进攻。

李续宾是一员响当当的虎将，他在曾国藩回乡守制期间，率领数千人马，一举收复了太平军盘踞的九江，并将守将林启荣率的一万七千人全部斩首。九江之战的胜利激励了李续宾，他认为太平军不堪一击，自己一定可以率领湘军再立新功。拥有这种心态，李续宾接到曾国藩的军令后，立刻率领所部六千将士，雄赳赳气昂昂地开进安徽，准备与陈玉成决一死战。在李续宾的部将中，就有曾国藩的弟弟曾国华，他也是一员奋不顾身拼死向前的勇将。

经过九江之战，李续宾的大名已经广为人知，陈玉成闻讯之后十分惊慌，为了取得军事优势，他赶紧奏请洪秀全，要求调派李秀成所部和捻军张乐行部参战。洪秀全深知安徽地区的重要，为了保证战争的胜利，他同意了陈玉成的请求，不但把李秀成和张乐行调了过去，而且为此战提供了充足的后勤保障。得知太平军大举援皖，曾国藩已经抽调不出后备力量，他只好指示李续宾不可轻敌冒进。李续宾立功心切，他已经听不进去曾国藩的意见了，在他看来湘军从来都不在人数上占据优势，然而湘军往往能够以少胜多，打败人多势众的太平军。

1858年8月，李续宾率部进入安徽，接连攻克了太湖、潜山、桐城和舒城等地。同年11月，李续宾所部经过短暂休整，向陈玉成盘踞的庐州（今合肥）挺进。在庐州城的南面，有一座军事重镇，叫作三河镇，是庐州城的门户和后勤基地。李续宾打算一举夺取三河镇，再攻占庐州城，可这是陈玉成所不允许的。陈玉成凭借数万兵力优势，对三河镇采取了半包围的方式，扎好了口袋等李续宾来钻。李续宾经过军事侦察，发现自己处在劣势之中，部将也纷纷劝他退守桐城以待援军，可他非要冒险一搏。

三河镇之战打响后，李续宾兵分三路主动出击，进攻陈玉成所部太平军。李续宾以数千兵马，击败了陈玉成的数万大军。但是非常不凑巧，就在李续宾奋勇冲杀的时候，忽然间大雾弥漫。湘军本来就不熟悉地形，再加上雾气沉重，也就分不清敌友了，很快就陷入了混乱之中。更为雪上加霜的是，此时李秀成和张乐行率领大军赶到，把李续宾所部湘军团团包围了。李续宾的人马太少，任凭他怎么横冲直撞拼死冲杀，仍然不能冲破太平军的合击圈。

就在李续宾陷入重围的时候，附近地区仍有一万五千人的绿营兵，李续宾飞檄传书，希望这支友军能来相助，可是他始终没等到。绿营兵早就丧失了战斗力，假如湘军能够取胜，说不定他们会来抢功，可是湘军陷入危局之中，他们是不会也不敢来救的。李续宾兵败三河镇的消息传出后，曾国藩手下已无可调之兵了，胡林翼恳求官文派兵来援，官文坚决不肯派出一兵一卒。官文这次非但不给曾国藩面子，他连胡林翼的账也不肯买了，一来他觉得即便派兵也未必能救李续宾，二来正好可以借机消耗湘军的实力。事实证明，官文的做法是符合清廷的立场和意志的，不然事后他会受到咸丰帝的贬斥。

李续宾率军经过血战，仍然没能冲出重围，他为了免于落入太平军之手，选择了投水自尽。李续宾死后，曾国藩的弟弟曾国华拼死冲杀，终被太平军乱刀砍死。除了他们俩之外，李续宾所部数千将士，没有一个人能活着出去，全部被太平军给屠杀了。李续宾部是曾国藩的湘军嫡系精锐，他们被屠杀殆尽之后，曾国藩和胡林翼都伤痛万分，胡林翼还为此吐血不止，他们都知道这对湘军的元气是一次大的损伤。

陈玉成和李秀成联手攻灭了李续宾，也就顺势夺取了安徽大部分地区，捍卫了天京的安全，并对湖北和江西产生了威慑。洪秀全对此非常高兴，他分别册封陈玉成和李秀成为英王和忠王，把太平军的统帅权交由他们掌握。在整个安徽省区和长江上游，最为重要的一座军事重镇是安庆，假如湘军能够夺取此地，就能够从战略上赢得主动权。太平军当然也深知这一点，所以陈玉成在此地集结重兵，以防湘军大举来攻。

第三节　重整旗鼓

三河镇之战失败了，曾国藩受到了沉重的打击，但是战争还得进行下去，不然湘军乃至清朝都会被太平军给吞并掉。张运兰所统率的老湘营本来是王鑫的人马，在王鑫死后由张运兰接手了，这也是湘军中非常精锐的一支武力，后来曾国藩解散湘军时单单留下了这支队伍。曾国藩命令张运兰率领老湘营，对抗盘踞在景德镇的杨辅清，张运兰和老湘营并非不能战，但是杨辅清所率兵马太多，所以湘军一时之间难以取得优势。但是，尽管如此，杨辅清也不敢轻易进攻张运兰，因此双方在战场上陷入了僵持状态。为了扭转此战的不利局面，曾国藩致信弟弟曾国荃，命他从湖南率军前来，加入景德镇争夺战。

1859年6月，曾国荃率领五千名湘军到达战场，配合张运兰攻击杨辅清。随着曾国荃这股生力军参与战争，杨辅清招架不住了，他被迫率领残部向北逃窜，撤退至皖南地区。杨辅清虽然战败了，却从曾国荃手下逃得了性命。他甚至在太平天国覆灭十年之后还曾试图卷土重来，最后才被清军捕杀。杨辅清北逃后，曾国荃和张运兰收复了景德镇，也就重新稳定了江西北部的局势。

在曾国荃和张运兰苦战杨辅清的时候，曾国藩选派萧启江率领楚勇，与盘踞在瑞金的石达开展开了激战。石达开虽然骁勇善战，手下也是兵多将广，但是此时他已经脱离了太平天国的大本营，后勤支持难以供给，再加上瑞金地区的民众并不支持太平军，因此他在与湘军的对峙中不占上风。萧启江在历史上的名头并不算响亮，但他也是个善战之将，他统率的楚勇的战斗力也十分强劲。经过数月拉锯战，萧启江最终占据了瑞金地区，石达开被迫率部转战湖南宝庆。至此，曾国藩的湘军彻底肃清了江西地界，将战场转移到了其他省区。

1859年初，石达开兵败江西瑞金之后，率部转战湖南宝庆，这并不是个明智的举动。因为早在六年前，曾国藩就通过审案局的铁腕办案，惩治了湖南境内的乱民。石达开率军开进宝庆之后，发现自己已经陷入了人民战争的汪洋大海之中，处处都是反对太平军的军民，再加上萧启江率军追击，所以他根本无法在本地立足。在这种情况之下，石达开集团正式成了一支流寇武装，他率军从湖南转战广西，又从广西转战贵州，并准备向四川发起进攻。

在石达开挺进西南的时候，咸丰帝感到十分惊慌，他下旨让曾国藩率领湘军沿长江溯流而上，驻防四川夔州地区（今重庆奉节一代）。另外，为了剿灭石达开，咸丰帝还破天荒地授予曾国藩一项大权，让他控制江西、湖北、湖南和四川四省的军队。曾国藩自起兵以来，从未获得过如此重大的军权，所以他接到咸丰帝的旨意之后是兴奋至极。但是与此同时，曾国藩有一种啼笑皆非的感觉，因为此时景德镇尚未收复，曾国荃和张运兰正在苦战杨辅清，若要离开江西必先肃清这一省区。曾国藩经过综合分析，他认定石达开已经不会有太大作为了，真正危险的敌人是盘踞在皖北的陈玉成。

在曾国荃收复景德镇之后，曾国藩便率领湘军主力开赴武昌，与官文和胡林翼会面，商讨遵旨西征之事。曾国藩把自己的判断告知了官文，官文也赞同他的看法，便向咸丰帝上奏，主张不再让曾国藩西征，而是让他掉头向东，开赴皖北对付陈玉成，改由骆秉章入川抵御石达开。咸丰帝批准了官文的提议，命令曾国藩沿江东下，穿过湖北和江西，直接开赴安徽地区。在三河之役中，官文拒不救援李续宾，导致湘军数千精锐毁于一旦，曾国华也战死沙场，曾国藩对此耿耿于怀。但是，为了平叛大业，曾国藩不得不委曲求全地跟官文交好，而且他也成功地通过官文达到了某些战略目的。

在进军安徽的大战略上，曾国藩和咸丰帝达成了一致，但是在具体实施上，他们之间有两项分歧：一是咸丰帝命令曾国藩直接出击陈玉成，曾国藩则强调自己兵力不足，要咸丰帝给他配备更多的军队；二是咸丰帝让曾国藩分兵绕道颍州（今阜阳），从背后堵截太平军，防止他们北上滋扰中原腹地，曾国藩则主张集中兵力进攻安庆，切断陈玉成和李秀成之间的联系。曾国藩的主张是对的，按照他的方略去办更有利于镇压太平军，但是咸丰帝的权威是不容忽视的。于是，曾国藩不得不连续上奏，细致入微地向咸丰帝剖析局势和利弊，最终使得皇帝同意了自己的方案。

湘军发展到此时，已经折损了江忠源、褚汝航、塔齐布、罗泽南、王鑫、李续宾和曾国华等多名战将，但是新一代将领杨载福、彭玉麟、鲍超、李元度、张运兰、萧启江和曾国荃等人却成长起来，而且队伍规模扩充了十几倍，已经成为清朝最为强大的一支武力。并且，又有两个重量级人物加入了湘军的队伍，他们分别是曾国藩的弟弟曾国葆和弟子李鸿章。对于他们的到来，曾国藩非常高兴，他认为从此自己算是如虎添翼了。

曾国藩在炮火连天的战争生涯中，并未忘记读书、修身和著述，他从三千年来的古圣先贤中挑选了最为知名的三十二位，其中包括周文王、周公旦、孔丘和孟轲等，让儿子曾纪泽给他们画像，还亲自写了一篇《圣哲画像记》。曾国藩在这篇序文中，详细介绍了这三十二位圣哲的平生德业，对他们的文章更是大力推崇。曾国藩的文笔甚佳，此文也非常值得一读，但是囿于篇幅，笔者就不再将此文贴出了。

第八章　决战皖赣

第一节　围攻安庆

自从湘军克复了武昌和九江之后，安庆就成了天京上游最重要的军政重镇，围绕着这一重镇的归属，湘军必然要与太平军展开一场旷日持久的鏖战。攻占安庆是曾国藩的提议，所以这一计划将由他来主导实施，为了能够拿下安庆及其周围地区，他制订了一套四路进军的方案。根据曾国藩的统一部署，这四路人员和路线的分派如下：第一路由曾国藩亲自负责，从宿松经石牌直捣安庆；第二路由满人将领多隆阿和湘军将领鲍超共同负责，从太湖经潜山进攻桐城；第三路由胡林翼负责，从英山经霍山进攻舒城；第四路由已故湘军将领李续宾的弟弟李续宜负责，从商城经固始进攻庐州。

为了打赢安庆围歼战，除了萧启江部远在四川不能调回，张运兰部经过大战需要休整之外，曾国藩调集了一切所能调集的力量，集中湘军数万大军，浩浩荡荡开进安徽的地界。当然，在实际运作过程中，还是发生了一点意外，那就是李续宜部因石达开尚未撤出宝庆，所以暂时不能参加安庆会战。曾国藩和胡林翼用兵都比较谨慎，见李续宜暂时不能前来，便在半路上驻军等候。鲍超是个急性子，他不等其他三路出动，也不与同路的多隆阿商量,就独自率军出击攻打太湖县。

太平军早在安庆周围布置了重兵,陈玉成见鲍超孤军深入,便派遣大军将其围困在太湖东北的小池驿。鲍超虽然英勇善战,但是好虎斗不过群狼,在太平军的包围圈日渐收缩之下,他的处境十分凶险,假如友军不能及时前来救援,那么他将步李续宾的后尘。在这种情况之下,曾国藩和胡林翼仍然不敢轻动,因为如果他们倾巢出动救援鲍超,就有可能因顾此失彼而中了陈玉成的圈套。唯一方便救援鲍超所部的,就是同路而来的多隆阿,可是多隆阿按兵不动不肯伸出援助之手。多隆阿之所以不肯救援鲍超,主要是因为鲍超平时性格傲慢,不把他放在眼里。而且,多隆阿也不敢肯定,陈玉成的罗网有多大,他怕自己也落入太平军的伏击圈。

鲍超是一员杰出的战将,他对于水战和陆战都有着充足的经验,他所率将士也是湘军中的精锐。因此,胡林翼给多隆阿写信,紧急开展危机公关,希望能够说动这位满人将领。可是,多隆阿阳奉阴违不为所动,依旧在原地观望,坐视鲍超的生死存亡。在万般无奈之下,胡林翼冒着本部遇袭的危险,选派手下将领唐训方率领数千人前去救援鲍超,同时调派另外两个将领金国琛和余际昌率军绕道陈玉成的后方。在这种情况之下,多隆阿认清了形势,终于率领本部军马出动,进攻陈玉成的大本营,为救出鲍超出了一把力。在他们的共同出击下,陈玉成折损兵马两万多,被迫向后撤退,从而鲍超才得以冲出了包围圈。

鲍超虽然最终获救了,但他手下的军马却死伤惨重,而他与多隆阿再也不能和睦相处了。为了协调多隆阿和鲍超之间的关系,曾国藩亲自出面,委派鲍超离开前线,赶赴湖南招募一万军马。在此之前,曾国藩还委派弟弟曾国荃返回湘乡老家,再行招募一万生力军。而此后不久,骆秉章奏请朝廷任命左宗棠为兵部郎中,左宗棠在赴京任职之前,来到曾国藩的大营与他共商东南大计,曾国藩趁机鼓励他不去北京而是回乡招募一万兵马,加入自己围攻安庆的阵营。曾国藩不遗余力地选派大将招兵买马,目的就是为攻占安庆增大筹码,为了达成这个目标,他想尽了也用尽了一切办法。

左宗棠多年来一直是师爷的身份，实际上却承担起了统领湖南军政的责任，因为师爷毕竟不是正式的官职，他打算通过骆秉章的奏调进入清廷的正式编制。左宗棠一向不买曾国藩的账，还曾多次斥责曾国藩，但在决定个人前途的问题上，他还是乐于听从曾国藩的意见。于是，在曾国藩的提议下，左宗棠返回湖南，招募并训练了一支生力军，正式加入了湘军的体系，他本人也成了曾国藩身边的一员大将。曾国藩之所以能够干成大事，就是因为他在统兵和从政实践中完善了自身的休养，把一些有才干的人聚拢到自己的身边，左宗棠就是一个典型的例子。

围攻安庆的意义十分重大，此战的胜负将决定清朝和太平天国的命运，因此咸丰帝和洪秀全都非常重视。为了整合围攻安庆的军政力量，也为了酬谢曾国藩多年来的勋劳，更为了统一指挥湘军进攻太平军，1860年7月，在重臣肃顺的提议下，咸丰帝正式任命曾国藩为两江总督、钦差大臣兼督办江南军务大臣，请他全权处理与太平军的交战事务。至此，时年四十九岁的曾国藩总算修成了正果，他再也不是那个没有正式编制的民团首领了，成了一员有职有权的封疆大吏。但是，两江总督的辖地包括江苏、安徽和江西，这三省的地盘有一大半还在太平天国的手里，要想真正行使相应的职权，必须将太平军剿灭。

曾国藩在出任两江总督之后，立刻奏请清廷，让左宗棠担任自己的助理军务大臣。湘军起兵七八年来，虽然曾国藩与左宗棠有过节，但是左宗棠从不因私废公，总是竭尽全力为湘军筹措经费，所以曾国藩发迹之后，第一个要酬谢的人就是左宗棠。除了左宗棠之外，此时曾国藩身边还有两员大将，他们分别是李元度和李鸿章。李元度和李鸿章与左宗棠一样，不仅是擅长统兵作战的将领，而且是能够参与筹划军机的谋士，所以他们都深受曾国藩的信赖。并且，在长期的共事过程中，李元度和李鸿章结下了深厚的友谊，后来曾国藩与李元度反目之时，李鸿章竟然站在了李元度的立场上维护他。

第二节　驻军祁门

曾国藩奉旨出任两江总督之后，为了向清廷表明他要东进的姿态，便率领部分湘军移防到皖南的祁门。在曾国藩离开安庆外围的时候，李续宜已经率部加入了包围圈，杨载福也率领水师前去助战，湘军在该地取得了对太平军的优势。但是，安庆城防十分坚固，如果湘军采用攻坚战术，必定要遭受极大的伤亡。因此，曾国藩在转赴祁门之前，确立了长期围困安庆的战略，并让其弟曾国荃全权负责前线军务。在曾国藩兄弟几人中，曾国荃是打仗最厉害的一个，他曾在围攻安庆的战役中赢得"曾铁桶"的绰号，意思是把城池围困得跟铁桶一样。

正如前文所说，曾国藩移防祁门，主要是为了向清廷表达忠心和斗志。除此之外，曾国藩还有其他的打算，那就是向东可以出击徽州和宁国，进而威胁天京，从而策应曾国荃围攻安庆。但是，从军事角度来看，祁门就是一处绝地，它北面是黄山山脉，南面是怀王山山脉。因此，如果太平军充分利用祁门周围的地势，把大炮架到南北两面的山上，再以优势兵力堵截东西两侧，那么曾国藩就在劫难逃了。曾国荃了解祁门的地势，便力劝曾国藩离开此地，但是曾国藩不为所动，以至于曾国荃在给曾国藩的书信上洒满了泪痕。

为了打破湘军对安庆的封锁，洪秀全制定了一套大迂回战略，他命令太平军多路出击，采用进攻武昌等方式来破解安庆之围。洪秀全的具体安排是：命令英王陈玉成从江北沿江而上，忠王李秀成从江南沿江而上，两军采取钳形攻势进攻武汉，吸引湘军回师救援；同时命令辅王杨辅清和仕王李世贤进攻江西地区，右军主将刘官芳进攻祁门大营。洪秀全以天王的身份兼任军师，他制定的这一战略是无可挑剔的，假如能够顺利实施，是有希望达成目的的。但是，任何计划在执行过程中，都有可能会偏离预定的轨道，洪秀全的这套方案也不例外。

陈玉成接到洪秀全的命令后，率领手下数万兵马，再联合捻军龚得树等人的武装，凑成了十万大军，浩浩荡荡开赴安庆外围的桐城地区。当时包围安庆的湘军一共约有五万人，陈玉成手下却有十万人，这就让他产生了一个错觉，那就是仅凭自己手下的力量，就能够解救安庆之围。陈玉成虽然比较勇武，但他此时的年龄不过二十三岁，年轻气盛血气方刚，也就容易轻敌冒进。陈玉成擅自更改了洪秀全的方略，率军向湘军发起了冲击，准备一举冲破湘军的包围圈。可是，结果令陈玉成大失所望，湘军主力并未出战，仅靠多隆阿和李续宜这两路人马，共计一万多人就抵挡住了这十万人的攻势。

陈玉成进攻失利了，便集合了所部兵马，再次向湘军发起了进攻，但是这次他仍然未能得逞。再次失败的陈玉成，只得按照洪秀全之前的指示，率部向湖北进发。1861年初，陈玉成率军挺进湖北东部的黄州，准备继续向武汉进发。可是，陈玉成仅凭自己的一支军队进攻武汉是毫无把握的，而李秀成的江南大军又没能如期前来，所以他只能在此地徘徊观望。正在这时候，英国驻武汉领事馆参赞巴夏里来拜会他，巴夏里警告陈玉成说，为了保护英国侨民的生命财产安全，要求太平军不许进攻武汉，否则英国将介入这场战争。

陈玉成等不到李秀成，又受到了巴夏里的警告，只得转赴湖北北部，攻略了一些城池之后就返回安徽。陈玉成撤出湖北没多久，李秀成便率军赶到了，他见陈玉成已经离开此地，便又按原路线返回，至此洪秀全的大包抄战略也就宣告结束。原来，李秀成所部距离湖北较远，而且他先后攻略了天京东面的苏州、常州和常熟等地，又侵入了江西地区，把队伍发展到二十多万人，这才挥师入湖北的。但是，他们先后攻入湖北，也让胡林翼感到了恐慌，他急忙抽调部分军马回师武昌，加强省城的防卫，从而在一定程度上减轻了安庆的军事压力。

就在陈玉成和李秀成先后沿江而上的时候，杨辅清和李世贤的军队也在赣北和皖南一带扫荡多时了，并且黄文金部占领了祁门周围的几个县城，切断了曾国藩的粮道，将其围困在祁门大营内。这下曾国藩真正体会到了身陷绝境的滋味，假如湘军各部不能及时来援，那么他就难免要遭到覆灭的命运。就在曾国藩茫然无措之际，左宗棠率部来救援他，左宗棠带着他从湖南招募的一支新军，迅速开赴乐平，又接连收复了德兴和婺源，然后率部扼守景德镇，挡住太平军进军祁门的步伐。

在左宗棠救援了曾国藩之后，胡林翼、彭玉麟、杨载福、鲍超和张运兰等湘军大佬也率军来援，总算让曾国藩安全撤出了祁门地区。随后，曾国藩率部进攻休宁和徽州地区，继续保持对安庆地区的压力，同时阻挡李秀成和陈玉成会师。此时，在安徽地区，湘军占有优势地位；而在江西地区，太平军已经势不可挡了。李秀成的二十万大军，浩浩荡荡地回师江西，时任江西巡抚的毓科慌了手脚，而左宗棠手下只有七千人。在这种情况之下，曾国藩选派鲍超率领一支生力军前去迎敌，鲍超以一万人的兵力，竟然阻挡住了李秀成大军的攻势，扭转了江西地区的不利局面。

第三节　勤王之议

咸丰帝是个苦命的皇帝，他登基不久就遭遇了声势浩大的太平天国起义，在太平天国运动方兴未艾的时候又遭遇了来势凶猛的第二次鸦片战争。太平天国起义是清朝多年弊病的总爆发，也是第一次鸦片战争之余绪，其中没有咸丰帝本人多少责任，然而对于第二次鸦片战争的爆发，他是难辞其咎的。

第二次鸦片战争的导火索，是1856年10月在广东发生的亚罗号事件，由两广总督叶名琛查扣英国籍货轮引起的；随后，英国军舰炮击总督署，而叶名琛悬赏市民屠杀英国人。同年，广西发生了一起西林教案，法国传教士马赖无故被清朝地方官员虐杀。于是，英国和法国水师组成英法联军，开炮轰击广州城，并且抓捕了叶名琛。与此同时，英国、法国、美国和俄国四国公使组成公使团，联名向清廷交涉，要求面见咸丰帝。

咸丰帝不怕列强要求割地赔款，就怕他们提出会见的要求，这里面的原因非常简单：虽然经过第一次鸦片战争，清朝被大英帝国打败，但是清朝统治者仍以天朝上国自居，拒不承认列强与清朝是平等的，仍把他们当作蛮夷番邦。咸丰帝认为，英、法、美、俄等列强，都应该与朝鲜、琉球、越南和暹罗一样，作为小国臣子来朝拜他这个天子。可是，列强们坚持认为，他们与清朝在地位上是平等的，所以他们不同意向咸丰帝行跪拜大礼。这就触及了咸丰帝的底线，为此他坚决不同意会见这四国的外交官，也就更不同意他们在北京设立公使馆。

由于咸丰帝拒不会见四国公使，和谈也就无法进行，中国和列强之间的矛盾只能通过战争方式解决了。于是1857年底，英法联军沿海北上，一举攻克了天津大沽口，并登陆推进到天津城下，直隶总督谭廷襄弃城逃跑。在这种情况下，清朝政府被迫与列强签订了《天津条约》，答应了有关各国提出的一些条件，英法联军便从天津撤军。但是，英法联军撤军后，清朝委派僧格林沁在大沽口重新布防，并且不同意执行《天津条约》有关条款。于是，1859年6月，各国公使要求进京和谈，结果他们的要求遭到了清廷的拒绝，英法联军便第二次炮轰大沽口炮台。由于清朝守军的顽强抵抗，所以英法联军暂时没能取胜，于是他们又从国内调来重兵，于次年再次攻击大沽口。

1860年，英法联军再次攻占了大沽口，并且乘胜一举攻陷了天津城，然后向北京挺进。在联军逼近北京的时候，咸丰帝派出了以怡亲王载垣和兵部尚书穆荫为首的代表团，要求与敌方代表谈判。于是，英国和法国都派出了外交使团，与清朝代表团会见，打算通过谈判解决争端。两国交兵不斩来使，这是古往今来世界各国所普遍遵奉的通则，可是清朝统治者再一次背信弃义，趁机逮捕了这些外交官，并把他们押赴北京刑部大牢，最后还把其中的二十六人给折磨至死。这一事变震惊了西方世界，他们决定打进北京城教训咸丰帝，为死难的同胞报仇雪恨。

1860年9月，英法联军攻打北京，与僧格林沁的三万蒙古精锐骑兵在八里桥一带展开激战。僧格林沁所部是清朝八旗和绿营军队体系中的佼佼者，可是他们根本就抵御不了英法联军的进攻，被对方打得丢盔弃甲落荒而逃。僧格林沁战败后，英法联军迅速逼近北京城，咸丰帝这下恐慌了，他一面准备向热河避暑山庄逃跑，一面命令曾国藩手下的鲍超率领霆军进京救援。咸丰帝以北狩的名义逃跑后，英法联军攻入了北京城，他们没有烧掉紫禁城，因为他们认为这是中国国家政权的象征；但是，他们抢劫并焚毁了圆明园，以此来报复咸丰帝这个混蛋。

　　鲍超在对抗李秀成的战争中一炮走红，全国上下无不听闻了他的威名，他手下的霆军也成了曾国藩的湘军中最为骁勇善战的一支武力。咸丰帝让鲍超进京救援，是僧格林沁的副将胜保提议的，他的目的是把鲍超所率的军队收入自己的麾下。曾国藩对于胜保的阴谋是心知肚明的，但他也不便跟鲍超明说，因为鲍超救主立功受奖之心也是十分强烈的。曾国藩不舍得放鲍超走，但他必须给逃往热河的咸丰帝做个交代，为此他召集手下幕僚开会，商议如何渡过这个难关。曾国藩手下的幕僚，在军事和文学上都有一套，但在这种政治谋略上却束手无策，都没拿出一套可行性方案来。假如曾国藩找不到合适的理由，他就得放鲍超率部北上，那么湘军的实力就削弱了，他再与太平军对敌就不占优势了。

　　就在曾国藩因不知所措愁眉不展的时候，他的得意门生李鸿章来献计献策，李鸿章给曾国藩分析道：虽然咸丰帝北狩去了，但是恭亲王奕䜣被留在北京了，所以中外之间的和谈很快就要举行，战争实际上到此已经结束了。李鸿章的意思很简单，他认为曾国藩不必放鲍超率军北上救援，只要亲自向咸丰帝上表请战做个姿态就行了。曾国藩依计而行，命令鲍超不得北上，然后上书咸丰帝，要求由自己或者胡林翼亲自率领湘军主力北上救援。果然不出李鸿章所料，当曾国藩的奏折到达热河的时候，北京的和谈已经按部就班地进行了，咸丰帝命令曾国藩、胡林翼和鲍超全力对付太平军，无须再北上救援了。

曾国藩留下鲍超的意义十分重大，鲍超的霆军虽然只有一万人，但他成了李秀成最强的克星。李秀成手下有二三十万兵马，他又联合了石达开旧部汪海洋和朱衣点的一二十万人，组成了一支四五十万的大军，成为当时世界上最为庞大的一支武装力量。李秀成手下有这么多军马，却打不过鲍超的一万人，接连败于鲍超的霆军之手。假如曾国藩没能顶住咸丰帝的压力，没有听从李鸿章的建议，放鲍超率领霆军北上救驾，并投到胜保的麾下，那么南方的战局就无法保障了。

咸丰帝逃到了热河之后，没有痛定思痛寻求改革之道，而是把主要国政交由肃顺等亲信大臣处理，自己却躲进后宫的温柔乡中不出来，以此来排遣内心的绝望和苦闷。1861年7月咸丰帝驾崩了。根据咸丰帝的遗命，他唯一的儿子载淳继位，他的皇后慈安和载淳的生母慈禧分别被尊奉为东西皇太后，由载垣、端华、肃顺、景寿、穆荫、匡源、杜翰、焦佑瀛等赞襄八大臣共同辅政。为了防止皇帝大权旁落，咸丰帝在临终前决定，让肃顺等八大臣全权处理军国政务，同时让两宫太后用"御赏"和"同道堂"的印章来牵制他们，而未让恭亲王奕䜣参与辅政，这就为接下来的两派争权和祺祥政变埋下了伏笔。

慈禧太后为了跟肃顺等八大臣争权，就委派手下心腹太监安德海，联合了主政北京的恭亲王奕䜣等人，双方结成了政治联盟，并密谋赶回北京发动政变。于是，1861年10月，北京政变正式实施，肃顺等八大臣或被斩首或被充军，慈禧太后、慈安太后和恭亲王奕䜣共同掌握了清廷的大权。由于之前肃顺等人给载淳小皇帝拟定的年号是祺祥，所以这次政变在历史上被称为"祺祥政变"；同时发生政变的这一年是农历干支纪年法的辛酉年，所以这场政变也被称为"辛酉政变"。祺祥政变发生后，在慈禧太后的主张下，大学士周祖培提议把祺祥的年号改为"同治"，以此来体现大家齐心共同治理的意思。

祺祥政变之后，慈禧太后以垂帘听政的形式掌握了清廷的最高权力，同治帝成了曾国藩所要侍奉的第三个皇帝。这对于曾国藩来说又是一次挑战，因为当年咸丰帝继位时,他就因为是道光帝的重臣穆彰阿的门生而遭到了压制;现在同治帝继位了,慈禧太后和恭亲王奕䜣掌权了,而他这个两江总督还是肃顺保荐的,他会不会受到新贵们的打击和压制呢?其实曾国藩不必担心,因为镇压太平天国的事业,清朝只能寄希望于他的湘军,所以慈禧太后是不会追究他与肃顺之间的关系的。而且,在咸丰帝驾崩之前,他对太平天国肆虐南方放心不下,据说他曾经立下遗嘱,声称克复金陵者王,意思是谁攻取了天京就封给谁王爵。

不管北京的政局如何变幻,曾国藩还是继续他的平叛事业,经过湘军一年多的围攻,安庆这锅饭也该焖熟了。1861年8月,在曾国荃等部湘军的最后一击之下,安庆城被彻底攻破,城内的叶芸莱所部太平军一万六千人被斩杀殆尽。随后,曾国藩把大本营迁往安庆,全力经营这座长江上游的军事重镇,为最终攻入天京平灭天国做准备。为了给湘军打造军事后勤基地,曾国藩聘请了徐寿和华蘅芳等许多专业技术人员,并投入巨资筹建了安庆军械所,制造了大批枪炮和弹药。安庆军械所也是中国第一所近代兵工厂。

第九章 节制四省

第一节 按部就班

两宫太后垂帘听政后,为了整合东南各省的军政资源,集中全部力量镇压太平天国,慈禧太后又加授两江总督兼钦差大臣曾国藩两项新职,分别为协办大学士和节制四省军务。至此,曾国藩成为清朝立国以来最大的封疆大吏,兼任了江苏、浙江、安徽和江西的最高军政长官,他一生的权势和功业达到了最高峰。但是,曾国藩的任务仍然十分艰巨,因为太平天国的天王洪秀全仍然稳坐天京,英王陈玉成和辅王杨辅清仍然活跃在安徽,忠王李秀成和侍王李世贤虽然分别被鲍超和左宗棠在江西所击败,但他们很快就在浙江打开了局面。

慈禧太后给了曾国藩如此的高官厚禄,不是让他养老的,而是让他完成平叛大业的。因此,从1862年,即清同治元年初开始,慈禧太后就不断催促曾国藩早日率军进入浙江。俗话说,将在外君命有所不受,曾国藩丝毫不以朝廷的律令为意,而是根据双方的军事态势做出自己的方案,然后按部就班地稳步推行。曾国藩制定的总体方略是:自己在稳定安庆局势的基础上,先行收复安徽全境,然后再让弟弟曾国荃拿下天京,让弟子李鸿章拿下苏州和上海，让朋友左宗棠拿下浙江。

曾国藩为了执行上述整体战略，先在安夫周围发起了攻势，他命令杨载福所率水师与鲍超的霆军配合行动，打败了盘踞在皖南的辅王杨辅清的太平军，一举收复了池州和铜陵。与此同时，曾国藩命令弟弟曾国荃，率部击溃了盘踞在皖北的英王陈玉成，接连收复了无为州和漕运镇。到此为止，曾国藩所部湘军已经击败了安徽太平军的主力，收复了安庆周围的大部分地区。但是，太平军和捻军的势力依旧十分庞大，他们是被打散了而不是被消灭了，湘军在攻坚战中也遭受了不小的伤亡。因此，曾国藩要想克复天京平灭天国，必须继续壮大嫡系湘军的力量。

曾国藩委派其弟曾国荃，暂停追缴太平军，让他再次回乡招兵。此时的曾国荃已经成长为一名杰出的统帅，他很快就募集并训练出一支强大的新生力量，连同原来所率湘军，凑足了五万人的规模。在曾国荃招兵买马的时候，其他将领正在率部攻城略地，鲍超击败了太平军的古隆贤，并全歼了其所部一万三千人，顺利占领了青阳；曾国葆也不甘示弱，他接连占领了繁昌和南陵；杨载福也率领水师攻占了鲁港，配合了湘军陆师的行动。

随着湘军不断打败太平军，捻军首领李世忠投降了清将胜保。李世忠也是一员猛将，他接连替清朝攻下了天长、六合、浦口、江浦等地，成了胜保手下的得力将领。在湘军的北方，除了胜保和李世忠的军队之外，还有驻防扬州的都兴阿和驻防镇江的冯子材，他们都算作是湘军的友军。假如曾国藩的湘军全力对付太平军，那么这些友军都会积极配合湘军的行动；假如曾国藩有了什么不臣之心，那么这些所谓的友军马上就会站到湘军的对立面去。除了他们之外，还有北方的僧格林沁，以及西边的官文，都是慈禧太后用来牵制和防范曾国藩的力量。

自从曾国藩委派曾国荃攻占安庆后，陈玉成就失去了洪秀全对他的倚重和信任，陈玉成打算积聚力量直捣北京，洪秀全非但没有给他提供相应的兵源补充和后勤保障，而且把太平军的军事指挥权交由李秀成负责。洪秀全对李秀成也不是完全信任，他把军权交给李秀成的时候，还把李秀成的母亲扣为人质，以防李秀成对自己不忠。李秀成掌握了太平军的主力，但是他也未能挽救太平天国衰亡的命运，与此同时陈玉成被迫困守庐州，再也不能有什么作为了。

在太平天国后期的领导班子中，还有一个洪秀全的族弟洪仁玕，他被封为军师、干王、总理国政，也曾一度声名显赫，但是因救援安庆失利而丧失了洪秀全的信任。洪仁玕在香港生活多年，对西方世界有所认知，他撰写的《资政新篇》具有先进的思想理念，但是没能得到贯彻实施。况且，洪仁玕是一介书生，缺乏用兵打仗之能，所以一直就为陈玉成和李秀成等军政大佬所轻视。

陈玉成驻守的庐州，被清将多隆阿攻破了，他只得投靠了驻守寿州的苗沛霖。苗沛霖也是太平天国运动期间的一个知名人物，他以办团练起家，因镇压捻军起义得以壮大，割据了凤台周围数十个州县，在清朝和太平天国之间反复无常地投机叛卖。苗沛霖这次把陈玉成卖给了胜保，胜保打算劝降陈玉成，结果遭到了陈玉成的严词拒绝。于是，胜保把陈玉成押赴北京，然后向朝廷上奏表功。慈禧太后很快就批复了胜保的奏疏，命他就地处决陈玉成，于是年仅二十五岁的陈玉成在半路上就被凌迟处死了。陈玉成被处死后，太平军中最厉害的人物就是李秀成了，曾国藩如能解决了李秀成，那么太平天国的覆灭就指日可待了。

在都兴阿攻占庐州之后，曾国荃招募的新勇也赶到了皖北，曾国藩命令这些新勇接防旧勇的地盘，然后委派曾国荃率领能征善战的旧勇，继续扫荡残敌收复失地。曾国荃领命之后，率军大举东进，接连攻克了巢县、含山、和州等地。然后，曾国荃再接再厉乘胜进军，攻入江苏境内，在彭玉麟的水师的协助下顺利渡江，而后占领了太平府（今当涂），率军开赴天京正南的秣陵关。与此同时，曾国葆也攻克了芜湖，占领了天京西南的板桥，与曾国荃合力围攻天京。

在曾氏兄弟大举东进的时候，鲍超率领霆军也在淮南纵横开阖，他先是打败了杨辅清所率太平军，攻占了宁国（今宣城），然后接连攻克了石埭、太平县和泾县等地。在鲍超的兵威所及之处，太平军或逃或降，再也不敢拼死抵抗了。童容海本来是石达开手下猛将，但他此时已经看不到太平天国复兴的希望了，就率部归降了鲍超，并献出了广德的城池。童容海手下本来有六万之众，曾国藩为了防止无法指挥调度，便下令他把军队裁减到三千人，其余的全部遣散。这些士兵都是靠参军吃粮的，他们自然是不愿被遣散的，于是其中的两万人投奔了杨辅清，其余的三万人也发生了哗变，并且重新攻占了广德。童容海只率领嫡系一万人，投奔了驻防宁国的鲍超，鲍超将这一军情上报曾国藩，曾国藩仍然命令童容海把军队缩编为三千人（六个营）的规模。

在曾国藩基本肃清安徽省境的时候，太平军有个勇将古隆贤率军反攻，并接连攻占了石埭、太平、旌德三县。曾国藩委派鲍超前去镇压，此时鲍超所率百战百胜的霆军却无能为力了，因为之前他们杀人太多，而且把尸体就地投放到附近的江河中，又从这些江河中提取饮用水，染上了瘟疫，所以暂时无力出战太平军。等鲍超所部治好了瘟疫，率军出击古隆贤时，古隆贤却献出了这三座城池，率部归降了。至此，曾国藩完全肃清了安徽地界，便按照原计划，全力收复了江浙的地盘。

为了巩固安庆大本营，处理好安徽全省的军政事务，并协助自己管理好湘军各路人马，曾国藩表奏清廷，任命李续宜为安徽巡抚。李续宜是李续宾的弟弟，他手下的将领大多表现出色，这些人在李秀成反攻安徽时再立新功。当时，李续宾因患病而离开安徽，巡抚一职暂由其部将唐训方代理。

为了收复江苏的苏州和常州，并派兵保卫上海，曾国藩表奏清廷，任命李鸿章为江苏巡抚，给他拨出一支水陆军队，让他在此基础上招募和训练淮军。其实，在太平军威胁上海的时候，上海士绅前来乞求曾国藩派军救援的时候，他们带来了丰厚的饷银，并指名要请曾国荃前往。上海是中国工商业的中心，是整个清朝最为富庶的膏腴之地，占领上海之后将有取之不尽用之不竭的钱粮资源。曾国藩本来打算让曾国荃率军前往的，但是曾国荃的最大心愿是拿下天京，所以这一差事才交给了李鸿章。

为了光复浙江，曾国藩表奏清廷，任命左宗棠为浙江巡抚，并给他配备了充足的军政资源，让他击败侍王李世贤所率太平军。左宗棠以招募和编练湘军起家，在一系列的战斗中建功立业，所以很快就成了一位得力大将。而且，左宗棠在老湘营蒋益澧部的协助下，攻占了浙江全境，李世贤被迫南逃福建。清廷为了表彰左宗棠的战功，并让他继续扫荡福建残敌，也为了让他牵制曾国藩，将其升任为闽浙总督。清廷在授予左宗棠两江总督职务的时候，顺便让曾国荃担任浙江巡抚的职位，以此来激励和褒奖他，同时也用以安抚曾国藩。

第二节　恩怨情仇

曾国藩全权筹划治理东南的时候，湘军的第二号人物胡林翼于1861年病逝了，他是在目睹了外国的渡轮飞速逆江而上之后，先是惊惧落马，接着咯血而死。胡林翼的死亡，对于曾国藩的湘军集团来说是个重大损失，这不仅是个人情感因素问题，而是湖北军政当局从此对湘军的支持有所减弱了。

1862年，在曾国荃和曾国葆围攻天京的过程中，曾国葆突然病逝了，这是继曾国华牺牲之后倒下的又一个曾氏兄弟，曾国藩对此非常痛心。为了镇压太平天国，曾国藩付出了极大的心血和沉重的代价。曾国藩的母亲江氏病逝之后不久，他就因被朝廷征召而出山编练湘军；其父曾麟书亡故之后，他在家守孝期间又因被朝廷征召而重新出山。曾国华在三河镇之战中被太平军乱刀砍死，身首异处尸骨无存，这是曾国藩心底永远无法抹去的伤痛。如今曾国葆英年早逝了，曾国藩又丧失了一个手足，其悲痛是可想而知的。

在湘军体系中，有的人开始跟曾国藩保持着良好的合作关系，后来却跟他分道扬镳了，已故的王鑫是个典型的例子，未亡的李元度则是另一个。李元度是曾国藩的幕僚，也是湘军中的平江练勇的创始人，他在徽州之战中被太平军李世贤所败。李元度兵败后，并未直接向曾国藩汇报军情，而是投奔了浙江巡抚王有龄。为了整肃湘军的军纪，曾国藩上奏朝廷，要求撤职查办李元度。可是，李元度在湘军中的人缘太好了，包括左宗棠和李鸿章在内的大佬纷纷上疏替他求情，最后朝廷赦免了他的罪责。早年曾国藩兵败靖港投水自杀的时候，他是被章寿麟给救起的，而章寿麟就是李元度派去的。曾国藩参劾李元度，首先是为了维护湘军的军纪和稳定平叛的局势，其次才是出于个人意气。

曾国藩与浙江巡抚王有龄不合，也不是因为两个人之间有私仇，而是因为湘军军政集团与浙江地方官场之间有根本利益之争。浙江是个钱粮财富大省，但是在利益分配上曾国藩和王有龄双方是难以达成共识的，后来王有龄兵败自杀了，同样出身于湘军的左宗棠接管了浙江的行政，这一矛盾才得以化解。左宗棠跟曾国藩之间也有过节，但是最初曾国藩出山是左宗棠举荐的，后来左宗棠加入湘军又是曾国藩提议的，因此总体来说他们俩是合作大于对抗的。

除了浙江巡抚之外，曾国藩还与历届江西巡抚有过节，其中就包括他的同年陈启迈，还包括他亲自保荐的沈葆桢。沈葆桢是林则徐的外甥和女婿，在统兵打仗和为官理政方面都很有一套，所以深受曾国藩的器重。曾国藩提拔了沈葆桢，他希望沈葆桢可以把江西变为湘军的钱粮基地，可是他大错特错了，沈葆桢一上任就主张切断湘军的钱粮供应。沈葆桢之所以这么做，是要把江西省财政用在其他开支上，不想为了养活湘军而把该省搞得穷困不堪。在曾国藩和沈葆桢各不相让的情况下，清廷一方面要保障湘军的军需供应，另一方面想借沈葆桢来牵制曾国藩，就从其他途径拨款来满足湘军的需求。

李鸿章编练淮军并挺进苏沪，这是他积极争取到的机会，也是曾国藩一手提携和帮衬他的结果。李鸿章最初的淮军班底，都是曾国藩亲手给他配置的，从这个意义上来说淮军是脱胎于湘军的。但是，李鸿章攻占苏沪并掌握江苏之后，淮军在列强的支持下迅速膨胀起来，大有与湘军一较高下的意思。后来，曾国藩裁撤了湘军，淮军便成了晚清的顶梁柱，李鸿章也就有了傲视群雄的资本。在李鸿章占领上海之后，曾国藩让他调粮给曾国荃，李鸿章竟然给曾国荃调来了一批发霉的大米。曾国荃准备跟李鸿章翻脸，曾国藩却很委婉地处理了这个问题，他把这些发霉的军粮低价转卖给饥民，又筹款购买了一批新米。

曾国藩本来是个典型的湖南人，脾气火爆、性格倔强、绝不服输，但他在多年的军政生涯中，经过一系列的锤炼和打磨，已经适应了晚清的官场，成了一位知名的政坛不倒翁。一个人要想干成大事，必须集合一大批杰出的人才，这就要求首领人物学会灵活变通，不然团队会四分五裂，而事业也将半途而废。曾国藩有过许多的朋友、对手和敌人，但他最终凭借其威望、魅力、道行和技巧，解决了一个又一个难题，成功实现了自己的政治目标。曾国藩是个严谨的人，他对自己要求严格，对部下也是如此。但是，曾国藩并不是个冥顽不灵的人，他也时常跟部下讲笑话，比如他曾经讲过自己家庭生活中的一些趣事和糗事。而且，曾国藩除了原配江氏之外，还跟另外一个女子有过感情经历。曾国藩在升任两江总督后，还纳了一房小妾，此女便是江宁少女陈春燕，她当时只有十八九岁，而曾国藩已经四五十岁了。彭玉麟曾经质问曾国藩为何要在军中纳妾，曾国藩解释说他是要找个人给他挠痒，这种说法虽然有些牵强，但是却体现了曾国藩风趣的一面。

由于曾国藩长期为军政事务所累，所以他患有严重的皮肤病，以至于在下棋时往往会在棋盘上落一层皮屑，他用了各种医疗手段都不见好。陈春燕陪伴在曾国藩身边，她并不过问官场上和军队中的事，而是用她的温柔细腻来侍奉曾国藩，给了他相当美好的感情记忆。然而，好景不长，两年之后陈春燕就病逝了，曾国藩失去了这位与他相敬如宾的红尘知己。陈春燕死后，曾国藩为此哀伤不已，在多年之后还时常追忆。此后，曾国荃曾多次劝兄长再纳一个小妾，曾国藩几经考量之后，最终拒绝了这项提议。

第三节　借师助剿

曾国藩虽然在为人处世方面变得圆润了一些，但他在重大政治立场上是绝不妥协的，比如他对独立自主这一原则底线的坚守。在晚清官僚体系中，曾国藩算是较早重视西方先进科技的，所以从他开始组建湘军水师起，便派人去广东购买了西洋火炮。而且，在曾国藩筹建的安庆军械所等洋务机构的时候，他就十分注重学习西方的先进技术和工艺，把当时的科研成果拿来为我所用。但是，在牵涉国家主权和领土完整的原则性问题上，他是坚决不肯动摇和妥协的。

自从太平天国起义以来，西方列强也在不断关注着中国局势，开始他们以为洪秀全的拜上帝教就是基督教。因此，他们寄希望于太平天国推翻清朝，然后建立一个开放性的新中国。为此，他们不断设法与太平天国的领导层进行联系，并在太平天国定都天京后找到了主政天国的东王杨秀清。可是，杨秀清的态度比咸丰帝还要高傲蛮横，所以合作并未变成现实。

在第二次鸦片战争时期，英法联军与大清国开战，而具有国际视野的洪仁玕受命主政天国，他积极与西方列强联系，而各国政要也很看好他，这次中外合作有了一点苗头。然而，随着安庆被湘军围攻，洪仁玕率军救援无效，他便失去了洪秀全的信任，也就丧失了主政天国的资格。洪仁玕的失势，导致了太平天国与西方列强之间的合作关系最终也没建立起来。当李秀成率军攻克了苏州和常州一带，准备进驻上海的时候，西方列强采取了敌对的态度。

第二次鸦片战争结束后，清朝与西方列强达成了合作意向，双方正式联手对付太平天国。1861年初，咸丰帝批准成立了总理各国事务衙门，恭亲王奕䜣担任了该衙门总理大臣。奕䜣掌握外交权力后，提出了一套借师助剿的战略，就是由西方列强派军入华，帮助清朝镇压太平天国。曾国藩闻讯之后十分激动，他立刻上疏慈禧太后，提出了一个重要的原则，那就是"中华之难，中华当之"。曾国藩的意思是，中国的劫难，要由中国人自己来承担，不需要外国政府的干涉。曾国藩并不是个顽固守旧的人，他并不排斥与西方开展某种合作，但是他绝不以国家主权作为合作条件。后来，虽然李鸿章联合英美人成立了常胜军，左宗棠联合法国人成立了常捷军等武装，但是这些中外联合武装并非由外国正规军组成，而是他们在镇压了太平天国之后就解散了。

曾国藩为了尽快拿下天京，曾经多次上疏清廷，要求向英国方面购买先进的军舰。曾国藩的论点是，购买英人的战舰，有两项重大作用：可以"剿发捻"，可以"勤远略"。其中，"剿发捻"的意思是征剿太平军和捻军，"勤远略"的意思是加强国防建设抵御外国侵略。恭亲王奕䜣对曾国藩的主张十分赞同，他急忙委派总理衙门总税务司李泰国代办此事，李泰国果然购买了一艘先进的舰艇。但是，当这艘军舰开到中国的时候，所有人都傻眼了，因为开来的不仅是一条西洋船，而且是一支外国舰队。

原来，李泰国私自与英国皇家海军上校阿斯本签订了协议，任命阿斯本为该舰队司令，并且雇佣了六百多名外国海军官兵和水手。并且，这支军队开到中国后，阿斯本并不听从清朝官员的指挥，他只服从清朝皇帝的指挥，并且要由李泰国做翻译。对于这个花费重金买来的烫手山芋，曾国藩主张拒不接受，他提议解散该舰队，最终退回这艘新式战舰。奕䜣最终同意了曾国藩的意见，清朝白白耗费了三十八万两白银才算解决了问题。假如曾国藩是个急功近利的人，他一定会留下该舰队的，但他就是这么一个讲原则的人。曾国藩之所以要创建安庆军械所，并组织科学家和工程师研发蒸汽机，就是为了自力更生搞洋务，他在这一点上与李鸿章是有很大不同的。

第十章 大功告成

第一节 攻克天京

　　1862年夏，曾国荃在天京近郊的雨花台扎下大营，为拿下太平天国的都城做准备。洪秀全对此惊慌万分，他急忙命令李秀成等各地将领回兵救援。同年十月，李秀成率领大军赶回天京，以绝对优势的兵力包围了曾国荃的大营。然后，李秀成率军猛攻雨花台大营，准备攻破营垒并全歼这股湘军。没想到曾国荃太顽强了，他把曾国藩的"扎硬寨，打呆仗"六字方略发挥到了极致；李秀成连续攻击了四十六天，愣是没能把这座营寨给攻下来。

　　雨花台之战以后，曾国藩紧急给曾国荃写信，跟他说明了孤军深入并屯兵于坚城之下的危险，并且摆出了前两任江南大营主将向荣与和春兵败自杀的例证，劝他暂时撤离此地向东发展，等时机成熟时再回师攻城。可是，曾国荃性格一向倔强，他认定的事情就要做下去，而夺取天京目前正是他最大的梦想。另外，经过四十六天的防卫战，曾国荃已经把李秀成给打败了，所以他坚决不肯转移到别处。事实证明，曾国荃的判断是对的，李秀成已经不敢跟他消耗下去了，他奉洪秀全之命，率领大军离开了天京。

　　洪秀全的战略还是当年那一套方案，就是让李秀成率军向西攻入安徽，然后扫荡河南南部，最后南下攻占武汉，把湘军的主力吸引到长江上游去。1863年初，李秀成按照这套方案行动，接连攻略了九洑洲、浦口、巢县、庐州和舒城等地，并与捻军首领张宗禹和陈玉成的旧将马融和部会师。至此，李秀成兵多将广军威复振，他似乎要重振太平天国的雄风，然而这不过是天国将死前的回光返照罢了。李秀成接着进攻六安的时候，驻扎在此地的守军只有湘军的两个营，也就是只有一千多的人马，而守将是李续宜手下的一个不太知名的将领蒋凝学。然而，任凭李秀成的大军怎么攻杀，蒋凝学就是拼死抵抗，始终没让李秀成攻破六安城。

正在李秀成攻击六安城的时候，曾国藩把鲍超所率领的军队调到附近的舒城，并对李秀成即将攻略的地区实行坚壁清野。李秀成及其手下的将士，本来就患上了严重的恐鲍（超）症，现在鲍超率军赶到，他们早就吓得魂飞魄散了。一支军队，其战斗力主要取决于纪律和斗志，一旦丧失了这种精神支柱，也就没法再打胜仗了。除此之外，曾国藩的坚壁清野战略也十分厉害，李秀成的大军很快就陷入了后勤供给不上的境地，全军人马都开始饿肚子了。在这种情况之下，曾国藩并不让湘军与李秀成的太平军硬拼，而是采取步步为营的碉堡战术，把李秀成逼得毫无招架之功。

李秀成无法在安徽立足，便被迫取消了西上迂回的战略，并放弃了所占领的州县，率师返回江苏境内。李秀成撤军后，曾国藩下令水陆大军开始追击，打得太平军丢盔弃甲狼狈逃窜，再次肃清了安徽的全境。李秀成率师东归后，又败于李鸿章的淮军和洋人的常胜军之手，从而丢掉了苏州和常州的地盘。李秀成返回天京后，再也不敢主动出击曾国荃了，只得龟缩于天京城内。在这种危局之下，李秀成向洪秀全建议，撤离天京转战西北，这样湘军的水师和外国的洋枪队就无法发挥作用了。可是，洪秀全已经适应了天京的生活，他不愿再去北方开辟新地盘。

在曾国荃长期围困天京期间，是要消耗大笔军费开支的，清廷希望早日攻破天京城，慈禧太后命令李鸿章协助曾国荃攻城。曾国荃不希望李鸿章来跟自己争抢这份大功，也不舍得拼掉自己的湘军老本，便请曾国藩出面解决这个问题。曾国藩便出面暗示李鸿章，不要参与天京攻坚战；李鸿章只得给了曾国藩这个面子，他以各种理由推托清廷的调令，拒不介入这个是非圈。假如李鸿章不听招呼，那么曾国藩就会亲自从安庆赶来抢功，他编练湘军起兵平叛十余年，是决计不肯把克复天京的大功拱手让人的。

曾国荃在围困天京的同时，也不断在天京周围攻占据点，在占领了雨花台之后，又攻占了江东桥、秣陵关和天保城等地。天保城位于天京北郊紫金山上，曾国荃把大炮架设上去，把天京城置于湘军的火力范围之内。在曾国荃长期围城的过程中，天京城内已经没有了多少存粮，大家只得吃野菜充饥。到了这个时候，洪秀全还在自欺欺人地宣称，野菜是天父赐予天国子民的甘露。最后，1864年6月初，洪秀全可能吃了太多的"甘露"，身体实在消受不起，一病不起继而一命呜呼了。

洪秀全在临死前，让他年仅十五岁的儿子洪天贵继承天王的龙位，而且给洪天贵的名字加上了一个"福"字。洪秀全告诉洪天贵福："天国的江山是属于咱们洪家的，你可要保守好这份家业！"洪天贵福大感不解地反问："您以前不是跟众人说天国的江山是咱们大家的吗？"洪秀全听到儿子的话，不知该如何作答，只好怀着一颗放不下的心归西了。洪天贵福是如此幼稚，好在洪秀全给他安排了洪仁玕和李秀成分别作为文武辅政大臣，但是太平天国的局势恶化到这一地步，不管是洪仁玕还是李秀成都无能为力了。

洪天贵福只做了一个多月的天王，曾国荃便命令湘军用挖地道、炸城墙的方式攻入了天京城，除了有三千多人逃出之外，其余十余万天京军民都成了湘军的人肉靶子。曾国荃放纵所率湘军士兵，肆意屠杀未逃出城的太平军和平民，并将公私财物抢掠一空，这种烧杀淫掠持续了七天七夜。攻占天京后，曾国荃下令把天王府的地基炸开，把洪秀全的尸体挖出来，凌辱一番再烧成灰烬。从此，纵横神州十余年的太平天国宣告覆灭，天京也正式改回了南京的旧称。在曾国荃拿下南京之后，曾国藩把大本营搬到了南京的两江总督府，正式开始行使他对江苏、安徽和江西三省的管辖权。

洪天贵福和洪仁玕突围之后，辗转逃亡到了江西南昌，最后被清兵抓住，送往沈葆桢的巡抚衙门。尽管洪天贵福只有十五岁，而且他对于天国的事务不甚了解，而且他明确表示有归降清朝之意，但他还是被押往市曹公开处决了。非常残忍的是，洪天贵福还是被凌迟处死的，其凄惨的场景可想而知。洪秀全给洪天贵加上一个福字，其中饱含了父亲对儿子的疼爱之情，但是他没能保佑儿子的皇位和生命，正如他不能保佑太平天国的命运和自己的尸骨。与洪天贵福一起被处决的，当然还有洪仁玕，这个曾经在天国显赫一时的人物，《资政新篇》的作者，从此离开了晚清的历史舞台。

　　李秀成在天京城破之前，把自己的战马送给了洪天贵福，以致他出城不久就被湘军抓获了。曾国荃对李秀成施以酷刑，以此来为曾国华报仇，李秀成对曾国荃说："当年我们各为其主相互拼杀，在战场上死个把人是很正常的，今天我被你抓了，你也不必如此吧？"随后，李秀成给曾国藩写了数万字的自述，要求洗心革面重新做人，其中还有拥立曾国藩称帝的意思。曾国藩怕被清廷侦知此事，便删改了这部《李秀成自述》，然后急忙在监狱里把李秀成给杀掉了。

　　攻占南京后，清廷授给曾国藩的爵位是一等勇毅侯，这是清朝的汉人大臣所能获得的最高爵位，虽然没有按照咸丰帝的遗嘱授予他王爵，但是也算勉强能够交代得过去了。平定太平天国不是一个人的功劳，因此清廷还要封赏其他人，官文、曾国荃、李鸿章和左宗棠被授予一等伯，骆秉章、杨载福、彭玉麟、鲍超被授予一等轻车都尉，蒋益澧被授予云骑尉。在封赏爵位之后，慈禧太后又给曾国藩下了一道懿旨，让他汇报湘军军费收支情况，并追查曾国荃入南京后是如何处理洪秀全的府库的，一下子把喜庆的场面搞得紧张起来了。

第二节 何不上位

在曾国藩的大力支持下,曾国荃率领所部湘军收复了南京,把太平天国给镇压了下去。至此,湘军集团取代了太平天国的地位,但是它的存在也成了清廷新的威胁。曾国藩时任两江总督、钦差大臣、节制四省军务大臣,湘军各部的水陆人马达到三十万的规模,并且占据了东南财富集中之地。于是,各种流言开始满天飞,以至全国都在盛传,曾国藩即将登上九五之尊的大位,取代清朝的统治。当然,还有另外一种说法,那就是曾国藩将率领湘军集团割据江南,与清廷划江而治。

对于国家军政大局来说,一般是无风不起浪的,不管曾国藩有没有谋反之心,只要湘军势力存在着,他都是难以避免这种瓜田李下的嫌疑。以前由于太平天国尚未被剿灭,清廷在猜忌曾国藩的时候,还是有所保留的,不敢因为制约湘军发展而坏了平叛大计。如今太平天国被剿灭了,相对独立的湘军对于清王朝就构成了严重威胁,假如曾国藩在将士们的簇拥下黄袍加身,这将从根本上动摇清廷的统治。在这种微妙的局势下,清廷非但没给曾国藩或曾国荃封王,而且要求调查湘军的军费收支情况,这就更容易给湘军谋反提供口实。

据说是有过几拨人动员过曾国藩的,比如以研究帝王学为主业的王闿运就曾登门相劝,要求曾国藩推翻清廷改天换地,并大力论证了这一方案的可行性。听王闿运讲,曾国藩始终一言不发,只是用手指蘸着茶水,在几案上写满了"妄"字,以此来表明自己无意谋反的态度。除了王闿运之外,湘军大佬左宗棠和彭玉麟也曾鼓动过曾国藩,左宗棠曾经写给曾国藩这么一串文字:

神所凭依,将在德焉;鼎之轻重,似可问也。

曾国藩看后不语，提笔在这张纸片上给改了一个字，这段文字也就变成了：

神所凭依，将在德焉；鼎之轻重，未可问也。

彭玉麟曾经向曾国藩发问：东南半壁无主，涤丈岂有意乎？曾国藩听后默然不语，始终未置一词，彭玉麟也就不敢再问了。

如果说外人的鼓动有试探的意味，那么曾国荃的拥立可就是真心实意地了，曾国荃及其所部将领，整日聚集在南京的两江总督署，轮番对曾国藩进行劝进，他们甚至打算效仿北宋开国皇帝赵匡胤的"陈桥兵变"。在这种复杂情况下，曾国藩始终保持着清醒的头脑，他亲手写了一副对联，并把它挂在总督府大堂上，以此来向众将表明心迹：

依天照海花无数，高山流水心自知。

如此一来，曾国荃彻底认识到了曾国藩无意进取，也就悻悻然地带着部将离开了。

曾国藩考虑过称帝或割据吗？这是毋庸置疑的，曾国藩虽然也算是一位理学大师，但他本质上是一名在平叛过程中壮大起来的军阀首领，他能立下这场盖世奇功绝非他对清王朝的愚忠，事实上没有足够的权谋之术是成就不了这种伟业的。曾国藩只是向有关各方表明了心迹，并未向大家详细解释，因为这种事是不能公开解释的，一旦这么做了就表明自己确有谋反之心。曾国藩曾经跟他的心腹谋士赵烈文分析过此事，论证了谋反的不可行性，这应该算是他内心真实的想法。

此时湘军确实是全国最为强大的一支武力，但是从湘军创立第一天起，曾国藩就教导全体将士要以忠义为本；假如曾国藩反过来要带着他们造朝廷的反，虽然湘军以服从将帅为准，但是估计有很多人会从心里认为这是有悖忠义准则的。一支军队，一旦丧失了忠义之心，那么就算它的武器再先进，也难以保证能够打胜仗了。另外，湘军经过十余年的征战，各部的军纪参差不齐，但是从整体上来说，大部分队伍不再是那个忠勇爱民的仁义之师了，而是变成了一支军纪荡然的野蛮匪兵，他们在南京屠城就是一个鲜活的例证。湘军的军纪好坏，也是其精神力量的一部分，这将决定它能否赢得当地百姓的拥戴和支持，也意味着它能否获取到充足的后勤物资。

在湘军的北边和西边，是僧格林沁、都兴阿、冯子材和官文等人的军队，他们与湘军之间的关系并不密切；假如曾国藩率领湘军造反，那么这些效忠清朝的军队肯定会把枪口对准湘军，湘军就算能打败他们也得付出沉重的代价。另外，李鸿章的淮军已经颇成气候，他们没有理由要跟曾国藩的湘军站到一块；一旦湘军受困或失利，他们立即就会取代湘军的地位。还有，以沈葆桢为首的江西实力派，虽然在行政上归曾国藩管辖，但是双方之间的关系并不友好；一旦曾国藩走上造反的道路，难保他们不会抄湘军的后路。在湘军内部，左宗棠虽然也曾鼓动过曾国藩造反，但是这也可以视为他对曾国藩的试探，一旦曾国藩真的举起了造反的大旗，他也是有临阵倒戈的可能。除了国内力量对比之外，还需考虑洋人们的态度，他们已经跟恭亲王奕䜣建立起了友好关系，又出于维护华东秩序的需要，也是没有理由支持曾国藩再掀波澜的。最后，就算曾国藩能够整合湘军的力量，打败清王朝的统治，成功登上九五之尊，那他也不过是给曾国荃作嫁衣罢了，因为以曾国荃的狠辣他也是要争夺大位的。

曾国藩最终没有与清廷反目，是由他的政治智慧决定的，这说明他看透了当时的形势，才从巨大的诱惑中看到了潜在的各种危险。曾国藩既已决定彻底效忠清廷，便在攻下南京一个月内，自行裁撤了绝大部分的湘军武装，只保留了原来王鑫所率老湘营的九千人马和爱将鲍超的部分武装，另外把湘军水师改成长江水师，交由清廷兵部直接指挥。除此之外，曾国藩还以曾国荃身患重病为由，请求清廷将其免职返回原籍。曾国藩的这一决定，保全了曾氏一门，也基本把湘军的势力一扫而空了。曾国藩自废了武功，让慈禧太后对他放了心，但也决定了他将来主持剿捻必将失败。

第三节　湘淮交替

曾国藩解散了湘军大部，从某种意义上来说，这是有负于追随他打天下的将士的。但是，从另一个方面来讲，湘军解甲归田是他们最好的归宿，也是饱经战乱的中国的福音。从此，这支作为耕读文化传承者的军队散落潇湘大地，继续支撑着中华传统文化的发展，"一等人忠臣孝子，两件事耕田读书"的理念在曾国藩的老家扎下了根。另外，湘军主体部队虽被解散了，但是其将领大多被清廷重用了，成了清朝统治支柱的重要组成部分。

曾国藩作为湘军的第一号人物，他成了晚清帝国最重要的地方大员，笔者以后还会讲到这一点。除了曾国藩之外，其他幸免于难的湘军大佬的命运还算不错，笔者在此简要介绍一下。曾国荃在攻下天京后，因为错报了洪天贵福的死讯，在曾国藩的建议下，被迫退往老家休养了一段时间，然后重新出来做官，最后做到了两江总督的高位。左宗棠成了继曾国藩之后的另一位湘军首领，曾国藩裁撤湘军时专门保留下来的老湘营归刘松山统领，而刘松山成了左宗棠的得力部将；左宗棠后来平定了陕甘回变和新疆独立，从沙俄手里收回了伊犁地区，最后官至军机大臣，在职位上甚至超过了曾国藩。

除了这三个巨头之外，湘军其他将领也有不少出人头地者，他们中间做过各省督抚、尚书、提督和布政使的也不乏其人。比如，刘长佑后来官至直隶总督，杨载福官至陕甘总督，刘坤一官至两江总督，刘松山之侄刘锦棠官至新疆巡抚，鲍超官至湖南提督，彭玉麟官至兵部尚书，刘蓉官至陕西巡抚，蒋益澧官至广东巡抚，唐训方曾经代替李续宜代理安徽巡抚，蒋凝学官至陕西布政使，等等。

伴随湘军衰落的是淮军的兴起，而淮军祖师爷李鸿章曾是湘军祖师爷曾国藩的弟子和幕僚，并且淮军正是在湘军的基础上发展起来的。淮军成立于

1861年，当时湘军刚刚攻下安庆，上海的士绅委派代表来向曾国藩求情，要求曾国荃率领湘军去救援上海。笔者之前讲过，当时曾国荃的目标是南京而不是上海，所以救援上海的差事才会落到其他人身上。其实，曾国荃表示不去上海之后，曾国藩属意的人也不是李鸿章，而是比李鸿章更能征善战的鲍超。但是，一是当时鲍超正在生病不便出征，二是李鸿章多次主动请缨要求领衔援沪，三是李鸿章是安徽本地人招募乡勇比较方便，所以曾国藩才给了李鸿章编练淮军的机会。

假如救援上海的是鲍超，那么淮军就无从创立了，虽然他的作战能力更强于李鸿章，但是他的军政和外交水平与之相比是有着很大差距的。建军之道首在领袖人才，湘军能发展壮大，主要是曾国藩的功劳。与此同理，淮军能取代湘军，主要是李鸿章的功劳。再换而言之，后来的北洋新军能取代淮军，主要是袁世凯的功劳。

淮军后来发展到了十万水陆大军的规模，成了清朝国防军队的主体，但它最初只有六七个营的规模，总共不过数千人。淮军最初的底盘由三部分组成：第一部分直接来自湘军，比如，杨鼎勋的勋字营，郭松林的松字营；第二部分来自李鸿章在庐州（今合肥）一带招募的乡勇，比如，张树声的树字营，周盛波的盛字营，刘铭传的铭字营，潘鼎新的鼎字营；第三部分来自太平军投降清军的队伍，比如，程学启的开字营。淮军最初人数虽少，但是由于它的装备先进军饷充足，加之李鸿章的英明领导，所以很快就在上海、苏州、常州一带打开了局面，并借助上海和江苏的富庶和清廷的支持迅速得以发展壮大。

读者也许会问这么一个问题：为什么曾国藩因怕清廷的猜忌而裁撤湘军，而李鸿章无须担心清廷的猜忌呢？其实，这个问题是很容易理解的：淮军最初的规模并不庞大，但是战力十分强劲，清廷正好可以利用它来牵制湘军和镇压捻军；淮军后来虽然发展到了十万人的规模，但是它分驻各省区，且受八旗和绿营的牵制，难以形成对抗清廷的力量；李鸿章具有出色的政治和外交能力，他一方面成了清廷不可或缺的军政大才，另一方面成了慈禧太后牵制恭亲王奕䜣的工具，所以他得以掌握重权二十多年，这就为淮军的持续发展创造了充足的条件。

　　淮军最初的几个大佬，其命运和结局也都是很不错的，除了李鸿章接替了曾国藩的职位以外，其他将领也大多谋得了锦绣前程。比如，张树声后来官至直隶总督，刘铭传官至台湾首任巡抚，潘鼎新官至云南巡抚，郭松林官至湖北提督，杨鼎勋官至浙江提督，等等。后来成名的淮军将领，还有吴长庆、丁汝昌、叶志超和聂士成等人，其中吴长庆曾是袁世凯的顶头上司，丁汝昌是在后来甲午战争中自杀的北洋水师提督，叶志超和聂士成均曾担任直隶提督。

第十一章　两江任上

第一节　发展文教

督率湘军剿灭了太平天国的曾国藩，卸下了钦差大臣和督办四省军务大臣的职衔，专任两江总督一职，坐镇南京主持江苏、安徽和江西三省的政务。除此之外，曾国藩还兼任了协办大学士的虚衔，再加上他受封一等侯爵，这就使他成为封疆大吏的首领。本来，清朝的第一督抚是直隶总督，但是以曾国藩的功业、威名和地位，加之两江地区财政资源的雄厚，所以他这个两江总督的分量是盖过了直隶总督刘长佑的。

打了那么多年的仗，如今暂时安定下来了，曾国藩便把治理农桑、发展文教和兴办洋务的工作，作为重要的事项提上了日程。在这些工作中，曾国藩最为重视的就是文教事业，这也是他一生奋斗的主旨所在。在曾国藩看来，之所以有那么多的民众追随叛匪，不仅是因为社会黑暗和生活困顿，而主要是由于人心涣散，而拯救人心的途径主要是弘扬传统文化和发展科举制。

1865年初，曾国藩在处理日常政务之余，精选并辑录了汉唐以来历代名臣的经典奏疏，共计有十七篇，编为《鸣原堂论文》。曾国藩的这部作品，与他的其他著述一样，都广为流传，成了儒家文化的重要组成部分。除此之外，曾国藩还主持整理了清初大思想家王夫之的作品，就是《王船山遗书》全集，然后交由南京的金陵书局出版发行。曾国藩一生撰写和整理的作品十分丰富，这两套文献只是其中的一小部分，他毕生最大的愿望就是把儒学经义发扬光大。

为了发展科举文教事业，曾国藩在整理和出版图书的同时，还修复了多家被太平天国烧毁的书院，借以大力弘扬传统文化和发展正统教育。在革命年代的人们看来，书院里的经史文化大多是封建性的糟粕；但就当时的主流价值观来说，修复书院是非常重要的正义事业。除了修复书院之外，曾国藩还收养了八百多名在战争中失去双亲的孩子，把他们送到各个书院和学堂中去。为了鼓励他们好好读书，曾国藩还从自己的养廉银中拿出钱来，对成绩优异者提供奖励。

曾国藩平生以做官发财为耻，他非但不贪污受贿一分公款，而且曾经立下决心，绝不把做官所得的俸禄传之子孙。曾国藩不但说到了而且做到了，在他死后他的两个儿子都生活得十分清苦，尤其是他的小儿子曾继鸿穷得连治病抓药的钱都凑不到。与曾国藩的清廉形成鲜明对比的，是其弟曾国荃的贪婪，他虽然是一名非常能干的文武全才，可就是改不掉贪财的毛病，连曾国藩也对他无可奈何。曾国藩以清廉自守闻名于世，可是以曾国荃为首的曾氏一门却成了湖南湘乡的首富，这不能不算是一个绝妙的讽刺。

第二节　奉旨剿捻

曾国藩本来想在两江总督任上时，医治由太平天国造成的历史的创伤，可是树欲静而风不止，太平天国的附属武装捻军在北方闹腾得不可收拾了，连一向能征善战的蒙古大佬僧格林沁都被杀掉。1865年5月底清廷下旨让曾国藩以钦差大臣的身份，督办直隶、山东和河南三省军务，全权负责剿捻事宜，同时让李鸿章代理两江总督。俗话说英雄不可自剪羽翼，此时曾国藩尝到了裁撤湘军的恶果，他所能调动的湘军只有鲍超和刘松山这两路人马了，而要想剿灭风头正盛的捻军，必须动用张树声、刘铭传和潘鼎新所部淮军势力以及陈国瑞所部僧格林沁残余势力。可是，不管是湘军或者淮军还是蒙古旗兵，士兵都听将领的，而将领只认一个统帅，所以曾国藩纵有经天纬地之才，他也难以指挥淮军和旗兵。

曾国藩明知自己指挥以淮军为主的军队剿灭捻军是很难办的，但是为了效忠清廷，他还是义无反顾地接下了这份差使。与之前剿灭太平天国一样，曾国藩制订了一套剿灭捻军的方略，即十六字方针："重镇设防，划河圈围，清野查圩，马队追踪"。曾国藩的这套方略是正确的，后来李鸿章也是按照这套方略剿灭捻军的，但是由于曾国藩不能有效调动淮军，所以他的剿捻工作没能成功。

1865年秋，曾国藩抱着明知其不可而为之的态度，从南京向北进发，经过扬州抵达徐州，正式踏上了剿捻的征程。捻军基本与太平军同期起义，他们主要活动在北方各省，由于实力弱于太平军，所以成了对方的附庸。在僧格林沁被杀后，捻军还剩下张宗禹、任柱和赖文光等几支武装，当时捻军的总兵力有十余万人，而且大多是骑兵；曾国藩所能调动的总兵力只有八万人，在军事力量对比上是不占优势的，只在装备和后勤上略占上风。为了扩大官兵的规模，曾国藩曾经在江苏一带张榜招员，结果收效甚微，并未达到预期目的。于是，曾国藩只能运用现有的兵力，对捻军进行围追堵截。

曾国藩准备运用的主力，当然是鲍超的霆军，可是此时霆军在湖北金口发生了哗变，部分士兵脱离队伍并南下加入了反叛势力，鲍超也只好率领余部南下，协助左宗棠去对付太平军余孽汪海洋部。鲍超不能前来参战，曾国藩只好把淮军刘铭传倚为柱石；可是刘铭传根本不买曾国藩的账，他称病不来报到，而曾国藩也指挥不动他的军队。在万般无奈之下，曾国藩只好求助于淮军统帅李鸿章，经过李鸿章出面调解，刘铭传才同意出山，但他仍然不把曾国藩放在眼里。

刘铭传的狂傲是有资本的，1866年，即清同治五年初，他率领淮军挺进湖北，击败了流窜到此地的捻军，收复了武汉北郊的黄陂县。刘铭传虽然取得了军事胜利，但是并未对捻军的有生力量形成太大杀伤，捻军各部分别在张宗禹、任柱和赖文光的率领下，凭借其骑兵的机动性，纵横在河南、安徽和山东地区，不断滋扰当地官府、驻军和百姓。曾国藩虽然划定了防区和防线，也下大力气进行了统筹督促，但是仍然不能有效遏制捻军的游击作战，以致使他屡次受到清廷的责难。

曾国藩除了要督师剿捻之外，还要处理军队各系统之间的关系，尤其是刘铭传和陈国瑞交恶令他颇费周折。刘铭传是个很能干的淮军大将，但他只听李鸿章一个人的话；而陈国瑞也是一员悍将，但他只服从僧格林沁一个人的指挥，现在僧格林沁战死了，他就谁也不服了。曾国藩要想剿灭捻军，必须依靠这两支主力部队，但是他们之间不但各自为政而且相互开火，令曾国藩夹在中间左右为难。

在曾国藩督师河南周家口一带的时候，他发现商水县地图上有一些叫作曾庄和曾楼的地名，便派人邀请当地的长者来大营会面。曾国藩的目的，是与这些本地曾氏认宗，以便取得他们的支持；而这些乡野村夫的打算是，依附曾国藩这个位高权重的大佬，为本地曾氏修建祠堂，借以提升本家族的地位和声望。经过会面之后，曾国藩发现这些人太过势利，便不再对他们怀有好感，也就没有帮助他们修建祠堂，只是礼貌性地赠送给他们一些财物就算交代过去了。

曾国藩剿捻不利，捻军依然活跃在北方各省区，清廷便失去了耐心，慈禧太后遂任命李鸿章接替曾国藩的钦差大臣的职务，而让曾国藩继续任两江总督的本职。曾国藩感觉很失败，便上表请求免去自己的职务，慈禧还需要曾国藩来帮她处理两江地区的重要政务，所以她便驳回了曾国藩的请求。李鸿章利用以淮军为主体的军事力量，并运用曾国藩的整体方略，经过两年的围堵和追剿，最后在左宗棠的配合下才剿灭了捻军。

第三节 兴办洋务

曾国藩在奉命剿捻期间,并未放松对洋务运动的关注,他在回归两江总督本任之后,在处理日常政务之余,把大部分精力都用在发展洋务和漕运上了。众所周知,曾国藩筹建的安庆军械所是中国第一家洋务企业,等克复南京后他便把这家兵工厂迁至南京,并改名为金陵机器制造局。为了整合洋务工业资源,1865年10月,金陵机器制造局被从南京迁往上海虹口,与李鸿章创设的炮局和铁厂合并,成立了闻名中外的江南制造总局,这是当时全国最大最全的洋务企业。

1867年初,在曾国藩的统筹安排下,江南制造总局下设造船厂,试着研制新式轮船。同时,为了培养翻译人才,广泛学习西方先进技术,在曾国藩的关照下,江南制造总局下设了译书局。同年五月,为了扩大江南制造总局的规模,曾国藩会同李鸿章,把该局迁往上海郊区的高昌庙。在迁厂之前,曾国藩动员两江地区的财政资源,运用拆迁的手段,在高昌庙一带获得了大片土地,为江南制造总局的发展奠定了地基。

曾国藩在两江地区的政绩,以及他在洋务运动中的贡献,都获得了清廷的瞩目;为了表彰他多年的功劳,1867年6月,慈禧太后下令授予他体仁阁大学士的头衔。并且,1868年,即清同治七年春,时年五十七岁的曾国藩,被慈禧太后升任为武英殿大学士。这是曾国藩一辈子所获得的最高职衔,他虽然为清朝立下了赫赫战功,虽然在洋务运动中劳苦功高,但他始终没能爬上军机大臣的高位。我们作为局外人,是要为曾国藩鸣不平的,可这在他自己心里未必是一件重要的事情,因为不管职务高低,同治中兴名臣之首非他莫属。

1868年9月,江南制造总局下属的造船厂,研制出了第一艘国产渡轮。

当这艘渡轮沿江西上，驶抵南京江面的时候，曾国藩十分高兴，他兴致勃勃地登上这艘船，并给它取名"恬吉号"。我们是很难理解当时曾国藩的欣喜之情的，因为这艘船凝聚了他太多的心血，也预示着中国工业将要迈入近代化。曾国藩一生所期望的，无非是在保留传统文化的基础上，大力发展洋务运动，改变清朝积贫积弱的面貌。

　　江南制造总局虽然造出了大批的机器、枪炮和轮船，但以当时中国的工艺和管理水平，其投入的成本是很高的，而且生产出来的产品的质量是不高的。因此，在曾国藩和李鸿章之间产生了分歧，曾国藩主张改进工艺和管理，大力发展国有工业；但是，李鸿章比较务实，他主张更多地直接采购国外先进的产品。除了与洋务派内部有分歧之外，曾国藩还与以理学大师倭仁为首的保守派展开了论战，最终他在慈禧太后的支持下，排除了来自这方面的干扰。

第十二章　天津教案

第一节　教案原委

　　1868年下半年，慈禧太后以咸丰帝的名义下旨，把曾国藩调任为直隶总督。曾国藩接旨之后，交接好了两江地区的政务，然后启程北上。曾国藩先去北京紫禁城，谒见了两宫皇太后和小皇帝同治，然后赶到保定就任直隶总督。直隶总督号称"天下第一督抚"，统辖京畿周围重要地区，曾国藩以武英殿大学士的身份，出任该职务也就成了无可争议的疆臣之首。但是，此时湘军的地位已经被淮军所取代，而直隶地区的情况又不为曾国藩所熟悉，所以他在此地是很难有大作为的。

　　曾国藩在主政直隶总督期间，所遇到的最大的一件事，就是曾经震惊中外的天津教案。自第二次鸦片战争结束，《天津条约》签订后，西方各国获取了在天津地区传教的权利，从此西方基督教文明与中国传统文化之间发生了冲突。1870年，即清同治九年春夏之交，天津地区出现了少儿失踪现象。同年6月初，由于天气炎热，天津一带瘟疫流行，而儿童的抗病力较差，所以法国基督教堂下属的育婴堂收养的孤儿出现了死亡现象。此事就成为该事件的导火索。

天津育婴堂里的三四十名孤儿，在瘟疫的肆虐之下身染重病，夭折了。随后，教堂工作人员把他们掩埋到附近的坟地，并给他们举行了基督教祈祷仪式。这一现象被天津的某些民众发现了，他们将此事与前段时间的少儿失踪案联系到了一起，便挖出来这些病死的孤儿的尸体，然后就有人造谣说是洋人传教士为了制造药材把这些孩子残忍杀害了。当时的天津民众也就相信了。

同年6月下旬，有一名叫武兰珍的匪徒被民众抓获了，他被扭送官府之后，便根据当时的谣言编造了一个故事。武兰珍供认说，他与望海楼天主堂里的王三有勾结，专门从事残害婴儿的勾当。这则消息被传出之后，天津民众一下子沸腾了，士绅集会，学院停课，群情激奋，人们纷纷行动起来，去包围和冲击这家天主教堂。与此同时，天津知县刘杰带人押送武兰珍，前往该教堂对质，可是根本就没有发现王三其人，也没有武兰珍所描述的场景。于是，武兰珍的谎言被揭穿了，可是天津民众并不认账，他们仍然围攻该教堂。

此事惊动了法国驻天津领事丰大业，他急忙赶到出事地点，与知县刘杰进行交涉。在交涉过程中，两个人之间发生了争吵，接着丰大业打伤了刘杰的仆人。这么一来，事件就升级了，天津民众不仅杀死了丰大业及其秘书，还虐杀了十名修女、两名神父、两名法国使馆人员、两名法国侨民、三名俄国侨民和三十多名中国教民，并焚毁了望海楼天主堂、仁慈堂、法国领事馆和其他四座英美教堂，制造了一场惨烈的教案。其中，这些愚昧而残忍的民众，在杀死天主堂里的十名修女时，先剥光她们的衣服轮奸了她们，而后挖掉她们的双眼，再割去她们的双乳，最后再把她们给烧死。

这件事震惊了西方世界，在洋人们眼里，包括生存权在内的人权是高于一切的，而神职人员的被杀和教堂及领事馆的被烧则是对他们信仰和尊严的挑战。于是，各国军舰纷纷开赴天津附近海面，与此同时，以法国为首的西方七国公使，联名向清朝的总理各国事务衙门提出了抗议，要求清廷彻查此案，并严厉惩处肇事者，然后赔偿教案造成的损失。

第二节 血诚办案

天津隶属于直隶的管辖范围，而且曾国藩德高望重，因此清廷认为，直隶总督曾国藩是处理此案的最合适人选。当慈禧太后的旨意到达保定的时候，曾国藩正卧病在床，他完全可以以自身病重为由，不接这个烫手的山芋。可是，曾国藩并没推掉这个案子，他不顾身体的不适，也不顾外界的压力，毅然接受了这项任务。曾国藩的手腕是老到的，他在处理教案之前，先跟除法国之外的各国公使谈判，用有限的妥协换取了他们的退出，这就把法国给孤立起来了。

同年7月，曾国藩从保定驾临天津，他在调查教案详情之前，就向各界颁发了一封文告《谕天津士民》。在这份公文中，曾国藩强烈谴责了肇事者的暴行，呼吁广大民众与肇事者划清界限。曾国藩此举十分英明，这就避免了扩大打击面，也就避免了事件演变成一场更大的民粹主义危机。以曾国藩的判断力，他在调查案情之间，就大致了解了事件的经过，所以上来就摆出了他要秉公办案的姿态。曾国藩当然明白，他这么做是会得罪很多人的，但是为了大清的利益，为了司法的公正，他必须实事求是地办理此案，而不能徇私枉法。

曾国藩的判断是符合实情的，经过接下来的调查取证，人们发现育婴堂根本就没有拐带、诱骗和残杀幼童之事，这种说法不过是别有用心的人在造谣。在冲击教堂的暴徒中，有人利用人们的愚昧故意煽动闹事。在杀人放火的过程中，这些暴徒不但轮奸了那十名修女，还抢劫了教堂和领事馆内的财物，浑水摸鱼正是这帮人的目的所在。他们以为，在爱国的名义下排外，是不会受到惩处的。可是，他们错了，因为他们遇到的是明察秋毫而又公正持中的曾国藩。

曾国藩是什么人？他是一手镇压了太平天国的湘军统帅，他对于乱民的暴行和心理是很有把握的，他绝不允许这种罪恶在自己辖区内蔓延。于是，曾国藩毫不犹豫地派人抓捕了以马宏亮、崔福生和冯瘸子为首的一帮犯罪分子，在走完司法程序之后，决定杀掉其中罪孽深重的十八人，并流放其余罪行较轻的二十五人。同时，曾国藩下令，把负有领导责任的知府张光藻和知县刘杰充军发配黑龙江。其实，这是曾国藩顶住法国人的压力做出的决定，按照他们的要求是要让这两个官员抵命的。另外，曾国藩同意赔偿有关各国四十六万两白银，并委派三口通商大臣崇厚出使法国道歉。

曾国藩做出的上述决定，比较公正地处理了案件，平息了这一事端，维护了清朝的安全和利益，没给法国和有关各国制造战争的口实。其实，曾国藩有效利用了欧洲普法战争即将爆发的局势，把对法赔偿压到了最低标准。因此，慈禧太后很高兴，她批复了曾国藩的决定。于是，曾国藩遵照慈禧的指示，按照之前的决定执行，天津教案就这样了结了。

第三节　饱受非议

曾国藩处理完天津教案之后，一场舆论风暴却把他推到了风口浪尖，从朝廷到市井的各界爱国人士，纷纷跳出来指责曾国藩为卖国贼。在西方人看来，对于刑事案件就应该根据事实和法律进行处理；可是在中国人看来，杀几个洋人没什么大不了的，处分自己的同胞就是卖国行径，这就是东西方文化的差别所在。

当时指责、辱骂、弹劾、攻击曾国藩的，有的是他的政敌，有的则是一般官员，还有的是一些士绅学子，当然还有在京的湖南官绅。在这种舆论风潮形成后，一些观望骑墙派也加入了讨伐曾国藩的阵营，仿佛只有这样才能显示他们的爱国心和正义感。随着这股舆论风潮愈演愈烈，连慈禧太后也不敢无视了，她不得不命令李鸿章接替曾国藩的直隶总督职务，让曾国藩回任两江总督的原职,以避开这股风潮形成的漩涡。

经过这场事变,曾国藩深受打击,他闭门不出反躬自省,最后深感自己罪孽深重。用曾国藩自己的话说,他是"外惭清议,内愧神明",觉得自己无地自容,非常懊悔自己的行为。其实,曾国藩大可不必如此,因为从法律和正义的角度来看待问题,他一点也没有做错。但他仍然被舆论的非议给击垮了,身心饱受折磨和打击,从而加速了自身的死亡。

在李鸿章前来接替自己时,曾国藩问他这个学生:"你觉得应该怎么跟洋人打交道?"李鸿章回答说:"我就跟他们打痞子腔。"曾国藩听后极为不悦,他作为理学大师,一生唯以血诚待人处事,决计不肯同意李鸿章的主张。李鸿章接任直隶总督后,将曾国藩关于天津教案的决定做了一些细微改动,把死刑犯中的四人由斩立决改为斩监候,而其他各项决定保持不变。

法国由于在普法战争中失败了,他们也就无暇再提出反对。如此一来,慈禧太后也认为李鸿章比曾国藩能干,从此清朝的外交大权便主要交由李鸿章来行使,曾国藩反倒要为李鸿章来当配角了。慈禧太后为了照顾曾国藩的颜面,还是让他回任了两江总督,但他赶赴南京之后并不轻松,因为一场新的要案在等着他处理。

第十三章　回任两江

第一节　马新贻案

马新贻本是出生在山东菏泽的一名回教徒，他通过科举考中了进士，与李鸿章还是同年，被外放到安徽担任知县，先后升任知府、按察使、布政使、浙江巡抚、闽浙总督，后来改任两江总督。马新贻在镇压太平军和捻军时战功卓著，而且在做地方官时政绩颇佳，在两江总督任上主持兴修水利，努力减轻辖区民众负担。因此，马新贻在两江地区声誉日隆，深受清廷的器重，尤其受到了慈禧太后的垂青。

然而，马新贻性格刚强，他不能容忍被裁撤的湘军在两江地区为非作歹，还委派部将袁保庆（袁世凯的嗣父）对兵匪就地正法，这就得罪了湘军集团。而且，马新贻执法严明，曾国藩的幕僚、江苏巡抚丁日昌就与他不合，丁日昌之子丁惠衡身犯重案被抓后，丁日昌亲自向马新贻求情，可是马新贻不为所动。另外，据传慈禧太后曾经委托马新贻调查曾国荃攻占南京后，太平天国天京天库内大量财宝的去向。这些情况，都有可能是马新贻遇刺的原因，但是没有任何直接证据来证明。

1870年8月下旬的一天，两江总督马新贻步行前往总督衙门西侧校场检阅清军射箭时，路上突然闯出一个杀手，该杀手以拦路喊冤为名，迅速把一枚匕首插入了马新贻的肋部。马新贻遇刺不久就重伤不愈，而后就一命呜呼了，他妻子闻讯之后也自杀了。该杀手当时就被抓捕了，他供认说自己叫张汶祥，是来找马新贻寻仇的。马新贻被刺震惊了清廷，慈禧太后下令两江总督曾国藩、江宁将军魁玉、漕运总督张之万（张之洞的从兄）以及刑部尚书郑敦谨等人共同严查，可是曾国藩等人折腾了一年多也没搞出一个名目来，成了一桩历史悬案。后来，这个故事被改编成了电影，《刺马》和《投名状》都是据此改编的。

张汶祥供述了三条刺马的理由：一是他老婆被人霸占，他向马新贻告状，可是马新贻并未受理；二是他的一帮海盗朋友被马新贻处决了；三是他的高利贷生意被马新贻查封了。张汶祥的这个供述并不值得轻信，有很多人都看出了其中有诈，太常寺卿王家璧就直接指出刺马案与丁日昌有关，马新贻的心腹部将孙衣言和袁保庆更是不肯同意张汶祥背后无人指使的说法。在会审结束后，曾国藩打算把这个结果上报清廷，可是孙衣言和袁保庆不肯签字。面对这个难题，曾国藩轻描淡写地就把它化解于无形之中，他根本就不提孙衣言和袁保庆参与了会审一事，就把这个关节给交代过去了。

孙衣言不争一时争千秋，他为了让此案大白于天下并流传于世，在给马新贻写的神道碑铭中，慷慨激昂秉笔直书：

> 贼悍且狡，非酷刑不能得实，而叛逆遗孽，刺杀我大臣，非律所有，宜以经断，用重典，使天下有所畏惧。而狱已具且结，衣言遂不书诺。呜呼，衣言之所以奋其愚戆为公力争，亦岂独为公一人也哉？

孙衣言的文章一出，震惊朝野舆论大哗，就连慈禧太后也知道其中大有隐情。但是，总不能为了一个死人，去动摇大清江山啊。斯人已作古，就让他去吧，无非加恩赐恤以慰忠魂。

会审结果上报清廷后，慈禧太后明知此案定有蹊跷，但还是同意了曾国藩等人做出的这个结论，不再追究张汶祥背后的元凶。慈禧是个政治人物，她深知如果穷追不舍，势必把湘军集团（包括被裁撤的湘军）逼到清廷的对立面，这么一来大清的统治将更加动荡不安了。于是，慈禧认可了曾国藩的处理结果，下旨把凶手张汶祥凌迟处死，并且一同杀掉了他的儿子。同时，慈禧下旨褒奖了马新贻全家，赐予他隆重的封赏和礼遇，以此来安抚马家人。

第二节　选派留学

　　1870年，两江总督曾国藩会同直隶总督李鸿章，联衔向清廷上奏，要求朝廷选派优秀少年留洋求学，这就是著名的《拟选子弟出洋学艺折》。次年，曾国藩再次领衔上奏，敦促清廷对派留学生一事尽快落实，并建议在美国设立清廷留学生事务所，推荐陈兰彬和容闳分别为正副委员留驻美国进行管理，同时在上海设立幼童出洋肄业局，推荐刘翰清总理相关事宜。

洋务运动时期的留美幼童

清廷的对外事务归总理衙门负责，在得到总理衙门的同意之后，曾国藩又强调了选派子弟出洋留学的缘由，并附呈章程12条。这个章程的内容主要有：

1. 商知美国政府，中国派员每年选送幼童30名前往留学，费用由中国自备；

2. 在上海设局经理挑选幼童派送出洋事宜，应选条件为年龄13至20岁，曾经读中国书数年，亲属情愿送往并取其甘结，择选地点在上海、宁波、福建、广东等沿海一带；

3. 选送幼童每年30名，4年120名，留学15年，回国以其所长听候派用，不准在国外入籍谋职；

4. 对留学幼童加强管理和考核；

5. 规定驻洋办公费、正副委员、翻译、教习的工资，幼童川资及衣食住宿等每年约计库平银6万两，以20年约计需120万两。

曾国藩还特别指出，要清廷从海关税收中拨付款项以保证留学费用，至此中国官派留学生赴美留学终于成为现实。

曾国藩的这一举动，是他多年来致力于洋务运动的一部分，也是它平生所干的最后一件大事，目的是为了增强大清的国力，但是落实之后的结果却是与初衷有所偏差的。曾国藩的主张，主要是由中国留学生之父容闳负责实施的，在容闳的带领下，一批又一批的中国少年儿童踏上了美利坚的土地，他们在学习英语、科技和文化的同时，也在不知不觉中成了崇尚自由的青年，开始反对清朝的专制独裁，连容闳后来都成了革命党，这肯定是曾国藩始料未及的。

第三节　生荣死哀

1872年3月1日，即清同治十一年春，时年六十一周岁的曾国藩，午后正在两江总督署内的后花园乘凉，突然感觉四肢发麻，就在儿子曾纪泽的搀扶下回到书房，闭目端坐了三刻钟，然后就溘然长逝了。一代理学大师、湘军的祖师爷、清朝的重臣曾国藩，就这样平静地与世长辞了。

曾国藩的死讯上报清廷的时候，慈禧太后是十分悲伤的，她很清楚是曾国藩一手挽救了大清的社稷，而清廷却一再猜忌他，从此以后国家就少了一个可以为自己分忧的忠臣。为了表示清廷对曾国藩之死的哀伤，两宫皇太后和同治帝一致决定，辍朝三日为他举哀。这个规格是极高的，一般唯有皇家显贵崩逝才能享此殊荣，曾国藩死后却获得了这项最高礼遇。

曾国藩

随后，为了表彰曾国藩一生功劳的德业，清廷追赠他为太傅，并授予他"文正"的谥号，从此他被世人称为"曾文正公"。大清享国两百多年以来，获赠此谥号的汉臣，唯有曾国藩一人而已，后来左宗棠和李鸿章等人死后均未能获此谥号。另外，太傅也是一个臣子所能获得的最高职衔，有位极人臣之意，曾国藩虽然在世时未能成为军机大臣，他死后总算在某种意义上弥补了这项缺憾。

除此之外，清廷还下令，把曾国藩的牌位供奉在京师昭忠和贤良祠内，每年都由官方定时祭祀。这是清朝历代王公和有大功勋者死后所能享有的待遇，曾国藩虽然未能被晋封王爵，但他的一等侯爵也是汉臣中最高的和唯一的，加上他统率湘军平定太平天国之盖世大功，所以在这两座祠堂内也是地位显赫及声威卓著者。

同年6月，曾国藩的灵柩被运送到长沙，在这里举行了一场隆重的葬礼，而后被埋葬在长沙南门外的金盆岭，后来又被改葬在湘西平塘伏龙山，与其原配夫人欧阳氏合葬。至此，曾国藩一生的路程彻底走完了，他的英灵却留在了历史的画卷上。

曾国藩的坟墓先后被摧毁了三次，既有盗墓贼所为，也有红卫兵和"破四旧"运动的破坏。今天我们所能看到的曾国藩墓是后来重修的，现已被湖南省列为文物保护单位，成了一处著名的旅游景点。

第十四章　家庭生活

第一节　家庭概述

对于曾国藩的家庭情况，笔者在前文已有所记述，提到的人物主要有其父曾麟书，其母江氏，其妻欧阳氏，其妾陈春燕，其弟曾国华、曾国葆、曾国荃和曾国潢，其子曾纪泽和曾继鸿。除了这些人之外，还有曾国藩几个女儿也值得一提，她们分别是曾纪静、曾纪耀、曾纪琛、曾纪纯和曾纪芬。在曾国藩的后世子孙中，还有一些成名人物，比如，国民党阵营的俞大维、共产党阵营的黄敬和当今著名歌手于浩宸等。

在曾国藩的儿女亲家中，有：贺长龄、刘蓉、郭沛霖、袁淑六、陈源衮、罗泽南、郭嵩焘、聂亦峰。这些人要么是湘军大佬，要么是清朝文臣，要么是士绅名流，他们与曾国藩既有政治利益上的纽带，又有个人之间的情谊。在这些人中，罗泽南和郭嵩焘的名气最大，罗泽南是老湘营的统帅之一，郭嵩焘成了著名的外交家。

曾国藩的两个儿子虽然分别在外交和数学上取得了显著的成绩，但是他们在官场上并不如意，尤其是曾继鸿还混到了不名一钱的地步。与曾国藩的儿子们相比，他的女儿们的命运则更为凄惨，比如，曾纪静的婚姻就十分不幸。曾纪静的丈夫，是袁淑六之子袁榆生，他为人轻浮而贪婪，曾国藩曾经提携和教导过他，可他不知自爱屡次犯浑，最后曾国藩被迫与他断绝了翁婿关系，而曾纪静虽然不堪忍受他的欺辱，但她还是在父亲的要求下屈辱地在袁家度过了余生。

第二节　曾国荃

在曾国藩的几个弟弟中，曾国荃一生建立的功业是最高的，因此笔者对他后半生的经历做个交代。假如没有曾国藩，那么曾国荃是很难登上历史舞台的，但是曾国荃的功业主要是靠他自己拼死搏杀出来的，他对曾国藩的帮助超过了曾国藩对他的提携。曾国荃打仗顽强而凶狠，他每攻下一处城池，势必会放任手下将士烧杀抢掠，而后把所得财宝运回湖南老家买地建房，其中以攻克安庆和南京屠城为最残忍。

在攻克南京之后，曾国藩放任所部吉字营湘军，肆意在城内杀戮、抢劫、强奸、放火，这种状况持续了七天七夜，把整个城池变成了人间地狱。处理洪秀全的尸体最能反映曾国荃的性格，他命人把洪秀全的尸体从地宫里挖出来拖到江边，浇上麻油烧掉，再把骨灰塞到炮筒里，然后点燃引信发射到长江江心，让水流冲到大海里。湘军水师统领彭玉麟，因为曾国荃在安庆和南京犯下了屠城重罪，曾经两次给曾国藩写信要求他大义灭亲。曾国藩当然竭力保全了曾国荃，

曾国荃

但是清廷也提醒了他，慈禧太后还在谕旨中要追究他的责任。在这种情况之下，曾国荃劝曾国藩称帝反清，曾国藩在洞悉时局之下拒绝了曾国荃的劝进，并责令曾国荃称病隐退。

从1864年，即清同治三年开始，曾国荃以浙江巡抚的身份，连续在湖南湘乡老家隐居了两年，然后在1866年复起担任湖北巡抚，帮助其兄曾国藩剿捻。在此期间，由于所部湘军大多被曾国藩裁撤了，因此曾国荃并未在剿灭捻军的战斗中有大的作为。但是，曾国荃参掉了政敌官文的湖广总督职务，出了一口多年的怨气。曾国荃不过是湖北巡抚，而官文是位高权重的湖广总督，且官文是满族大员，当年连曾国藩都对官文无可奈何，所以曾国荃把官文拉下马绝非易事，这足以证明他在清廷心目中的分量。1867年，曾国荃再次称病隐退，在湘乡老家悠闲地生活了八年之久。

1875年，同治帝驾崩后的第二年，即清光绪元年，曾国荃受清廷征召，出任了陕西巡抚。曾国荃在陕西巡抚的任上没有太大作为，所以也就没有留下什么事迹；两年后的1877年，他被调任山西巡抚，做出了一件影响较大的事情。一个人能有多大作为，往往不仅是个人能力的体现，还是客观形势发展的需要；曾国荃之所以能在山西巡抚任上声名远扬，是因为一场旷日持久的旱灾和蝗灾。1877年，用天干地支纪年法来纪年，就是农历丁丑年，这场灾荒因此被称作丁丑奇荒。

丁丑奇荒遍及北方九省，先是由于干旱少雨导致庄稼受灾，接着爆发了一场铺天盖地而来的蝗灾，所过之处的植物被啃食净尽。在这种空前的灾害到来之后，各地普遍发生了饿死人的现象，其中以山西受灾最为严重。当时山西共有一千六百万人口，饿死的多达五百多万，几乎占全省人口的三分之一，甚至发生了人相食和易子而食的惨象。另外，还有大批民众，为了混上一口饭吃，便大规模地背井离乡出省逃荒。如此一来，山西的人口数量只剩下几百万了。为了挽救这数百万生灵，重振山西的农业经济，使北方免于再次爆发农民起义，清廷把曾国荃调任为山西巡抚。

曾国荃本来在全国的为官的声誉甚差，与其兄曾国藩是不可相提并论的，但是此次山西灾荒给了他重新为官的机会。曾国荃到达山西后，不是高坐在巡抚大堂，而是遍访各地灾民，然后把详情上报清廷。清廷为了支持曾国荃赈灾，在中央财政十分紧张的情况下，给他划拨了数十万银两。这些银子可以用来购买粮食缓解灾情，但是对于整个山西省来说仍是杯水车薪，曾国荃充分利用个人关系，向李鸿章等外省总督借调了大批金钱和粮食。除此之外，曾国荃还向清廷申请到了两千多张空白执照，用来向山西的士绅富户换取赈灾物资；这当然是一种卖官鬻爵的行为，但是用来赈灾是功德无量的义举。另外，曾国荃还亲自书写字幅卖给本地有钱人，用自己的名望和书法来赚取钱财，以弥补赈灾资金的不足。

在专制体制下，地方官吏往往会通过赈灾来发国难财，曾国荃因为家有余财，所以没有侵吞赈灾银两，他目前更需要的是一个清廉有为的声誉。曾国荃筹到了大批粮饷物资，根据灾情派发到各州府，并派人严格监督发放到每一户灾民的手中，绝不允许有人中饱私囊。在曾国荃的大力筹措和安置下，广大饥民基本解决了温饱问题，农民们也拿到了种粮并重新播种。曾国荃率领山西全体官员和士绅一起去玉皇阁，连续跪地三日向上苍祈雨。不知是他的真诚感动了上天，还是他的运气格外好，在他们祈雨的第三天，山西果然下了一场大雨，大大地缓解了灾情。

曾国荃在山西奋力赈灾，拯救了一省百姓，也使他与本省民众建立起了血肉联系，更使他的声誉迅速好转，朝野上下无不对他刮目相看。除了赈灾之外，曾国荃还请示清廷，要求重修《山西通志》。这一请求得到了朝廷的准许，于是该通志经过十几年修订，终于付梓出版发行，只是当时曾国荃已经过世了。曾国荃只在山西主政两年，却创立了宏大的功业和良好的政绩，等他离任的时候，以省会太原为中心的士绅百姓无不含泪相送，并自发联合起来为他树碑立传。

1881年，即清光绪七年，清廷为了表彰曾国荃在山西的政绩和功劳，便把他提升为陕甘总督。曾国荃在陕甘总督任上待的时间不长，不知是由于他不适应西北的气候环境，还是因为他身体不好，反正他很快就向清廷乞病离职了。清廷是不会忘记曾国荃这个能干的封疆大吏的，次年便把他起复为两广总督，让他掌管了南国繁华之地。又过了两年之后，清廷将曾国荃调任为礼部尚书，从此他成了京城大员。我们总是习惯性地认为，曾国荃不过是一介武夫，其实这是大家的错觉。曾国荃虽然在学问上不如曾国藩，但他的学识也很渊博，他对于治军、理政、著述都很有一套，《曾国荃全集》便是一个鲜活的例证。

1884年8月，清廷授予曾国荃两江总督兼南洋通商大臣的职务，如此一来他就掌握了东南富庶膏腴之地，至此他的实职已经赶上其兄曾国藩了。曾国荃在两江总督任上，全力开办洋务事业，把曾国藩的遗志遗愿和未竟之业发扬光大，取得了显著的成绩。在中法战争爆发后，曾国荃奉命去福建前线督师助战，开始由于不了解战场敌情，所以受到了清廷的处分，后来，曾国荃主持整顿海防，增添兵船和鱼雷，使沿岸军民数年相安无事，撑起了东南半壁江山。

曾国荃的功劳最终获得了清廷的充分认可，1889年，即清光绪十五年，慈禧太后授予他太子太保的荣誉职衔，以表彰他对清朝的功劳和贡献。曾国荃在两江总督任上之时，左宗棠曾经专程赶到南京与他会晤，在席间左宗棠问他成功的秘诀，他说了两句话八个字：挥金如土，杀人如麻。左宗棠听后感慨不已，说了这么一句话：如今你的作为不亚于你哥了。曾国荃的话虽粗鄙，却指出了其中要害，他能有此突出的成就，全靠他敢想敢干。在曾国荃的侍卫中，有很多人是参将甚至是副将衔的军官，他们甘愿给他当侍卫，恐怕就是因为他的这个性格特征。

1890年，即清光绪十六年，时年六十六岁的曾国荃病逝于南京两江总督署，追随其兄曾国藩去了。曾国荃的死，同样令清廷痛失栋梁，慈禧太后授予他"忠襄"的谥号，从此他被世人称作曾忠襄公。曾国荃死后，李鸿章给他写了这么一副挽联：

易名兼胡左两公，十六言天语殊褒，恩数更惊棠棣并；

伤逝与彭杨一岁,二三子辈流向尽,英才尤痛竹林贤。

另外,清末文学家朱孔彰在《中兴将帅别传》中,这么评价曾国荃:中兴拨乱,忠襄之勋烂焉。对于曾国荃一生的功业来说,李鸿章和朱孔彰对他的评价都是很中肯的。

第三节 曾纪泽

曾纪泽本是曾国藩的次子,但是因为曾国藩的长子曾纪第早夭了,所以他就顺理成章地充当了曾国藩的长子。在曾国藩死后,曾纪泽继承了一等勇毅侯的爵位,这在整个清朝的汉臣中都是最高的,李鸿章一生有那么大的作为,他活着的时候也只受封二等侯爵。假如没有曾国藩,曾纪泽在仕途上不会那么顺利,是曾国藩给他提供了最初的发展台阶。然而,曾纪泽走出了一条不同于曾国藩的发展道路,他是凭借自己的智慧和才能成为著名外交官的,他的成功绝非是由于侥幸。

曾纪泽受其父曾国藩影响,从小喜欢攻读经史和诗文,对于算术、绘画、书法也有很深的研究。但是,由于受洋务运动的影响,曾纪泽喜欢上了英语和西方文化,不愿再走科举求官的"正途"。曾纪泽的这种求学态度,在那个"万般皆下品,唯有读书高"的年代,绝对是惊世骇俗的。不过,曾国藩在教子方面非常开明,他并不像其他家长一样强迫儿子去参加科举,而是鼓励儿子按照自己的兴趣去发展,并推荐儿子跟随美国人丁韪良学习英语。在父亲的关爱和鼓励下,曾纪泽迅速掌握了西方文化的精髓,并涉猎了许多现代科学技术知识,成为一名学贯中西的通才。

曾纪泽虽然没有参加科举,但是由于受到了其父曾国藩的福泽,他直接就享受了清廷给予的高官待遇。1870年,即清同治九年,曾国泽以二品荫生的身份,被清廷直接补授户部员外郎的职务。曾纪泽进入官场之后,仍然经常随侍在曾国藩的左右，随时接受父亲的教诲，跟着父亲学习为官处世之道。此时的曾国藩已经步入了他人生的晚年，又刚刚遭遇了处理天津教案之后所遭受的打击，他把自己多年的人生经验都传授给了曾纪泽，希望儿子能够成为一个成功的政治家和外交家。

1872年，曾国藩病逝在南京时，曾纪泽陪伴父亲走完了最后一段人生路，慈禧太后下旨让曾纪泽继承了一等勇毅侯的爵位。曾纪泽不但继承了父亲的爵位，而且继承了父亲的刻苦认真和勇于负责的精神，他正是靠着这种精神一步步走向了事业的成功。曾国藩在临终前留下遗嘱，说曾氏一门不能再出带兵打仗之人了，另外他还给曾纪泽和曾继鸿兄弟留下了四条准则：

一曰慎独则心安；二曰主敬则身强；
三曰求仁则人悦；四曰习劳则神钦。

曾国藩临终前说的最后一句话是：此四条为余数十年人世之得，汝兄弟记之行之，并传之于子子孙孙，则余曾家可长盛不衰，代有人才。曾国藩的临终遗嘱没有落空，曾纪泽等人是铭刻于心的，曾氏子孙中也果然出了许多英才。

曾国藩病逝后，曾纪泽在湖南湘乡老家为父亲守孝数年，直到1877年才除去孝服，接受清廷的征召，前往北京接受任命。次年，即1878年，慈禧太后委派曾纪泽为清国驻英国和法国的使臣，命他前往欧洲各国办理外交和洋务事宜。在曾纪泽启程西行之前，慈禧太后两次召见了他，向他询问了西洋各国的情况，以及曾纪泽个人的外语程度，还夸赞了曾国藩公忠体国，同时勉励曾纪泽继承父亲的遗志，为大清的事业再立新功。慈禧太后是个明白人，她知道在当时的国情下，为清朝办理外交和洋务是受国人敌视的，因此她勉励曾纪泽要学会忍辱负重。

曾纪泽前往欧洲就任外交官，他接替的是前任驻英法使臣郭嵩焘的职务。郭嵩焘是曾国藩的旧友，他虽然不懂外语，但是对于外交是十分懂行的。郭嵩焘为清朝办理了多年外交事务，最后却受到了顽固派刘锡鸿等人的攻讦，最后回到湖南老家还受到了乡人的辱骂，被斥责为勾结洋人出卖祖宗，可见当时国人的愚昧程度。曾纪泽不顾郭嵩焘的前车之鉴，毅然在异国他乡驻扎下来，争取在外交上打开新局面。

曾纪泽正式履职之后，除了拜会英法政要之外，还为清朝订购了英国的炮舰，并且游历了欧洲各个工业国，仔细考察了他们的工商业和社会活动。除此之外，曾纪泽还代表清朝与巴西建立起来外交关系，拓展了本国的国际生存空间；但是由于华工在美洲遭遇了虐待，所以他拒绝向巴西派出劳工。另外，曾纪泽还主持整顿了清朝驻英法使馆，把租赁房屋改为自建领地，以便长期在那里办理外交事务。在修建使馆的过程中，曾纪泽亲自参与楼房设计，并亲自监督建设施工，力争新使馆既要显示出清朝的大国风范，又避免沾染上奢靡浮华之风。更为难能可贵的是，由于建设资金短缺，曾纪泽竟然从自己的薪水中垫付了部分费用。曾纪泽的公而忘私和兢兢业业为他赢得了普遍好评，虽然国内官绅依旧普遍愚昧而保守，但是再也没有几个人攻击他这个驻外使节了。

曾纪泽在驻英法使臣的岗位上干得顺风顺水，但是这并不足以让他青史留名，他毕生最大的成就，是作为清廷驻俄使臣，通过谈判拿回了新疆伊犁地区。原来，1864年，少数民族首领阿古柏在新疆发动叛乱，宣布新疆独立于清朝之外；而后左宗棠率部平定了阿古柏叛乱，但是沙俄趁机侵入伊犁地区；清廷委派崇厚赴俄谈判索回失地，结果崇厚却在沙俄的压力下，擅自与之签订了丧权辱国的《里瓦几亚条约》，承认了沙俄对伊犁大部分地区的占领，并同意清朝向沙俄赔偿五百万卢布的军费。清廷为了挽回这一损失，便将崇厚召回治罪，并于1880年委派曾纪泽兼任驻俄使臣交涉此事。

曾纪泽到达沙俄首都圣彼得堡后，与俄国外交大臣格尔斯以及俄国驻清廷公使布策，在谈判桌上进行了长达一年的斗争，双方举行了五十一次正式会谈，每次曾纪泽都是据理力争，最后总算与俄国签订了《中俄伊犁条件》，即《中俄改订条约》，以多付对方四百万卢布军费的代价，从对方手里收回了两万多平方公里的国土。经过此次谈判成功，曾纪泽把大清的损失降到最低，从而赢得了国内朝野的一片赞誉之声，同时也赢得了西方外交界的尊重，这是他一生最大的成就。

1884年，中法战争爆发后，曾纪泽不顾李鸿章的反对，坚决要求对法采取强硬态度，结果被清廷免去了驻法使臣的职务。这是曾纪泽外交生涯中的一场失利，但是他坚持了自己的原则立场，从而赢得了国内舆论界的好评。同年，曾纪泽还创作了一首国歌，叫作《普天乐》，这是中国历史上的第一首国歌。次年，曾纪泽在英国首都伦敦的《亚洲季刊》上，用英语发表了一篇著名的社论《中国先睡后醒论》，向世界宣布中国这头睡狮已经醒来了。曾纪泽有着强烈的爱国心和民族使命感，但他并未认识到中国社会问题的衰败实质，所以招致了严复的批评。

1885年，曾纪泽被清廷召回国内，先后担任了海军衙门帮办大臣和户部右侍郎，并供职于总理各国事务衙门。曾纪泽回国之后，积极谋求担任两江总督一职，可是李鸿章和左宗棠都不支持他的这一诉求，因为他的叔父曾国荃正在担任两江总督。假如曾纪泽能够多活几年，那么他是有望成为两江总督的，但是他与曾国荃死于同一年。1890年，曾纪泽病逝于北京时，年仅五十一岁。清史学家萧一山在《清史大纲》中是这么评价曾纪泽的：

"曾纪泽是我国当时最了解国际形势的外交家"，对使俄换约秉持"不矜不伐，操心虑患的态度，真不愧为曾文正公之子！"

第十五章 一生功过

第一节 主要成就

曾国藩一生最大的成就,当然是他主持编练湘军镇压太平天国,避免了太平军祸乱全国,拯救了中国传统文化的命运。假如没有曾国藩,那么历史上也会有湘勇,但是未必会出现湘军,晚清王朝在与太平天国的较量中就未必能占据上风,就会有更多的国民惨遭太平军杀害,中国儒家文化就会被不伦不类的拜上帝教所取代。晚清王朝本身未必有多值得捍卫,但是它与太平天国相比还是具有文明优势的,曾国藩的创举和壮举是符合当时多数国人的利益和愿望的,这才是他与湘军集团走向成功的基石。在统率湘军消灭太平军之后,曾国藩拒绝了皇位的诱惑,凭着超强的政治智慧和勇气裁撤了湘军,从而避免了国家的持续动荡,这也是可圈可点的。

曾国藩平生的第二大成就,就是开启了晚清时代洋务运动的先河,从开办安庆军械所开始,先后开设了金陵制造局和江南制造总局等大型企业,推动了中国工业近代化,与西方列强在坚船利炮和机械制造方面拉近了差距;曾国藩并不是晚清时代开眼看世界的第一人,但他是这一理念的第一践行者,中国第一台蒸汽机和第一艘轮船都是在他的统筹下被研制和建造出来的。曾国藩在洋务运动和剿捻事业中的总体成就，是小于他的学生李鸿章的，但他始终秉持着以我为本的理念，绝不轻易接受西方列强肆意插手清朝内部事务，维护了国家尊严和民族利益，也坚持了个人的原则立场。

曾国藩虽然在镇压太平天国和开展洋务运动中居功至伟，但是他本身是个政治家、理学大师、桐城派古文家、湘乡派创始人，而不是专业军事家和洋务人才。曾国藩继承和发展了桐城派大师方苞和姚鼐的风格，独创了别具一格的湘乡派文风，具备汉赋的雄辩流畅，又不失雄奇瑰丽的意境。曾国藩一生著述颇丰，所著有《求阙斋文集》《诗集》《读书录》《日记》《奏议》《曾国藩家书》《曾氏家训》及《经史百家杂钞》《十八家诗钞》等，不下百数十卷，名曰《曾文正公全集》，另外他还著有《为学之道》《五箴》和《冰鉴》等著作，都是广为流传。

在思想政治上，曾国藩主张剔除嘉庆以来的颓靡和腐化之风，并终生身体力行。曾国藩始终是以正人君子的要求来严于律己的，他在初为京官的时候就给自己定下了"不为君子，即为禽兽"的绝对二元论原则，通过反躬自省逐步把自己锻造成为一名理学大师。曾国藩用他清廉正派的人格魅力，感染了周围的许多人，也为后世留下了值得效仿的榜样。

第二节　时代局限

曾国藩一生虽然拥有很大的功业和很高的荣誉，但同时他也颇受人们的非议，这里面有着各方认识上的误区，也是清朝晚期时代局限性的体现。曾国藩对晚清王朝的忠诚，首先是由于儒家文化赋予他的忠君思想，其次才是出于他对传统文化的捍卫，再次才是他具有救国救民的理想。曾国藩明知清王朝是由满族权贵统治的落后帝国，明知清朝官场遍布腐化堕落，明知中国民众大多生活在水深火热之中，但他从未想过要从根本上改变这个政治制度，而是想方设法地要弥补其中的缺漏，这不能不说是他思想的局限导致的。

曾国藩虽然主张学习西方先进科技，并率先开启了洋务运动，但是他始终没有认识到，中国之所以落后于西方，主要不是由于列强的坚船利炮强于中国，而是由于对方的政治制度比清朝先进。曾国藩开启的洋务运动，一共持续了三十多年，但这场轰轰烈烈的运动最终也没能挽救晚清王朝衰败的命运，这场富国强兵的迷梦在后来的中日甲午战争中一下子就被击穿了。由此可见，洋务运动从一开始就走偏了方向，所以它后来的失败是不可避免的，曾国藩虽然为此倾注了心血，但他并不具备超越时代的政治智慧和远见卓识。

曾国藩虽然在教育部属和后人方面成果显著，但他始终没能管住其弟曾国荃的贪欲和暴戾，曾国荃所部湘军吉字营虽然秉承了曾国藩制定的"扎硬寨，打呆仗"的军事原则，但是他们几乎每攻下一座城池都是要抢劫和屠城，他们对于当地军民的危害是不亚于太平军的。曾国藩之所以一直袒护曾国荃，主要是念及曾国华和曾国葆都死在了沙场上，另外就是由于曾国荃的确骁勇善战，但是无论如何这都是曾氏兄弟因私废公的表现。当湘军水师统领彭玉麟两次提出要曾国藩大义灭亲时，曾国藩都力保了曾国荃，并在他率部攻占南京后，竭力为他推卸了掠财的罪责。

曾国藩在剿捻军事行动中并未取得显著战果，这是由他过早地裁撤了湘军决定的，我们大可不必因此就否定他的军事成就。曾国藩在处理天津教案的时候，完全根据案情和法律来断案，而不顾国内舆论和人情世故，虽然在一定程度上令他身败名裂，但这也不是他的问题，而是国人认知水平的问题。曾国藩最后处理的马新贻遇刺案，是他滥用职权徇私办案的实例，在整个司法程序中他都不顾马新贻部将孙衣言和袁保庆的反对，把并不可信的张汶祥供词当作确证上报给清廷，并且在判决书上留下了"该案并无背后主使"这类此地无银三百两的话柄。

第三节　各方评价

曾国藩虽然算不上是个完人，但他的道德人品和盖世奇功都在历史上留下了浓墨重彩的一笔，所以当世及后世名人对他的好评是占据主流的。关于名人对曾国藩的评价，笔者摘录其中一些最有代表性的内容，供读者朋友参考。

胡林翼：曾公素有知人之鉴，所识拔多贤将。

左宗棠：知人之明，谋国之忠，自愧不如元辅；同心若金，攻错若石，相期无负平生。

李鸿章：师事近三十年，薪尽火传，筑室忝为门生长；威名震九万里，内安外攘，旷世难逢天下才。

石达开：谓曾文正公虽不以善战名，而能识拔贤将，规划精严，无间可寻，大帅如此，实起事以来所未见也。

薛福成：曾国藩识人之鉴越轶古今，或邂逅于风尘之中，一见以为伟器，或物色于行迹之表，确然许为导才。

容闳：故其身虽逝，而名闻千古。其才大而谦，气宏而凝，而为清代第一流人物，亦称旧教之特产人物。

梁启超：岂惟近代，盖有史以来不一二睹之大人也已；岂惟中国，抑全世界不一二睹之大人也已。然而文正固非有超群绝伦之天才，在并时诸贤杰中，称最钝拙；其所遭值事会，亦终生在指逆之中；然乃立德、立功、立言三不朽，所成就震古烁今而莫与京者，其一生得力在立志自拔于流俗，而困而知，而勉而行，历百千艰阻而不挫屈，不求近效，铢积寸累，受之以虚，将之以勤，植之以刚，贞之以恒，帅之以诚，勇猛精进，坚苦卓绝。吾以为曾文正公今而犹壮年，中国必由其手获救。

蔡锷：曾、胡俩公，中兴名臣之铮佼者，其人其事，距今仅半个世纪。

杨昌济：宋韩、范并称，清曾、左并称，然韩、左办事之人，范、曾办事兼传教之人也。

毛泽东：愚于近人，独服曾文正。观其收拾洪、杨一役，完美无缺，使以今日易其位，其能如彼之完满乎？曾国藩是地主阶级最厉害的人物。

蒋介石：辛亥以前，曾阅《曾文正全集》一书；民国二年失败以后，再将曾氏之书与胡左诸集悉心讨究。

胡哲敷：五百年来，能把学问在事业上表现出来的，只有两人：一为明朝的王守仁，一则清朝的曾国藩。

徐中约：曾国藩的政治家风度、品格及个人修养很少有人能予匹敌。他或许是十九世纪中国最受人敬仰的、最伟大的学者型官员。

以上各位名人对于曾国藩的评价，只是他所受赞誉的一小部分，就他的功业和人品而论，他应该是当之无愧的。关于曾国藩，笔者的撰述到此结束了，希望对于大家认识这一传奇人物有所帮助。

内悦君王,外御列强——李鸿章

李鸿章是晚清三杰里面功业最大的一个人物，尽管他的爵位不如曾国藩高（一等侯爵），他的职位也不如左宗棠高（军机大臣），但是他一手创建了淮军集团，长期主政直隶和北洋，全面主持了清朝后期的洋务、国防和外交，在国际上也享有很高的威信和声誉。

李鸿章并不是官方教材里定义的大地主、大资产阶级分子，他出生于安徽合肥的一个乡村小地主家庭，凭着个人的聪慧和勤奋走上了一条成功之路。李鸿章与曾国藩一样，都是先走通了科举正途，然后才以书生的身份治军，最后才成为晚清雄杰之士的。在镇压太平天国运动中，曾国藩居功至伟无人能及；在镇压捻军起义过程中，李鸿章独领风骚总揽全功。

李鸿章也不是百年来被广泛误读的卖国贼，他在借师助剿活动中始终坚持"以我为主"的原则方针，在洋务运动中也尽最大努力来保证中方的利益，甚至他骨子里有着仇视洋人的心理和感情。由于晚清贫弱保守才遭遇了列强的强势进取，因此李鸿章不得不在许多场合低下他那颗高贵的头颅，在自强与媚外中痛苦挣扎，但他所做的一切都是为了延缓满清王朝的衰亡。

　　李鸿章是淮军的祖师爷，正如曾国藩是湘军的祖师爷一样，二者之间的差别在于，李鸿章一生积极进取，曾国藩却始终谨慎自保，所以淮军最终取代了湘军的历史地位，成为晚清王朝的统治支柱。李鸿章的淮军后来没能抵御外侮，以致我们习惯性地认为，这是一支失败的军队和一个庸碌的集团。其实这是我们的错觉，淮军曾经是清朝晚期最为先进和强大的一支武装力量，但是那个时代大环境并不足以使它保持这种先进和强大，所以它被迫退出了历史舞台。

　　李鸿章作为清朝晚期的柱国大臣，对于晚清王朝的日益衰败无疑是负有责任的，虽然他主持的洋务运动从器物层面推动了中国近代化的发展，但是他从未能从制度上改进这个又老又大的帝国。这是时代的局限性，也是那个时代的仁人志士们的悲哀，晚清王朝积重难返，顽固保守势力和既得利益集团的力量强大，所以纵是经天纬地之才也无可奈何。

李鸿章是个个性鲜明的人，他与传统知识分子有着很大的不同，这体现在他为官处世的各个方面。李鸿章也是个矛盾的人，他崇尚新学鄙视旧学，但他首先是个传统的知识分子，而且他的国学根基深厚，如果不是遭遇时变他就是个典型的文臣。李鸿章上承曾国藩下接袁世凯，淮军上承湘军下接北洋军，他们撑起了清朝晚期和民国初年的天空。

　　李鸿章不仅代表他自己，而且代表了淮军集团，甚至代表了清朝晚期的政治走向。我们研究李鸿章，有助于重新认识晚清时期的历史，从而得以了解那个时期究竟发生了什么。

第一章 英才出山

第一节 家世背景

1823年2月15日,即清道光三年正月初五,李鸿章出生在安徽合肥的一个乡村,家庭条件比较殷实。李鸿章的父亲李文安当时是个教书先生,他一门心思想通过科举求得功名,同时也努力把儿子们培养成才。李鸿章在家中排行第二,其兄李翰章比他大两岁,他下面还有四个弟弟,他们分别是李鹤章、李蕴章、李凤章、李昭庆。

李鸿章的祖上并不姓李,而是姓许,其八世祖许迎溪带领全家从江西湖口迁至安徽庐州(今合肥)之后,他把次子许慎所过继给了姻亲李心庄,从此这支人脉成了李氏家族的一部分。李家最初在庐州肥东一带并不是富户,直到李鸿章的高祖当家时,才通过勤奋耕作和苦心经营买到了两顷地,从此成了当地的小地主。

李家传到李文安一辈时,家境没有大大变化,还是保持着原来的殷实和富足。自古以来,凡是家有余力的,无不以读书做官作为最高追求,因此有许多人终身以读书为业,但是真正在科举中脱颖而出的不过是凤毛麟角。李文安在教书的同时,无时无刻不在刻苦攻读,以求能够早日鱼跃龙门,成为朝廷命官并以此来光宗耀祖。

李鸿章受李文安的影响很大，他六岁那年便走进了家庭私塾棣华书屋，成了父亲的一名学生。李文安是个天资聪颖的人，李鸿章继承了其父的这个优良基因，因此他的课业成绩总能令人满意，所以也就深受父亲的宠爱。李文安一面教儿子读书，一面刻苦攻读科举教程，李家父子便有了共同的事业和志趣。

在当时的李氏家族中，学问最好的不是李文安，而是他的堂兄李仿仙。为了把儿子培养成才，李文安便把初识文墨的李鸿章送到李仿仙门下，让他在这位堂伯父的教导下取得文史方面的进步。李鸿章的聪颖和勤奋很快获得了李仿仙的认可，他认真教授这个小堂侄读书求学，竭尽所能地指导他学习。

为了进一步提升儿子的学问水平，李文安还把李鸿章送到合肥名士徐子苓门下，让他接受更高一级的教育。其实，这个徐子苓只比李鸿章大十一岁，但他是个青年才俊，给李鸿章提供了很大的帮助。后来，徐子苓也成了曾国藩的幕僚，只是李鸿章青出于蓝而胜于蓝，在功业上远远盖过了他早年的这位私塾老师。

第二节　科举求官

李鸿章通过十余年的刻苦攻读，终于打下了雄厚的国学知识功底，再加上他的聪慧灵敏，为他在科举中取得成功奠定了良好的基础。

1843年，即清道光二十三年，时年二十岁的李鸿章参加了庐州府的童子试，成功获取了秀才的功名。我们不要小看这个秀才功名，虽然秀才没有直接做官的资格，但它是参加乡试和会试的通行证，实际上录取率非常低。

李鸿章考取秀才功名的时候，其父李文安已经通过科举当上了京官，而且他的同年中就有曾国藩。李鸿章本来应该在安徽参加乡试的，但是由于李

文安当上了京官,他便得以赶赴北京参加顺天府乡试。李鸿章在北上途中,写了《入都》诗十首,其中最著名的一首是:

丈夫只手把吴钩,意气高于百尺楼。
一万年来谁著史,三千里外觅封侯。
定将捷足随途骥,哪有闲情逐水鸥。
笑指卢沟桥畔月,几人从此到瀛洲?

李鸿章在这首诗中表达了自己的远大志向,抒发了自己的豪迈情怀,其中有两句诗成了脍炙人口的名句:一万年来谁著史,三千里外欲封侯。李鸿章后来虽然鄙视寻章摘句的旧学,但是仅凭这一首诗,再加上他的书法,就足以证明他在国学方面的根底和实力。

李鸿章顺利通过了此次乡试,成为顺天府第八十四名举人,但他在次年举行的会试中落第了。李鸿章这次落第并未令他深受打击,因为会试是全国精英荟萃之地,谁也难保能够一举成功。李鸿章会试落第后,先是回乡与周氏成婚,然后其父李文安把他引荐到曾国藩门下,让他接受了正统而高端的教育培训。在这段时间内,李鸿章不但跟着曾国藩学习四书五经,而且跟他学到了不少经世致用的学问,并且师生二人建立起来良好的私人感情。曾国藩非常欣赏和器重李鸿章,他坚信这个弟子将来一定会大有作为(曾国藩称李鸿章"才堪大用"),后来他们师生二人果然都成就了盖世奇功。

李鸿章在曾国藩门下治学时,结识了同在曾氏门下的郭嵩焘、陈鼐和帅远铎,他们以继承和弘扬传统文化相砥砺,被曾国藩称为"丁未四君子"。李鸿章与曾国藩的思想和行为是有所不同的,李鸿章的天分是高于曾国藩的,他主要是凭借个人聪慧读书的,他还没来得及像曾国藩那样把儒家理学深入骨髓,天下大乱的局势就形成了。

1847年,即清道光二十七年,时年二十四岁的李鸿章第二次参加了会试,他这次总算不负众望,顺利成为第二甲第十三名进士。在李鸿章的同年之中，有个后来同样响当当的角色，此人就是林则徐的外甥兼女婿沈葆桢。在此次会试之后，帝师翁心存接见了沈葆桢和李鸿章，他一眼就判定沈葆桢是个将才，同时认定李鸿章将来会超过他自己。当时翁心存已经是协办大学士了，李鸿章后来果然成了文华殿大学士，在地位上超过了他。因为翁心存在学界的辈分太高，所以他就成了李鸿章的太师父，而他的两个儿子翁同书和翁同龢便成了李鸿章的世叔。

通过会试之后，李鸿章又通过殿试和朝考，被选入翰林院充当庶吉士。笔者在写曾国藩时讲过，翰林院庶吉士虽然官职不高，但它是进士的最佳出路，将来也最有前途。李鸿章在此期间，继续致力于文史知识积累，同时系统地学习治国理政的本领。三年后，即1850年，翰林院庶常馆散馆时，李鸿章因成绩优异，被留在翰林院充当编修的职务，而后又充任了武英殿编修。

第三节　投身军旅

1851年，即清咸丰元年初，以洪秀全和杨秀清等人为首的拜上帝教，在广西桂平紫荆山麓金田村发动反清起义，建号"太平天国"，所部武装力量称为太平军。这支起义军迅速击溃了前来围剿他们的八旗和绿营兵，然后洪秀全在永安分封诸王，建立起了正式的军政编制。随后，太平军从广西经由湖南开进湖北，先行占据了长江上游重镇武昌，然后沿江东下攻克了南京，并在此建都，号称"天京"。

太平天国建都天京后，又分派太平军进行北伐和西征，进一步蚕食晚清王朝的统治地盘。其中西征军于1853年占领了安徽省会安庆，并且杀死了该省巡抚蒋文庆，然后很快把战火蔓延到了李鸿章的老家。咸丰帝深知，仅凭八旗和绿营等传统正规军是无力镇压太平军的，要想扑灭太平天国，必须号召各省汉族士绅利用本地宗族关系编练民团。于是，咸丰帝便任命了多个省份的团练大臣，其中就有湖南军务帮办大臣曾国藩。

眼看太平军的气焰嚣张，为了化解君父之忧，也为了保卫桑梓，李鸿章动员安徽籍工部左侍郎吕贤基上奏清廷，主动请命要求回乡办团练。吕贤基并不是军事专才，但是局势恶化至此，他应该向朝廷表达他的效忠之心和杀贼之志。于是，吕贤基让李鸿章草拟了一份奏疏，然后由自己上奏咸丰帝。李鸿章的奏折声情并茂文采飞扬，令咸丰帝大受触动，他当即任命吕贤基为安徽团练大臣。同时，咸丰帝任命楚勇祖师爷江忠源为安徽巡抚，让他与吕贤基协同作战。

　　吕贤基拿着李鸿章的奏疏上奏，无非是想向清廷表现一个积极的姿态而已，他并未做好上前线的准备。可是，既然咸丰帝的谕旨下来了，吕贤基也只好遵命而行。吕贤基认为，自己之所以会走上这条险途，都是拜李鸿章所赐。于是，吕贤基便上奏咸丰帝，请求让李鸿章随营帮办一切军务。咸丰帝随即批准了吕贤基的请求，让李鸿章随同前往，从此李鸿章便走上了一条从军之路。

　　李鸿章随吕贤基回乡编练民团时，太平军正在安徽境内攻城略地，吕贤基率部与太平军在舒城打了一仗，结果以惨败告终。在这种情况之下，吕贤基怀着对太平军的惊惧，以及他对李鸿章的怨恨，投水自杀了。与此同时，李鸿章率部与太平军在和州裕溪口一带交战，他第一次见识了战争的惨烈和血腥。

　　江忠源最先从湖南老家招兵编练楚勇，他出山比曾国藩还要早，在太平军起事之初就曾追随钦差大臣塞尚阿南下作战。江忠源久历作战的阵法，手下楚勇也是百战铁军，但是此时太平军风头正盛，安徽的局势正在持续恶化。鉴于这种形势，庐州知府胡元炜暗中叛变，他与太平军里应外合攻破了庐州城，并将江忠源的军队置于全线败退的境地。

　　江忠源在城破兵败之后，拔出腰刀准备自刎，结果被手下马良勋给拦下了。马良勋救了江忠源一命，然后背着他疾走；可是江忠源抱着必死之心，猛咬马良勋的耳朵；马良勋被迫放下了江忠源之后，江忠源效法吕贤基投水自尽了。与江忠源一起死难的，还有布政使刘裕珍，知府陈源兖，同知邹汉勋、胡子雍，副将松安，都司马良勋、戴文澜等。

吕贤基自杀时，李鸿章没有与他一起死；江忠源与一大批忠臣自杀时，李鸿章仍然厚着脸皮活了下来。李鸿章认为，自杀殉国固然值得尊敬，但是对于挽回安徽的颓势并无帮助，而留得青山在，不愁没柴烧。随后，咸丰帝任命满人福济为安徽巡抚，李鸿章便率部投奔了他，成为他的主要幕僚之一。

李鸿章成为福济的左膀右臂之后，两个人齐心协力对付太平军，但是安徽的局势日渐复杂化，一方面太平军继续攻陷各州府，捻军也乘机活跃起来；另一方面满族大将和春与割据分子苗沛霖，以及团练将领袁甲三也把手伸入了皖北一带。

李鸿章在一系列的防御战中，接受了之前兵败的教训，在战争中学习战争，摸索出了一套兵法要诀，并用它打了一些胜仗，收复了巢县与和州等地，因功被清廷授予按察使的职衔。另外，李鸿章在战斗生涯中，与上司福济结为至交好友，后来他发迹了还提携过这位前上司。

第二章 由湘及淮

第一节 投奔湘军

李鸿章虽然打了一些胜仗,但他深知仅凭安徽本地武装是不足以对抗太平军的,为了能够学到办团练的真谛,他不断给曾国藩写信,向这位威震全国的湘军统帅取经,并流露出来想要投奔恩师之意。曾国藩一向器重李鸿章,他当然不想让这位"才堪大用"的弟子战死在安徽,便写信请李鸿章来他的江西建昌大营报到。

1858年底,时年三十五岁的李鸿章,只身来到曾国藩的湘军大营,主要负责起草文书,成了恩师的幕僚之一。曾国藩虽然十分喜欢李鸿章,但他管理部众十分严格,所以跟这个弟子之间经常发生冲突。李鸿章习惯晚睡晚起,而曾国藩要求湘军每日早起共进早餐,李鸿章屡次称病不来,曾国藩便强令他服从安排。曾国藩毫不客气地对李鸿章说:"你既入我幕,我有言相告,此处所尚唯一诚字而已。"李鸿章闻言之后十分惊悚,他为了能留在湘军大营便改掉了自己的恶习,尽早结束了他与恩师之间的磨合过程。

李鸿章投奔曾国藩门下之后,开始并未单独统兵作战,而主要是帮助恩师参赞军机。后来,在太平军扫荡安徽期间,新任安徽巡抚翁同书弃城逃跑，以致清朝丢城失地。在这种情况之下，曾国藩作为两江总督，当然要参劾翁同书，以提振清军抵抗太平军的士气。曾国藩知道李鸿章文笔好，便让他草拟奏疏，李鸿章写下了"臣职分所在，例应纠参，不敢以翁同书之门第鼎盛瞻顾迁就"等分量很重的语句。

曾国藩把李鸿章起草的奏疏上奏清廷，结果翁同书被充军新疆，从此李鸿章便与翁氏一门结下了仇怨；翁同书之弟翁同龢对他非常痛恨，而后翁同龢成了同治和光绪两朝帝师，他就借机掣肘李鸿章，为后来中日甲午战争的惨败埋下了伏笔。李鸿章与翁家的私交不错，但他没有因私废公，而是站在了恩师曾国藩一边，这就与翁家结下了梁子。

第二节　编练淮军

李鸿章在曾国藩帐下，与湘军大佬左宗棠相处得不好，与水师统领彭玉麟更是水火不容，但他与李元度之间的交情不错。李元度本是曾国藩手下重要的幕僚之一，他奉命出战太平军时却轻敌冒进而又不听指挥，结果惨败。李元度兵败之后，曾国藩命令李鸿章弹劾他，李鸿章拒不听命，还为此与恩师闹翻了。

李鸿章离开了曾国藩的湘军大营之后，返回了安徽战场，统领淮扬水师迎战太平军。李鸿章离开之后，曾国藩也认识到了自己的过分，便主动写信向这个弟子示好。于是，在1860年，湘军占领了安庆之后，李鸿章重归曾国藩门下。而后，为了弥补湘军在湖南招兵不足，曾国藩命令李鸿章回合肥老家招兵，于是李鸿章的淮军开始独立成军并崭露头角。

在英法联军攻击北京之时，咸丰帝根据清将胜保的提议，命令曾国藩把湘军所部鲍超的霆军派往北京援救。曾国藩不舍得让鲍超划归胜保指挥，又不能违抗咸丰帝的圣命，他向帐中幕僚询问对策，竟无一人能给出令他满意的答案。在这种情况之下，李鸿章给曾国藩出了个绝妙的主意，那就是先按兵不动，再主动请旨，要求亲率大军北上。如此一折腾，咸丰帝逃到了热河行宫，而恭亲王奕䜣与列强开始了谈判，援救之议便作废了。自此之后，曾国藩愈加认定李鸿章才堪大用，李鸿章很快就迎来了他事业的春天。

李鸿章回到合肥老家后，凭借他的声威名望和家族世交，迅速招募了张树生、周盛传、刘铭传和潘鼎新等人的地方团练武装，组成了淮军武装的底盘。李鸿章将这数千人马的淮军带到安庆，曾国藩完全按照湘军的规制整编了他们，并交由李鸿章统领。除此之外，从太平军投降过来的程学启，由于不受曾国藩重视，便投靠了李鸿章。还有，曾国藩为了协助也为了监视李鸿章，还把自己的亲兵营韩正国部，以及湘军郭松林部配属给了淮军。至此，李鸿章成了统率上万兵马的淮军统帅，并逐渐脱离了湘军的阵营。

左宗棠

第三节　率师东征

曾国藩在攻占安庆经营安徽的时候，太平天国的后起之秀李秀成也在扫荡苏南和浙北，并把军事触角伸到了上海地区。为了抵御李秀成的进犯，上海成立了以美国人华尔为首的外国洋枪队（后来改称常胜军），这支武装虽然装备先进，但是人数毕竟太少，所以在保卫上海时显得力不从心。在华尔中弹身死之后，新任常胜军指挥官白齐文竟然投靠了李秀成，新任指挥官戈登是英国皇家退役军官，至此常胜军才算走上了正规军的道路。

为了防止上海陷入李秀成之手，当地士绅便联合起来，委派钱鼎铭等人，前往安庆曾国藩大营求援。钱鼎铭在面见曾国藩之后，直接提出请求委派曾国荃前去上海，而曾国荃志在克复天京。曾国藩打算派鲍超前去，可他此时染上了疾病，其他湘军将领又不在身边。在这种情况之下，李鸿章便主动请缨，曾国藩也只好同意了。李鸿章的眼光十分明亮，他深知上海是膏腴之地，拿到了上海也就获取了最强的财政资本。

李鸿章率领淮军赶赴上海并非易事，因为在安徽和上海之间是苏南太平军的老巢，从陆路通过是不可能的，走长江水路也有被太平军击溃之虞。为了能让淮军顺利抵达上海，上海士绅们便花了十八万两白银，租借了七条外商小火轮，分期分批地往来沪皖之间，在付出了巨大代价之后（部分淮军被闷死并耗费了大量经费），总算把李鸿章和他的淮军从太平军眼皮底下运到了上海。

李鸿章率领淮军从上海黄浦江外滩登岸之后，立即引起了常胜军和本地士绅的哄笑，因为淮军的装备陈旧且军服残破，看上去就像一群叫花子。然而，李鸿章就是李鸿章，他立即命令军队集合，把威武雄壮的阵势给展现了出来。至此，常胜军官兵无不服膺李鸿章的治军之能，也对这支淮军刮目相看。

李鸿章所率淮军到达上海之后，为了增强保卫上海的军事实力，由本地士绅出资，购买了一批先进的洋枪洋炮，用来装备这支淮军。李鸿章的淮军成了当时中国最为雄壮的一支武装，虽然它在人数上不占优势，但它的单位战斗力已经超过了湘军。从此，太平军不足为惧了，湘军走过了它的鼎盛时期，一个属于淮军和李鸿章的时代到来了。

1862年，即清同治元年初，时年只有四十一岁的李鸿章，奉旨代理江苏巡抚，成了清朝最为富庶地区的军政方面的大员之一。假如没有太平军祸乱苏皖，就不会有李鸿章编练淮军，他仍然是一名文臣京官，根本不可能迅速崛起。李鸿章成为江苏巡抚，只是他的淮军集团崛起的先声，一场宏大的功业正等着他去完成。

第三章　主政江苏

第一节　扩充实力

李鸿章虽然当上了江苏巡抚，但他这个巡抚是代理而非实授的，意思是说他如果干得好就能保守这个职位，如果干不好就得出局。那怎么才算干得好呢？眼下的当务之急是军事胜利，李鸿章必须在保住上海的基础上，进一步收复苏州和常州等地，肃清江苏境内的太平军。

李秀成是不肯把上海这块膏腴之地拱手让给李鸿章的，他率领太平军再次侵入上海，与李鸿章的淮军决战于虹桥、北新泾和四江口一带。李秀成部不同于其他太平军，他们不但人多势众，而且从洋人白齐文手中获得了一些洋枪洋炮，所以战斗力是十分强劲的。在这种情况之下，李鸿章亲赴前线，率领淮军与太平军决一死战，最终打赢了战争，保住了上海，也令上海士绅和外国雇佣军十分敬服。

清廷不会亏待有功之臣，1862年底，慈禧太后便将江苏巡抚一职实授给李鸿章，次年又加封其五口通商大臣的职务。这对李鸿章是个很大的激励，他从察吏、整军、筹饷等各方面同时入手，整顿江苏境内的军政事务，借以巩固自身的权势和地位。李鸿章罢撤了以杨坊为代表的几个媚外官员，起用了丁日昌和郭嵩焘等一批实干的洋务派官员，并将一些包括洋人在内的专业人士充实到自己的幕府中。另外，李鸿章不断在战争中招降纳叛，进一步壮大了淮军的规模，从一万人扩充到七万兵马，并用洋枪洋炮和西洋阵法武装和操练他们，从而使淮军的势力逐渐赶超湘军，成为海内第一武装集团。

在李鸿章整顿军政事务的同时，他也着手办理洋务，他先在上海成立了广方言馆，以翻译外国语言和学习外国文化为主，加强中外交流沟通。在对待常胜军的立场上，李鸿章一贯持谨慎防范态度，他故意克扣对方的军费，以此来压制这支外国雇佣军的发展。常胜军的指挥官戈登出身于英国正规军，他绝不同意让这支军队以劫掠为生，于是找到李鸿章要求保证军饷正常供给。李鸿章此时还需要常胜军的协助，便答应用海关税银给其发饷，等到时机成熟时再裁撤。

第二节　收复苏常

1862年冬，常熟太平军守将骆国忠向淮军投降，李鸿章认为收复失地的时机成熟了。随后，李鸿章率领淮军，在戈登的常胜军的配合下，不但打败了前来迎战的太平军，而且接连收复了常熟、太仓和昆山等地，初步扫清了苏州东边外围地界。苏州是太平天国在天京以东的军事重镇，它的城防十分坚固，而且太平军在此地驻有重兵。为了尽快拿下苏州，李鸿章制订了三路进军的作战计划，对苏州实行全面合围的战略方针。

根据李鸿章的部署，程学启率领中路淮军，从昆山向西进发，直捣苏州城；李鹤章和刘铭传率领左路淮军，从常熟出发，从北边绕道进攻江阴和无锡，然后从西边包抄苏州；郭松林和周盛波率领右路淮军，直驱吴江和盛泽，从南边包抄苏州，同时阻挡太平军的增援。李鸿章制订的这个计划是完善的，但是执行这套方略是十分艰难的，淮军在付出了巨大的伤亡之后，才胜利会师苏州城下。

当淮军把苏州团团包围之后，城内的太平军也在分崩离析，守城主帅谭绍光是李秀成的铁杆部将，他是主张坚决抵抗的，而以郜云官为首的一大批将领则怀有二心。郜云官很清楚，假如淮军拼死攻城，那么苏州城一定会被攻破，到时淮军会付出巨大的牺牲，太平军也会被斩杀殆尽。为了避免这种悲剧的发生，郜云官找到了程学启，主动提出来他要杀掉谭绍光，并带领全体守军投降淮军，条件是清廷要封他为二品大员。为了防止淮军食言，郜云官提出要让常胜军统帅戈登作保；李鸿章为了避免攻城造成大伤亡，便代表淮军同意了这一条件。于是，郜云官、程学启和戈登等人，分乘小船到苏州东北的阳澄湖水面，商定了太平军投降淮军的协议。

郜云官返回苏州城，联合伍贵文、王安钧和周文佳等将领，突然斩杀了主帅谭绍光，然后开城向淮军投降。当时苏州城内的太平军仅有四五万人，对外却号称十万之众，而城外的淮军只有两万多人。在这种情况之下，以郜云官为首的一批降将，又对投降一事犹豫不决了，他们只让出了一半苏州城，又不肯出城接受改编。程学启认为，郜云官这帮人是不肯彻底投降的，于是他建议李鸿章下令消灭他们。

李鸿章也怕苏州城会祸起萧墙，他便接受了程学启的建议，设计清洗了这帮降军降将。李鸿章是这样安排的，他先以代表清廷封官授爵为名，召集以郜云官为首的八个降将，然后一声令下把他们在酒宴之上给屠杀了。李鸿章在下令杀掉了郜云官等将领之后，又诱杀了他们的亲兵和主力部队数千人，最后把其余的数万人马强制遣散。

李鸿章的杀降之举激怒了戈登，因为他曾经出面担保过郜云官等人的性命和前途，现在自己却被陷于不义之中。戈登勃然大怒，他拿着手枪在苏州城内找李鸿章决斗，非要讨个说法。在这种情况之下，李鸿章自知理亏，也就不敢与戈登会面，只得逃到苏州城外的小轮车上办理公务。为了平息戈登的愤怒，李鸿章又让人在各大报刊发表声明，说杀降之事是自己一个人的决定，与戈登没有任何关系。除此之外，李鸿章还通过赫德从中疏通，向戈登致以歉意，这才平息了此事。

李鸿章不敢跟戈登硬碰硬，但他不会容忍戈登的常胜军持续存在，在收复了苏州之后，他便刻意克扣常胜军的军饷，当戈登提出解散该军时，他当即批准并派发了足额的遣散费。李鸿章在办理这些涉外事务时，手腕是十分老到的，他既利用了外国雇佣军的武力，又避免了他们在中国境内逐渐强大，因此他受到了清廷的嘉奖。

在攻占了苏州之后，李鸿章被清廷授予太子太保的虚衔，慈禧太后以此来表彰他的功劳，并鼓励他再立新功。接下来，李鸿章又命令淮军乘胜攻占了常州和嘉兴等地，扫平了除天京之外的苏南大地。在进攻嘉兴的战斗中，李鸿章手下的第一勇将程学启中弹牺牲了，死时年仅三十五岁。程学启死后，他的部将丁汝昌继承了他的职位，后来他成了北洋水师的提督。

第三节　助攻天京

在李鸿章收复苏常之后，清廷屡次命他协助曾国荃攻克天京，都被他以各种借口给推托了。李鸿章之所以要拒绝清廷的军令，是因为曾国藩和曾国荃兄弟不希望他前去抢功，而他的淮军本来就是从湘军体系衍生出来的，如果他跟曾氏兄弟撕破了脸皮，那么结果对谁都不利。

早在李鸿章率军攻占上海之后，曾国藩曾经写信给他，要他借调一批军粮给曾国荃。李鸿章为了维系他与曾氏兄弟之间的关系，就给对方运来一批军粮，可是这批军粮已经腐烂变质了。此事不知是李鸿章有意为之，还是出于他的疏忽，反正曾国荃收到

曾国荃

粮食之后非常恼火，非要把这批军粮给对方退回去。曾国藩为了不至于跟李鸿章翻脸，就劝曾国荃变卖了这批发霉的军粮，而未跟李鸿章摊牌。

曾国藩是李鸿章的老师和老上司，又一直给李鸿章面子，他出面要求李鸿章不要跟曾国荃抢功，李鸿章只能服从他的决定。况且，曾国藩还说了，假如你不听指挥，执意要从苏州赶到天京，那么我也会亲自率军从安庆赶到天京城下，到时第一功臣还是我，而不会是你。如果真出现这种局面，曾国藩要收回或拆分这支淮军武装，李鸿章将难以应对。

清廷一再催促李鸿章西进天京，李鸿章觉得总是推托也不是办法，就率军南下浙江，追缴太平军残部。在淮军进入浙江境内之后，时任闽浙总督的左宗棠大为恼火，他直接向清廷参了李鸿章一本。左宗棠对李鸿章的指责只有一条，说他"越界抢功"，当年太平军猖獗的时候，没有几个人会抢功，如今有人抢功了，说明太平军要玩完了。清廷批复了左宗棠的奏折，命令李鸿章将淮军撤回江苏，然后帮助曾国荃收复天京。

李鸿章这次是被逼到一定程度上了，他只好选派二十七个营的淮军，缓步向天京开去，同时飞马快报曾国荃。曾国荃率领湘军围困天京已有两年了，他与所率将士坚决不肯把攻克天京的大功让给别人，于是曾国荃把李鸿章的急信出示给部将们观看，众将表示立刻组织部队攻城。于是，在李鸿章的淮军赶到天京之前，曾国荃率领所率湘军只用了一天的时间就拿下了天京城，并将它改回南京的名称。

在南京被收复之后，清廷下旨封赏和褒奖有功将帅，其中曾国藩被封为一等勇毅侯，而李鸿章被封为一等肃毅伯。至此，平定太平天国的功业宣告完成，李鸿章以江苏巡抚兼通商大臣的职务，获得了一等伯爵的爵位，并被赏戴双眼花翎。剿灭太平军成就了李鸿章，但是他的崛起之路还很长，随着曾国藩裁撤了大部湘军，淮军在清朝的地位越来越重要，李鸿章也日渐成为重臣。

第四章　镇压捻军

第一节　捻军源流

镇压太平军主要是由曾国藩主持的，而剿灭捻军主要是由李鸿章率部消灭的，因此笔者要将捻军的来龙去脉交代清楚。捻军，原来叫捻子、捻党、捻匪，发端于明末清初，最初主要是民间贩卖私盐的护送武装，活跃在安徽、河南、山东和江苏一带，在响应太平天国起义后才正式成为捻军的。捻子这个名称的来源，有两种说法：一是说他们平时捻纸蘸油再点燃，是用来做戏法的，跟后来的义和团类似；另一种说法是捻子就是一伙人的意思，小捻一般有数十人，大捻一般有数百人。捻军的生存方式，最初是在活动区域内挨家挨户收取"香油钱"，就是上门敲诈勒索钱财物资。

1851年，太平军在南方起事之后，捻军在河南南部一带聚众起义，这就是捻军起义的先声。次年，由于安徽北部一带发生了大的旱灾，当地庄稼基本没有收成，大批饥民便加入了捻军的队伍。在这种情况之下，有个野心家冒出来了，此人就是张乐行。张乐行出生于安徽涡阳地区的一户豪绅地主家庭，早年曾经读过一些诗书，平生慷慨仗义，所以深受当地贫苦百姓的爱戴，这就成了他聚众起事的资本。除了张乐行之外，还有一个捻军领袖，此人就是龚得树，他手下也有不少人马。

1855年初，张乐行联合龚得树等多支捻军武装，正式发起反清起义，并迅速攻克了河南永城。张乐行率部攻占永城之后，把当地监牢里的囚犯全部释放出来，让他们加入了自己的队伍，从而他的势力迅速膨胀，成为捻军中最强的一支军队。同年秋，张乐行与其他各路捻军在安徽亳州雉河集聚义，他被大家公推为总盟主和大汉明命王。为了统一和协调各路捻军，张乐行主持建立了五旗军制，其中总黄旗主由张乐行担任，总白旗主由龚得树担任，总红旗主由侯士维担任，总蓝旗主由韩老万担任，总黑旗主由苏天福担任。

群英聚义之后，张乐行便领导捻军在皖北和豫东一带攻城略地，1856年7月，他们攻克了河南境内的淮海上游重镇三河尖，获取了大批后勤物资。但是，由于清廷调来了胜保和袁甲三的武装，这支捻军队伍随后被击溃，张乐行只得率领残兵逃回安徽北部地区。捻军的作战特点就是利用骑兵进行运动战和游击战，阵地战非其所长，所以他们时常游走在各个战场。

1857年，张乐行率部与太平军陈玉成和李秀成部会师于淮河南岸的安徽六安，由于太平军的势力比捻军强大，所以张乐行在名义上接受了太平天国的领导。但是，双方合作的基本条件是张乐行听封不听调，就是说捻军虽然挂起了太平军的旗帜，但是不接受太平军的改编，仍然保持组织上的独立性。

1857年底，捻军各部产生了路线分歧，并由此引发了第一次分裂。原来，张乐行主张在淮南一带攻城略地，蓝旗将领刘永敬等人主张返回淮北老家，双方互不相让闹得不可开交。在这种情况之下，张乐行勃然大怒，他认为自己的领袖地位受到了挑战，便下令斩杀了刘永敬及其部众。张乐行虽然杀人泄愤了，但是捻军联盟也就此瓦解了，大部分部队返回了淮北，张乐行和龚得树等人坚守淮南，张乐行的侄子张宗禹却率众展开了大范围的运动战，并与太平天国西边远征军陈得才的军队会师。

1860年，洪秀全册封张乐行为沃王，命他与陈玉成等共同对付清军。在接下来的两年中，太平军相继丢掉了安庆和庐州，连陈玉成也被苗沛霖诱捕后交给胜保杀害了。从此，张乐行及其所部捻军，丧失了太平军这个强大的靠山，也就开始走下坡路了。1863年，僧格林沁率领大军攻占了雉河集，张乐行被叛徒出卖后遇害身亡。

第二节　剿捻失利

张乐行被僧格林沁凌迟处死后，他的侄子张宗禹继续率众抗清，被洪秀全册封为太平天国的梁王。1863年春，张宗禹与李秀成以及马融和会师于安徽桐城；然后他们一起攻击六安，结果由于湘军顽强抵抗，没能攻下这座城池。然后，李秀成率部返回天京，张宗禹转战河南，马融和转战湖北。

张宗禹与其他两支太平军武装回师的时候，僧格林沁正在攻剿山东境内的刘德裕和宋继明以及安徽境内的苗霈霖，经过力战，僧格林沁全歼了这三路人马。1864年春，曾国荃率部猛攻天京的时候，张宗禹打算率部前去救援，结果被僧格林沁给死命地挡在了中原地区。僧格林沁虽然挡住了张宗禹，但是由于对方机动性强，所以仍然没能将其剿灭。僧格林沁解决不了张宗禹，就转赴湖北对付马融和，马融和也是非常狡猾，结果僧格林沁仍然没能如愿。

1864年夏，天京被湘军攻破之后，张宗禹与马融和、陈得才会师于麻城地区。这三支人马会师之后军威复振，他们就在此地迎战僧格林沁，并与对方连打了好几仗。第一仗在闵家集展开，僧格林沁获得了小胜，便乘胜追击张宗禹等人。第二仗在萧家河开打，僧格林沁遭遇了惨败，包括得力干将舒通额在内十二名将领被击毙。第三仗转战到河南

僧格林沁

光山的柳河，僧格林沁中了捻军的埋伏，虽然他拼死冲出了伏击圈，但是折损了不少兵马，其中就包括总兵巴扬阿。

僧格林沁不愧为蒙古一员名将，他在屡经挫折之后，经过短暂休整，再次与张宗禹所率捻军交战。1864年秋，两军交战于湖北蕲州的凤火山，由于张宗禹不想拼光老本，僧格林沁便略占上风。此战之后，张宗禹率部转往安徽潜山一带，僧格林沁集中力量对付陈得才和马融和。双方在黑石渡发生激战，结果僧格林沁大获全胜，马融和联合温其玉和甘怀德等将领，率领十余万兵马投降了，陈得才走投无路就服毒自杀了。

张宗禹见陈得才败亡了，而僧格林沁又乘胜追来，他便转战河南光山一带。僧格林沁对张宗禹穷追不舍，张宗禹在经过小败之后，再次率军进入湖北。张宗禹在襄阳黄龙冈一带，与太平军残部赖文光以及捻军名将任柱会师；这三路人马会师之后，便不再惧怕僧格林沁，一起返回河南地区。从1864年底到1865年初，张宗禹、任柱和赖文光所部，自南向北迂回前进，穿过河南到达山东，与清军打了好几仗，最终在山东曹州地区把僧格林沁给诱杀了。

僧格林沁战死后，清廷任命曾国藩为钦差大臣，让他全权负责剿捻事宜，同时让李鸿章代理两江总督的职务。由于此时湘军大部已经被曾国藩裁撤，所以他能够依靠的主要军事力量是李鸿章的淮军，其中包括张树生、刘铭传、潘鼎新等人的队伍。尽管曾国藩有着多年的带兵经验，也为剿灭捻军制订了一整套战略，但是由于淮军不是湘军，他们不肯完全听从调度，所以此次剿捻的形势非常不利。

曾国藩到达徐州的时候，捻军也发生了分裂，张宗禹率领的这支队伍转战河南、湖北和陕西一带，所以被称为西捻；任柱和赖文光两支队伍一起行动，主要转战安徽、江苏和山东一带，所以被称为东捻。当张宗禹率领西捻挺进陕西之后，曾国藩主要对付的是任柱和赖文光的东捻，曾国藩所部约有八万人，而捻军合计有十余万之众，且他们以骑兵为主，所以剿捻工作开展得并不十分顺利。

第三节　大功告成

1866 年底，清廷命令李鸿章接替曾国藩的钦差大臣职务，让曾国藩回归两江总督的本任。曾国藩有愧于未能剿平捻军，又不甘心让学生顶替自己的地位，便上奏清廷要求撤去自己的一切职务。慈禧太后当然不肯答应，她要曾国藩在两江总督任上做好后勤工作，全力支援李鸿章主持的剿捻事业。

李鸿章到达徐州前线的时候，任柱和赖文光的东捻又流窜到湖北地区，时任湖北巡抚曾国荃手下已经没有了嫡系武装，所以只能求助于鲍超的湘军和刘铭传的淮军。鲍超和刘铭传都是能征善战之将，可惜他们不同属于一个军事系统，两个人的脾气又都十分火暴和倔强，所以他们之间的合作不会是愉快的。清军将领之间闹矛盾，这就给了捻军以可乘之机，所以两军对阵的结果就难以预料了。

1867 年初，鲍超和刘铭传约好日期，共同夹击盘踞在安陆一带的任柱和赖文光的东捻军。结果，刘铭传早到一步，单独与捻军对阵，以失败宣告结束。而后，鲍超率部赶到，击退了这支捻军势力。按说，此战一负一胜，鲍超立下了战功，而刘铭传犯有败军之罪。但是，刘铭传有他的理由，他说鲍超赶来得迟缓了，而且眼见他失败却拒不援救，等他与捻军杀得两败俱伤的时候才坐收渔利的，当然鲍超对于刘铭传的这个说法是不认账的。

鲍超和刘铭传说什么不是重要的，重要的是此时的钦差大臣李鸿章的结论才会为清廷所认可。李鸿章自然要为刘铭传说话，因为刘铭传是他的淮军嫡系大将；鲍超当年在湘军体系与李鸿章是齐名的，他早期的战功和声望甚至盖过李鸿章；现在李鸿章作为淮军统帅，而非湘军幕僚，他当然不会支持鲍超了。李鸿章上奏清廷，请求处分打了胜仗的鲍超，鲍超闻讯后气得病倒了。

在湘淮两军之间发生冲突的时候，曾国藩出面调解了，他一如既往地以忍让的姿态对待这个局面，亲自出面要求鲍超称病辞职，并且主动提出要解散这支湘军。于是，在曾国藩的干预下，鲍超的数十个营被裁撤，只留下了十四个营划归曾国荃指挥。鲍超是湘军体系中非常能征善战的猛将，他曾经率领一支不足万人的队伍，多次打败了李秀成的二十万大军；但是，他在最关键的时刻没能领衔救援上海，所以被李鸿章给压了下去，之后他还曾复出过几次，但是终其一生也只混到了提督的级别。

东捻军与清军在湖北安陆打了两仗之后，任柱和赖文光又率领这支武装转战河南地区，继而转战到山东地界。捻军一路攻略这三省的多个州府，并且在山东东平越过了京杭运河防线，令清廷十分震怒。随后，慈禧太后严旨指责了钦差大臣李鸿章，并且记过，处分了山东巡抚丁宝桢、河南巡抚李鹤年，还有湖北巡抚曾国荃。慈禧太后在指责了李鸿章之后，很快就任命他为湖广总督，并让其兄李翰章暂时代理该职务。

慈禧太后对李鸿章一打一拉，目的是促使他全力剿匪。她这两招果然奏效，李鸿章赶快从江苏徐州前往山东济宁前线，就近指挥淮军剿灭东捻军。以前，曾国藩曾经指挥清军，在京杭运河山东段设立防线，目的是防止东捻军越过运河向东流窜。现在，东捻军已经越过运河防线，向东流窜到鲁中和鲁东一带。面对这种既成事实，李鸿章仍然命令清军加强运河防守，防止这支东捻军再回窜到运河以西；并且，他命令刘铭传和潘鼎新所部，在胶州一带加筑近三百里的长墙；然后，他指示各部，逐步缩小包围圈，目

刘铭传

的是把敌人歼灭在胶东一带。

　　李鸿章的这招十分厉害，逼得任柱和赖文光在莱阳和即墨之间徘徊。无奈之下，决定率领主力沿着海岸线向南撤退到江苏境内，同时分兵交给范汝增，让他率部向直隶一带转移，可惜这次他们没能达到战略目的。1867年11月，任柱和赖文光刚进入江苏境内，就被刘铭传在赣榆挡住大战了一场，结果赖文光大败而逃，任柱则被部将潘贵升叛卖并杀害。随后，刘铭传又前往山东追击范汝增，在寿光将其消灭掉。同年年底，赖文光率领残部到达江苏高邮，在走投无路之下向扬州知府吴毓兰投降，结果被清军斩杀殆尽，至此东捻军宣告覆灭。

　　东捻军虽然被消灭了，但是张宗禹统率的西捻军还在陕西一带流窜，他们先是试图攻占西安，结果未能如愿攻下。随后，张宗禹率部向陕北一带转移，然后又挺进山西，再后来竟然冲到了直隶保定的地盘上。张宗禹的战略目标是京师，这一点谁都看出来了；为了防止他进入北京，陕甘总督左宗棠命令湘军将领刘松山提前抵达保定城，挡住了这支西捻军的去路。与此同时，恭亲王奕䜣亲自出马，视察天津和保定之间的防务；并且，慈禧太后让都兴阿率领京师神机营，驻扎在天津、涿州和易州一带，防止西捻军来犯。另外，李鸿章率军进驻山东德州，山东巡抚丁宝桢率军进入直隶河间，河南提督张曜在汤阴设防，共同围追堵截张宗禹。

　　张宗禹在保定地区无所作为，便在直隶境内各州府之间来回扫荡；可是当地民众在清廷的

慈禧太后

号召下筑寨设圩，实行坚壁清野的战略，这就把西捻军逼向了绝境。张宗禹就是张宗禹，他在粮草不继的情况下，率军冲破张曜的防线，顺利攻入河南北部。接着，张宗禹率军冲破李鸿章的防线，进入了山东北部一带，转而进入直隶。张宗禹此次进入直隶，还是要执行原来的战略计划，他先是攻占了南皮，然后一路率军北上，穿过沧州和静海直捣天津。

张宗禹确实英勇顽强，可惜这是他最后一次大表演了，因为李鸿章已经与左宗棠合作了。李鸿章与左宗棠一向不和，但是为了共同对付张宗禹这个劲敌，他们俩实现了一次非常难得的协同作战。李鸿章和左宗棠，分别率领淮军和湘军，把张宗禹的西捻军限定在京杭运河以东，然后展开了围追堵截。不但如此，李鸿章还与左宗棠一道，派人掘开了黄河大坝，用水攻的方式把张宗禹逼到了黄河与徒骇河之间的狭长地带。张宗禹在走投无路的情况下，率领残部向南撤退到山东境内，结果在茌平县被彻底击溃。西捻军瓦解后，张宗禹绝望之下自杀了，至此捻军起义正式宣告结束。

第五章　青云直上

第一节　取代恩师

李鸿章领衔镇压了捻军起义，因此他受到了清廷的封赏和嘉奖，慈禧太后授予他协办大学士和太子太保的虚职，并让他在湖广总督实职的基础上兼任湖北巡抚。此时的李鸿章，已经成了当年的曾国藩，他的淮军也已经完全顶替了当年湘军的角色。在这种情况下，李鸿章该考虑何去何从了：是效法曾国藩裁撤军队呢，还是继续发展这支强大的嫡系武装呢？

李鸿章经过慎重考虑之后，他裁撤了部分非主力部队，而保留了多数主力淮军，并且他把两湖地区的财政资源用于养兵，另外他还请时任两江总督的马新贻提供经费支持。马新贻虽然在慈禧太后的任命下当上了两江总督，但他在辖区江苏、安徽、浙江三省地盘上的实力尚不足够强大，在对付业已裁撤的湘军都比较吃力，更不要说跟风头正盛的淮军相对抗了。所以，不管愿意与否，他都不敢强硬回绝李鸿章的要求。

李鸿章坐镇长江上游，同时遥控长江下游的淮军，所以他的势力和声威如日中天，在一定程度上受到了清廷的猜忌。慈禧太后岂能坐视不管，他能封赏李鸿章，也能调动和支配他，让他无法积聚起对抗朝廷的力量来。从

1869年到1870年的两年间,慈禧太后先是让李鸿章去四川查办吴棠案,接着又让他去贵州平定苗族叛乱,然后还让他去陕西协助左宗棠平定回民起义,最后又让他代替曾国藩处理天津教案。

吴棠是晚清时期有名的清官廉吏,他早年曾与李鸿章一起在安徽办过团练,后来因功被授予四川总督一职。吴棠在主政四川期间,曾经开仓放粮赈济灾民,因而颇受当地百姓的好评。但是,在晚清官场的专制体制下,吴棠的美名却成了政敌攻击他的把柄。在有人参劾了吴棠之后,慈禧太后委派李鸿章前去调查,而李鸿章的调查结果将决定吴棠的政治前途。

慈禧太后委派李鸿章前去,是有着一箭双雕的用意的。首先她把李鸿章调到了淮军势力圈之外,就能有效防止他滋生不臣之心;其次慈禧太后也是非常认可吴棠的,她明知李鸿章是吴棠的至交好友,却委派他前去调查,其用意还在于让他力保吴棠。李鸿章是何等的聪明,他非常明白慈禧太后的用心,于是他经过简单的调查,就上奏清廷说吴棠有功无过。吴棠被留在了四川总督的任上,而且他与李鸿章的关系更近了一步,后来他还弹劾了李光昭勾结内廷贪污舞弊案。

刚调查完吴棠案,慈禧太后就命李鸿章转赴贵州镇压苗族起义,他还未能成行之时,甘肃回民起义就闹到了陕西。在这种情况之下,慈禧太后更改了旨意,她让李鸿章进入陕西,协助左宗棠镇压回民起义。李鸿章与左宗棠打过多年交道,他们二人实在合不来,用李鸿章的话说,他跟左宗棠共事"味同嚼蜡"。李鸿章不想去陕西,可是圣命难违,他便走走停停借故拖延,走了几个月才到达西安。等李鸿章到达西安的时候,天津教案已经爆发,直隶总督曾国藩的处理方案受到了朝野的一片谴责,慈禧太后便让李鸿章接替曾国藩的职务和差使。

李鸿章深知,天津教案是个烫手的山芋,如果处理不当必然会导致身败名裂:假如对凶手处罚重了,国人不会同意;如果对凶手处罚轻了,洋人会挑起战争。在这种情况之下,李鸿章到达了保定府,但他就是不肯轻易前往天津。关于天津教案的详情,笔者已经在写曾国藩时做了交代,曾国藩此时深陷漩涡之中，他亟盼李鸿章前来接替自己，李鸿章却以身患肝病为由拒不前来。此时，曾国藩明白，李鸿章虽然曾经是自己的学生，可是这个学生的权谋早就超过了自己。

李鸿章在坐镇保定的时候，也在时刻关注着案件的进展，他一面上奏清廷陈述自己对案情的看法，一面等待着舆论风潮的平息，同时他还关注着法国方面的态度。等局势有所缓和之后，李鸿章终于赶到了天津，他拿出的修补方案是，把死刑犯从二十名减少到十六名。除此之外，李鸿章还让丁日昌从天津死囚大牢里提出一些死刑犯，用他们来代替反洋教的凶手。

李鸿章的处理意见获得了有关各方的认可，天津教案终于画上了句号，其实这里面除了李鸿章个人处理得当之外，还有一个重要的外在因素，那就是随后发生了普法战争，法国暂时已经无力与清朝开战了。李鸿章比较圆满地处理了这则案件，因而更加受到了慈禧太后的垂青，她不但让李鸿章接替了曾国藩直隶总督的职务，而且从此让他全权处理对外事宜。

第二节　总督直隶

1870年9月，时年四十七岁的李鸿章，正式接任了直隶总督的职务。直隶总督号称天下第一督抚，虽然它管辖的地盘只有一个省，但是它负有拱卫京畿的重大使命，其职责和权限是远高于其他各省督抚的，担任这一要职的都是朝廷重臣（一般是大学士），因而该职位也被称为"宰相总督"。大清创建以来担任这一职务的大臣都干不长，唯有李鸿章在这个显赫的职位上待了二十五年之久，这是很值得我们深思的。

接任直隶总督对于李鸿章来说是个挑战，虽然他此前久历军旅，而且担任过总督职务，还办理过洋务和外交；但是由于直隶地区的特殊性，一系列令人头疼的吏治、民政和防务都在等着他去处理，所以他肩上的担子是很重的。直隶省境内以及它辖区范围内的北京和天津，都是全国高官云集的地方，各种关系盘根错节，行贿受贿卖官鬻爵之风无可抑制，李鸿章要推行任何一项政务都可能受到多方阻挠。

除了吏治难以整顿之外，民政也是一大难题，由于本地达官显贵多如牛毛，他们与平民百姓之间的矛盾也是常见；而且更为严峻的是，一旦遇到水旱灾荒年份，减免赋税和赈济灾民就成了重大课题。1871年初夏，北方下了一场七十年不遇的罕见大暴雨，直隶成了重点灾区，永定河多处决口，卢沟桥下的石堤也被冲毁，全省的房屋、牲畜和庄稼几乎全部被淹没，数千万人口处在饥荒之中。

除了内政之外，对外关系也十分棘手，如果李鸿章把淮军大量布防在天津一带，那么势必引起列强的反弹；可是如果不能防守好渤海沿岸，那么随时都有可能在遭受外敌入侵时无力抵抗。李鸿章虽然比较懂洋务和外交，也与列强各国之间的关系不错，而京城的清流派们却以整天反洋爱国为幌子，净干些掣肘国家大政和挑衅中外关系的勾当，令包括李鸿章在内的洋务派官员十分头疼。

在李鸿章面临的这三项难题中，对他困扰最大是赈灾问题，直隶数千万民众都处于危难之时，他们的生命和财产安全成为当前最为紧迫的问题，假如处置不当必将引发重大动荡，到时连朝廷的安危都无法保障了。为了解决这场灾荒，李鸿章穷尽了全部心血，他先是截留漕运粮食十万石救灾，而后从直隶府库拨出三十万两白银，还从军费中挤出来三十万两白银，最后冒险截留了京官们的五万俸银，这些钱全部拿去购买粮食赈济灾民。

李鸿章通过赈灾救活了一方百姓，维护了辖区的安全与秩序，从根本上维护了清朝的利益，从而在直隶站稳了脚跟；但他同时也得罪了不少体制内的军政大佬，还冲击了那些打算趁机购买土地的地主们的利益，因此受到了一些人的攻讦。

李鸿章的努力和成绩得到了慈禧太后和恭亲王奕䜣等人的赞赏，也赢得了部分朝廷重臣的钦佩，工部尚书毛昶熙提出裁撤三口通商大臣，由李鸿章兼任北洋大臣，全权负责中国北方沿海的防务、洋务和外交。毛昶熙的意见

毛昶熙

得到了清廷的批准，从而李鸿章不仅仅是显赫的直隶总督而且还兼北洋大臣，他逐步把署衙从保定迁移至天津，全力统筹泛渤海湾（辽宁、直隶、山东三省沿海）的军事防御，后来的北洋水师就是在这个背景下成立的。

在处理天津教案期间，曾国藩曾经问李鸿章，你看我们该如何与洋人打交道？李鸿章是这么回答的，我们可以跟他们打"痞子腔"。曾国藩对李鸿章的回答不以为然，他这么教训李鸿章道，洋人也是人，我们应该以血诚待人，而不可偷奸耍诈。李鸿章不敢当面与曾国藩顶撞，可他在内心深处是不认同曾国藩这套理论的，他认为这套理论是迂腐守旧的，解决不了对外交往中的难题。

李鸿章因处理天津教案走向了事业上的更大成功，曾国藩却因此案饱受国人和乡人的攻击。天津教案之后不久，曾国藩就因"外惭清议，内疚神明"而病倒了，1872年他便死在了南京两江总督任上。曾国藩死后，李鸿章悲痛万分，因为是这位恩师成就了自己的功名利禄。李鸿章写给曾国藩的挽联，对于曾国藩的评价是极高的，对于他与这位恩师之间的关系也是重点强调的，他这副对联的内容是：

师事近三十年，薪尽火传，筑室忝为门生长；
威名震九万里，内安外攘，旷世难逢天下才。

曾国藩死后，他的武英殿大学士的职衔由李鸿章继承；两年后清廷又升任李鸿章为文华殿大学士，他便成了虚职最高的大臣。在清朝的官制体系中，文华殿大学士有宰相之名，而首席军机大臣有宰相之实。因此，李鸿章虽然爬上了最高的官位，却没能成为真正的宰相。但是，慈禧太后为了牵制恭亲王奕䜣这个真正的宰相，她不断扩大李鸿章的权限，从而使李鸿章逐渐成为晚清王朝第一重臣。

第三节　保护华工

自从晚清的大门被列强打开之后，各国在中国沿海沿江地区除了经商和传教之外，还招收和诱骗中国民众去南美务工。当时在南美各国的劳工中，有两个比较大的族群，一个是黑人奴隶，另一个就是华人劳工。当时流落到美洲的华工，主要从事开矿和筑路等重体力劳动，在当地饱受奴役和压榨，往往会死于非命。由于黑人奴隶的反抗和逃亡，秘鲁政府通过了《解放黑奴法令》，意味着该国将需要更多的华工。截止到十九世纪七十年代初，在秘鲁的华工达到了十余万之多，他们时常联合向清廷总理衙门邮寄求救信和控诉书，将他们在异国他乡遭受的非人待遇告知本国政府。

如何处理中方驻秘鲁劳工的求援问题，成了清廷必须表态的重大事项之一，假如清廷坐视本国同胞被外邦残害，那么大清国将何以在世界上立足呢？假如清廷竭力保护本国劳工的权益，那么又将如何对待远在天涯的秘鲁当局呢？清廷缺乏处理涉外事务经验，主管总理衙门的恭亲王奕䜣也不知该如何应对，慈禧太后便把此事委托给了李鸿章。李鸿章作为晚清重臣和华夏子弟，他对驻外同胞们的遭遇深表同情，因此他发誓要为秘鲁华工讨回公道。

1873年，秘鲁与日本签订了友好条约，秘鲁政府的全权大使葛尔西耶随后来华，他打算也与清朝签订友好条约，并从中国继续招募华工。葛尔西耶先是去了北京总理衙门，清廷把这个球踢给了李鸿章，葛尔西耶便赶赴天津与他相见。葛尔西耶早就听说李鸿章向来对外国友好，便代表秘鲁政府提出应使在华招工合法化，这就给了李鸿章敲打他的机会和由头。李鸿章拿出华工邮寄回国的《诉苦公禀》，摆出了大量的实例，证明秘鲁政府和雇主对广大华工的折磨和残害，要求秘鲁方面送还全部华工。

葛尔西耶没想到李鸿章这么强硬，他先是狡辩说秘鲁未曾亏待华工，而后又请各国驻华公使出面调解，无论他利用何种方式都没能说动李鸿章。各国公使虽然在国家利益上倾向于支持葛尔西耶，但是他们也对秘鲁华工的遭遇深表同情，所以也就采取了折中的态度。在这种情况之下，葛尔西耶便又折回北京，打算绕过李鸿章与清廷订立友好条约。李鸿章已经成为清廷最为重要的大臣和涉外问题专家，而且他的主张维护了清朝的尊严和华工的利益，所以慈禧太后仍然让葛尔西耶来找他。

从1873年到1874年，历时一年多之久，葛尔西耶与李鸿章经过多轮会谈，但都闹得不欢而散。葛尔西耶除了请英国公使等人帮腔之外，还以各种外交压力相威胁，李鸿章始终不为所动。葛尔西耶肩负着与中国订立友好条约的使命，最后他对李鸿章实在没招了，才与中方签订了《查办章程草案》，在保护华工方面取得了原则上的一致。签署这份文件并不容易，假如不是李鸿章的一再坚持，葛尔西耶是绝不会同意切实保护华工的，因为这样秘鲁政府就多了一项重要义务。

1874年，经过李鸿章与葛尔西耶的进一步争论，虽然未能撤回秘鲁华工，但是《中秘查办华工专条》终于签署了。在这项文件中，两国政府就保护华工的细则做了规定，从法律上保障了秘鲁华工的人身安全和劳动条件。随后，李鸿章才与对方签订了《中秘通商条约》，从原则上确定了两国外交和通商关系。这两份条约都是草案，也就是说要等来年秘鲁派人来换约之后才能生效，而这一年算是对秘鲁当局的考验，李鸿章要在这一年内派人去调查秘鲁华工的生活境遇有无改变。

李鸿章选派的代表是陈兰彬和容闳，这两人专门到秘鲁各地，对当地华工的处境进行详细调查。经过陈兰彬和容闳的调查，李鸿章发现，之前他与葛尔西耶签署的条约等于废纸，秘鲁当局仍然未能有效保护广大华工的合法权益。1875年,秘鲁政府选派大使艾勒莫尔来华换约,李鸿章与他见面之后就勃然大怒,把陈兰彬和容闳调查得来的照片和文字给他看,严厉斥责秘鲁政府言而无信。李鸿章与艾勒莫尔吵得不可开交,无奈之下李鸿章让丁日昌代替自己与对方谈判,但是自己仍然在幕后主导一切,坚决要求秘鲁政府遵守条约。

经过几番较量,艾勒莫尔总算领教了李鸿章的厉害,他被迫代表秘鲁政府发表了一份声明,表示秘鲁当局将严格遵守《中秘查办华工专条》,切实保障秘鲁华工的合法权益。事实证明,秘鲁的华工们的生活境遇的确有所改善,虽然未能完全脱离当地雇主的剥削和压迫,但是有了基本的人身和财产安全保障。后来,在清廷即将退出历史舞台的时候,由于秘鲁政府放松了对该项条约的执行,大清国还曾派遣军舰前去威慑秘鲁和保护华工。

李鸿章与秘鲁大使签订的《中秘查办华工专条》,是世界近代史上第一部保护华侨的条约,对于保护华工具有重大奠基意义。我们对李鸿章可能有一个定性的认识,觉得他在对外立场上是如何的软弱,其实这是我们片面的认识。由于国力不如人,李鸿章的确有时表现过对外妥协态度,但他无时不在设法通过富国强兵来与列强相抗衡。

华工

第六章　洋务运动

第一节　参与洋务

在晚清洋务派中，中央以恭亲王奕䜣和军机大臣文祥等人为代表，地方以曾国藩、李鸿章、左宗棠和张之洞等人为代表，其中在洋务运动方面功业最大的就是李鸿章。李鸿章到底为晚清的洋务运动做了多大的贡献，笔者很难做出详细说明，因为他在这方面的功业涉及军用和民用两个系统，在开办实业、开矿、筑路、造船等一系列活动中创造了近代中国四十多个"第一"，这是非常了不起的，也是难以一一说明的。

李鸿章是最早主张开展洋务运动的官员之一，他在写给恭亲王奕䜣及总理衙门的三千言书信中，不仅详细讲解了蒸汽机的工作原理，而且对涉及的物理学和数学知识做了说明，还抨击了中国传统知识分子盲目守旧，以及指出日本学习西学之后的成就。李鸿章写这封信的目的，就是引起清廷对于开展洋务运动的重视，打破传统的政治文化观念，从而通过洋务运动来使清朝走向富强和近代化。李鸿章这封信虽然受到了一些顽固派的攻讦，但是也受到了以恭亲王奕䜣为首的一些开明大臣的赞赏，洋务运动的兴起与之是有密切关系的。

然而，李鸿章的远见卓识并未能完全付诸实施，晚清王朝的顽固守旧决定了这一点。比如，李鸿章指出清朝要在洋务方面超过日本，可是国人皆以为日本是蕞尔岛国不足为惧；李鸿章认为应该在科举方面另设制器一科，连一向开明的恭亲王奕䜣都未敢公开表示赞成。在以倭仁为首的顽固派攻击洋务派时，曾国藩是首当其冲的，而李鸿章是坚定地站在曾国藩一边的。

李鸿章是个非常务实的人，他不屑于与顽固派进行过多的争论，也不公然与之决裂，而是踏踏实实地在辖区做他的事情。比如，李鸿章在上海设立的广方言馆，其实与恭亲王奕䜣在北京设立的同文馆没有太大区别，但是京师同文馆受到了顽固派的猛烈攻击，而上海广方言馆却几乎没有招致反驳。主要原因在于李鸿章偷换了概念，时人开始以为广方言馆就是研究国内各省的方言的，而不是翻译中外文字的。

李鸿章最初与曾国藩一样，都是专门发展军事工业的，但是随着洋务运动的发展，他发现仅仅发展军事工业是难以支撑的，要想有所盈余和筹集经费就必须大力发展民用工业。李鸿章大概是当时中国最早发现市场力量的大人物，他在研究西方列强之所以强大的缘由时，发现了人家商品经济发达的奥秘，这比器物层面的改良上了一个台阶和层次，但是并未上升到制度层面。关于李鸿章主持办理的洋务事业，笔者将分军用和民用两节进行讲解，并尽量从中说明这些活动的意义和局限，从而有助于大家更加清晰地认识那段历史。

第二节　军用工业

李鸿章最初介入洋务运动，是从1862年他率领淮军挺进上海开始的，当时李秀成率领大军攻打上海，并且李秀成的部队装备了洋枪洋炮，假如李鸿章不能让淮军在装备上胜过李秀成的太平军，那么他是守不住上海的。李鸿章在上海士绅的资助下，购买了大批洋枪洋炮，不只用来装备淮军，而且还拨给湘军使用。当时曾国藩虽然创建了安庆军械所，但他在对待洋务的思想上远不如李鸿章开明，他动不动就弹出"在人不在器"的老调，后来在实战中发现了先进武器的威力才改变了观点。

李鸿章最初选择了购买军火，而非制造这些先进武器，是为了达到快速镇压太平军的军事需要。随着战争的不断推进，李鸿章逐步意识到仅靠购买武器不是办法，因为这会加深对列强军火商的依赖。必须依靠自身力量，长期为淮军供应军火。所以，李鸿章选择了学习西方先进工艺，自行制造枪支弹药。1862年10月，在上海形势初步稳定之后，李鸿章便委派韩殿甲组织了一批技工人才，在上海生产炸药和雷管，这是李鸿章开办军工企业的先声。

1863年，李鸿章在上海松江设立了洋炮局，委派英国人马格里和中国人刘佐禹共同负责，主要生产炮弹外壳。随后，李鸿章又在上海创设了短炸炮局和新式炮弹局，这两局和松江洋炮局合称上海洋炮三局，由洋务人才丁日昌负责。上海洋炮局生产的火炮体形较小，但是工艺比较先进，而且每月都可以生产万发炮弹，从而在战场上帮了淮军的大忙。在上海洋炮局制造武器的过程中，他们虽然采用的是西式工艺，但是一般不雇用洋人技工，而是由中国工匠学习西方先进工艺，从而保证了该企业的对外独立性。

1864年，李鸿章率领淮军攻占了苏州，他随即把上海洋炮局迁到这里，用太平天国纳王郜云官的府邸作为厂址，并在原有基础上扩大规模。另外，李鸿章还委派马格里从欧洲进口了一批先进机器，并且不断改进生产工艺，增多产品的门类和数量，并加强质量监督和管控。此时，镇压太平军的军事行动已经接近了尾声，有许多人认为再生产大量火炮已经没用了；李鸿章却不这么看，他坚持要大力发展军工企业，从而把淮军打造成中国第一铁军。

李鸿章的苏州洋炮局办得很成功，举国无不惊叹他在洋务和军工方面的成就，主持军机处和总理衙门的恭亲王奕䜣，也非常羡慕苏州枪炮局生产的火炮。于是，恭亲王奕䜣上奏慈禧太后，请求从宫廷火器营选派一批人才，前往苏州洋炮局学习先进生产工艺。慈禧太后批准了恭亲王奕䜣的奏疏，她遴选了八名武弁和四十名兵丁，前往苏州洋炮局学习。不过，与此同时，慈禧太后特别强调，武器生产工艺不可流入民间，防止有人借用这些先进武器危害清廷的统治。

1865年，李鸿章代理两江总督后，将苏州洋炮局迁到南京，扩大为金陵机器局，在生产枪炮等军火的同时，也开始研制生产军火的机器。而后，李鸿章又收购了上海的一家由美国人开办的铁厂，用以弥补自己所办军工企业的不足。最后，李鸿章在曾国藩的大力支持下，把两江地面上的军工企业合并，在上海创立了江南制造总局。江南制造总局规模宏大，所生产的产品包括枪炮、机器和轮船等，是当时中国实力最为雄厚的一家洋务企业。同时，江南制造总局还附设了译书局，专门负责翻译西方先进技术和文化，以便拿来为我所用。

1870年，李鸿章担任直隶总督后，接管了崇厚创办的天津机器局，他凭着自己多年办洋务的经验，以及自己手中掌握的雄厚财政资源，大力改造了这家机器局，并在原有基础上成倍扩建，把它发展成为北方第一军工企业。天津机器局生产的产品包括枪支弹药、火炮及炮弹、军舰和水雷，满足了淮军的战备需要，而且为后来成立的北洋水师提供了后勤支持。

李鸿章这一系列的军工企业，都是凭借他自己掌握的军政权力，调拨辖区财政经费和部分关税开办的，形式主要是官办或官督商办，但是这些企业并未参与市场竞争。因此，我们可以说，李鸿章的这些军工企业，从体制和管理上说，是远远落后于同期西方军工企业的。但是，在当时中国生产力总体较低的情况下，这套管理模式和经营方式是有其合理性的；而且，这些企业是本着"自立"和"自强"的精神创办的，具有鲜明的民族特色，这都是它的积极意义之所在。

第三节　民用实业

洋务运动是从开办兵工厂开始的,但是随着它的进一步发展,李鸿章发现仅靠军工企业是不够的,因为军工企业只能用来"求强",而不能用来"求富"。军工企业只是西方先进科技的一部分,晚清洋务派直接把它移植过来为我所用,根本就无法解决由此衍生的一系列问题,比如,经费来源枯竭、原料和燃料供应不足、缺乏相关交通配套设施、设备陈旧、技术落后、人才匮乏等。其实,洋务运动本身就是对西方工业的移植,它缺乏对商品经济的研究和相关制度的借鉴,只是李鸿章当时并未认识到这一点。

李鸿章开办的民用实业种类繁多,比如,河北磁州煤铁矿、江西兴国煤矿、湖北广济煤矿、开平矿务局、上海机器织布局、山东峄县煤矿、天津电报总局、唐胥铁路、上海电报总局、津沽铁路、漠河金矿、热河四道沟铜矿及三山铅银矿、上海华盛纺织总厂等一系列民用企业,涉及矿业、铁路、纺织、电信等各行各业。在经营方针上,李鸿章逐渐由官督商办转向官商合办,从客观上促进了近代资本主义在中国的发展。但是,这些民用工业都不是最具有代表意义的,轮船招商局才是李鸿章首创的近代中国最大的民用实业。

轮船招商局成立于1872年,是清廷批准李鸿章试办的,最初的注册资本是一百万两白银,固定资产主要有六艘轮船,第一任总办是李鸿章任命的朱其昂,这是近代中国第一家官督商办的民用实业。轮船招商局最初就是搞水上运输的,它在与外商(如英国太古和怡和以及美国旗昌等轮船公司)的竞争中并不占优势,外商海运公司联合起来用压低运费的方式来抵制它的发展,所以前期亏损严重,朱其昂被迫辞去了总办的职务。

李鸿章并不甘心失败,他马上改任上海买办实业家唐廷枢为总办,朱其昂、朱润和盛宣怀为会办，通过改进经营管理和配置官方财政资源的方式，大力承办漕运和其他公共运输，终于在对外竞争中脱颖而出。经过数年的发展，轮船招商局已经拥有数十艘轮船，资本量达到四百多万两白银，总部设在上海，分部遍及天津、烟台、汉口、福州、广州等国内沿海沿江城市以及日本、菲律宾和新加坡等国家。后来，盛宣怀成了轮船招商局的掌舵人，它的经营范围，不再局限于水上运输，而是涉及多门类多行业，甚至还发展了教育机构，比如，南洋公学，也就是现在的上海交通大学。

第七章　中日交恶

第一节　琉球问题

琉球是介于中国、日本、朝鲜和南洋之间的一处群岛，它很早就建立了一个王国，国民主要以海上捕鱼和中转贸易为生。由于琉球国力弱小，所以它要想获得生存和发展的空间，必须依附于周围的大国。于是，从明朝开始，琉球王国便成了中国的海外藩属国，这一状况直到十七世纪初才发生改变。1609年，日本出兵征服了琉球，强迫它向日本称臣纳贡，从此琉球转而成为日本的藩属国。

十九世纪七十年代初，日本实行了明治维新之后，由于其国力得以迅猛上升，它便有了以琉球为跳板进犯台湾之意。1871年，有一批琉球船民在海上遭遇了风浪，辗转漂流到台湾岛，由于语言和习俗不通，所以与岛上的高山族土著居民发生了冲突，结果有五十四名琉球人被杀，其余的十二人在当地汉族居民的帮助下，途径福州逃回了琉球。当这十二人到达福州的时候，清朝地方当局视他们为外藩属民，给了他们一批抚恤金。他们回国之后，把在台湾的遭遇通报给了日本方面，这就给日本政府进犯台湾提供了口实。

日本派出的使节是柳原前光，他前往北京交涉琉球船民在台湾被杀一事，接待他的是清廷总理衙门大臣毛昶熙。两个人会面之后，毛昶熙如是说：

台湾是大清的属地，而琉球是大清的属国，这两地居民之间发生了冲突，如何处理善后是我们大清的事情。

柳原前光则这么反驳：

　　现在琉球已经成了日本的属国，台湾居民杀害了日本属国的臣民，日本帝国就要出面为他们讨还公道。

毛昶熙虽然当过工部尚书，目前又在总理衙门供职，但他并不具备多少外交知识和本领，他的水平比李鸿章差远了。面对柳原前光的反驳，毛昶熙竟然是这么解释的：

　　台湾汉民属于熟藩，而台湾高山族属于生藩，生藩尚未开化，他们残杀琉球岛民一事，我们清廷是管不了的。

这就给了柳原前光最直接的理由，他立刻这么表态：既然你们清国管不了，那么就由我们日本来管！

日本明治维新之后，它比清廷在许多地方都要强些，日本人不但努力学习西方的先进科技和政治制度，而且认真研读近代国际法。因此，日本方面对于"主权"的概念是很清晰的，而当时整个晚清王朝，没有一个人知道"主权"是怎么回事，他们满脑子的观念就是"天下"，而这个"天下"的概念是不为列国所承认的。经过第一轮中日会谈，日本方面已经制订了一整套征台方案，这给清朝带来了巨大的压力。

第二节 日军侵台

日本为了入侵台湾，采取了多方面的措施，首先，它加强了对琉球的控制，把琉球的地位从日本的外藩变为内藩；其次，它向列强发出照会，寻求各国对于它出兵侵台的支持或默许；最后，它向清朝表明态度，声称它就是要派兵去教训台湾生藩，此举并不危害中国主权，希望获得清廷的谅解。日本的这些准备工作做了三年，直到1874年，它才派出了西乡从道率领的一支由四艘军舰组成的三千六百人的海陆军队。

当日军登陆台湾的时候，高山族居民凭着地理优势，用原始武器与他们展开了搏斗。由于日军的枪炮十分猛烈，这些高山族居民被迫撤退到高山密林中去，继续与敌人展开游击战。日军的战斗减员数量并不大，只战死了十几个人，但是由于他们不适应台湾地区的气候，军队染上了瘟疫，病死了几百人之多，这场侵略战争便陷入了僵局。

在日军与高山族激战的时候，清廷委派福建船政大臣沈葆桢率军前去威慑侵略者，沈葆桢手下本来没有多少能征善战的军队，他只好求助于淮军祖师爷李鸿章。李鸿章出于国家大义，迅速把近万人的淮军精锐交给沈葆桢指挥，沈葆桢率领这支军队火速赶到台湾，给业已疲惫的日军造成了极大的压力。沈葆桢在做好台湾防务的同时，并未直接与日军开战，而是与西乡从道进行交涉，希望可以用和谈的方式来解决争端。

当时的军事和外交对日本方面是不利的，因为英国和美国都认定台湾是中国的领土，而且清朝在台湾的军事力量已经超过了日本。在这种情况之下，西乡从道代表日本政府和军队，同意了沈葆桢的和谈提议，但是要求清朝赔偿日方的损失。1874年9月，日本派出的全权大使大久保利通到达北京，与清廷总理衙门展开了和平谈判。

第三节　北京专条

太久保利通与总理衙门进行交涉，要求清廷抚恤琉球船民并赔偿日本军费。总理衙门征求李鸿章的意见，李鸿章主张同意抚恤琉球船民，但是拒绝赔付日本军费，同时要求日本尽快从台湾撤军。总理衙门以李鸿章的主张为准则，与太久保利通进行了为期一个月的谈判，最终于1874年10月签订了《北京专条》，该协议的内容如下：

一、日本国此次所办，原为保民义举，中国不指以为不是。

二、前次所有遇害难民之家，中国定给抚恤银两。日本所有在该处修道、建房等，中国自愿留用，先行议定筹补银两，另有议办之据。

三、所有此事两国一切来往公文，彼此撤回注销，永为罢论。至于该处生蕃，中国自宜设法妥为约束，以期永保航客不能再受凶害。

通过此次谈判，清朝赔偿给日本十万两白银的抚恤金，并且默认了日本对琉球的主权。另外，由于日军在台湾修筑了道路和房屋，所以日军撤退时清朝还要补偿给他们四十万两白银。

通过日军侵台和《北京专条》，日本进一步认识到了晚清王朝的软弱，为它进一步发展国力和入侵中国做了铺垫。经过此次对峙和谈判，清朝虽然损失了一些银两，也丧失了对琉球的影响力，但是保护了台湾的领土和主权，所以也不能算是太大的失败。可惜的是，当时的清廷并未把日本当作潜在的对手，它仍然自欺欺人地认为日本不过是蕞尔岛国，直到后来中日甲午战争的爆发才被打醒。

第八章 朝鲜问题

第一节 壬午事变

1882年,即清光绪八年,李鸿章的母亲病逝了,他在回乡为母守孝期间,大清藩属国朝鲜爆发了一场政变,史称"壬午事变"。

壬午事变不仅是朝鲜的内政,而且牵涉邦交国日本,已经演变成为一场国际事件,东亚的局势从此将发生重大演变。壬午事变不是偶然发生的,它有着深刻的历史背景,也有着国内和国际两个方面的原因。由于受到自身及各方实力消长影响,朝鲜在明清两代一直是中国的藩属国,日本实力增强的时候就在打朝鲜的主意。

1868年,日本睦仁天皇登基了,他就是后来在历史上声名显赫的明治天皇。明治天皇登基伊始,便寻求富国强兵之道,并宣称要"开拓万里之波涛,宣布国威于四方"。明治天皇所说的"四方"主要包括清朝、台湾、澎湖和朝鲜等地,其中首要之地是朝鲜。为了把日本的势力伸入朝鲜,明治天皇派遣使臣带着国书进入朝鲜,要与朝鲜建立正式外交关系。

日本使臣兴冲冲地抵达了朝鲜,奉上了携带的国书,可是朝鲜方面并未接受这份国书。原因很简单,并不是朝鲜认为日本借建交来侵略他们的,而是因为在这份国书中两次提到了日本天皇。朝鲜一向闭关锁国，此时执政的朝鲜国王李熙之父李罡应也十分保守，他只承认中华帝国，而对其他国家自称帝国他是具有排斥心理的。

日本没能与朝鲜建交，却也不敢直接对朝鲜用兵，因为此时日本对于大清还是颇有敬畏的，它怕大清会直接出兵保护朝鲜。在这种情况之下，日本于1870年遣使来到清朝，要求与中国建立正式外交关系。当时清廷已经把外交大权委托给了李鸿章，李鸿章认为与日本交好可以共同抗衡西方列强，便与对方签订了《中日修好条约》。日本与大清建交后，便认为把手伸进朝鲜的时机到来了，当他再次遣使进入朝鲜的时候，李罡应仍然拒不与它建交。

1873年，朝鲜国王的王后闵妃闵兹映，以国王亲政为由，纠集党羽发动了政变，把大院君李罡应给赶下台，建立了闵氏外戚统治集团。闵妃上台主政后，一改大院君的治国方略，开始学习清廷的洋务运动，在一定程度上打开了国门。路线斗争往往是假的，而权力之争才是真的，闵妃并非真正要使朝鲜走上近代化，而是为了打击大院君集团才调整内外政策的，其目的不过是巩固自己的统治地位。

日本国内的鹰派和鸽派经过激烈的斗争，最终鹰派占据了上风，1875年，日本海军少佐井上良馨率领一艘军舰，前往朝鲜觉华岛测量海口，朝鲜海岸警卫队对此进行了炮击，日朝之间的武力冲突揭开了序幕。日本军舰靠近觉华岛时，遭到了朝鲜守军的攻击，井上良馨马上命令日舰开炮还击，结果朝鲜军民死伤惨重，而日本方面只有两名水手受伤，经此一战日本探明了朝鲜的虚实。

日本与朝鲜经过觉华岛之战后，日本国内的鹰派主张立即大规模出兵朝鲜，而作为明治维新三杰之一的木户孝允主张先礼后兵，先与大清交涉然后再决定是否立刻发兵朝鲜。木户孝允的主张获得了明治天皇的支持，于是他作为全权大使出使清廷交涉朝鲜问题。对于外交问题，从程序上来讲朝廷要交由总理衙门处理，但是慈禧太后已经把外交大权委托给了李鸿章，所以木户孝允便前往天津拜会李鸿章。

李鸿章鉴于国内和国际形势以及中日朝三方力量的对比，提出来一套解决日朝关系的原则方案：

一、大清不放弃对朝鲜的宗主国地位；
二、日朝应该通过谈判解决两国争端。

朝鲜单凭自身的力量不足以对抗日本，而闵妃已经启动了洋务运动，加之李鸿章无意代表清廷力保朝鲜，闵妃便决定与日本建立友好关系，以此来抗衡清朝在朝鲜的势力。于是，1876年，朝鲜与日本签署了《江华条约》，朝鲜对日本开放通商口岸，日本的势力开始渗透到朝鲜地区。

1882年，美国打算与朝鲜通商，便派特使薛斐尔来华，请李鸿章出面代为疏通。李鸿章为了制约日本渗透到朝鲜的势力，便代表清廷答应了薛斐尔的请求，敦促朝鲜与美国签订了《朝美通商条约》。随后，英法德意等国也在李鸿章的帮助下，与朝鲜订立了商务条约。西方列强与日本的差别在于，它们比较尊重大清对于朝鲜的宗主国地位，而日本一再强调朝鲜独立自主，其目的无非是把朝鲜变成它的附属国。

壬午事变直接起因是闵妃下令创立了一支新式军队"别技军"，交由日本军官进行军训，而将传统军队京军五营边缘化；掌管宣惠厅（相当于户部）的是闵妃的堂兄闵谦镐，他擅自克扣了京师旧军十三月的军饷和禄米，将掺入了砂糠等物的劣质稻米发放给他们，激起了他们的奋力反抗。当然，此次事变还有其他一些原因，比如，社会各界对于闵妃外戚集团的憎恶，以大院君为代表的王室集团在幕后的策动，还有旱灾造成的社会矛盾，以及日本势力在朝鲜的膨胀等。

壬午事变开始并非没有化解的可能，是朝鲜闵氏外戚统治集团的官僚化作风激化了矛盾，当京师守军领到了不堪食用的砂糠米之后，大家便集中起来冲到都奉所（后勤仓库）找库吏理论；结果双方发生了冲突，饥饿愤怒的士兵便砸毁了仓库并夺取了粮食。如果事情到此为止，壬午事变就不会演变得那么激烈，闵谦镐为了震慑这批闹事的士兵，便下令京师捕盗厅（警察局）抓捕了几个带头闹事的士兵，还要将他们斩首示众，一下子就把矛盾激化了。

上万名将士聚集到一起，他们夺取了武器，然后找到了武卫大将李景夏，请他领衔救出被捕士兵。李景夏很同情广大将士的诉求，但是又不敢得罪权势显赫的闵谦镐，他便写了一封申诉书，让士兵们去找闵谦镐求情。可是，当这群士兵冲入闵谦镐的府邸的时候，发现之前与他们冲突的那个库吏也在这里，便打死了他。闵谦镐等人则逃到了王宫，他府中的金银财宝被抢掠一空，连他的府邸都被一把火烧光。

这群士兵自知闯了大祸，便一起去大院君的府邸云岘宫，请他出来主持朝鲜王国的政务。大院君出面之后，严厉呵斥了士兵们的叛乱行径，声称自己无意介入国家政事；但是与此同时，他秘密召见了几个叛乱士兵头目，并把自己的家臣派入这支队伍，从而操纵了这场事变的继续演变。至此，朝鲜壬午事变从自发走向自觉，从完全混乱走向了计划性和秩序性，而且事变的规模和范围在持续扩大，广大城市贫民和手工业者也纷纷加入其中。

变乱士兵在大院君的策动下，先是冲击了一些权贵的府邸，杀死了依附闵妃的王族李最应等人；接着他们占领了别技军的军营，杀死了日本新军教官，还冲入了日本使馆，并杀死多名日本侨民；最后他们冲入了王宫，杀死了闵谦镐等外戚权贵，并要求国王李熙交出闵妃。在这种情况之下，李熙只好宣布闵妃在事变中死亡，并请求大院君重新出来主政；闵妃化装成一名宫女逃回了老家骊州郡，同时向清国求救；日本公使花房义质被迫烧毁了使馆，然后搭乘英国货轮逃回日本，并要求日本派兵入朝。

大院君重新上台执政后，他清除了闵妃的外戚势力，把自己的势力集团任用到各级实权部门；同时他废止了闵妃的一系列改革措施，让朝鲜重新走上了闭关锁国的老路。

第二节　派兵入朝

壬午事变的消息传到清朝国内之时，清廷让直隶和北洋来解决这项危机，而李鸿章正在合肥老家为母服丧，代理直隶总督兼北洋大臣的是他手下头号大将张树声。张树声是第一批淮军的头号战将，他在多年的内战风雨中屡立战功，所以养成了一贯强硬的风格。张树声闻讯之后，先是派出了提督丁汝昌和道员马建忠赶赴朝鲜调查详情；而后召见了朝鲜驻华官员金允植和金云中，与他们交换意见。金允植和金云中都是闵妃朋党成员，他们一口咬定是大院君一手主导了事变，并且他们极力主张清朝派军前去平乱。在这种情况之下，张树声请示了李鸿章之后，派出了淮军吴长庆部的三千人马，其中就有后来声名显赫的袁世凯和张謇。

1882年8月下旬，吴长庆和袁世凯率军抵达朝鲜南阳的时候，日军已经在花房义质的率领下逼近汉城；吴长庆并不打算与日军发生直接冲突，他便命令军队原地待命，因此日军一度抢占了先机。花房义质率军进入汉城，大院君被迫派人与他谈判，花房义质提出了几项条件，其中主要包括：朝鲜方面负责缉拿和惩处杀害日本人的凶手，朝鲜要赔偿日方的财产损失；朝鲜要允许日军在朝鲜驻扎，朝鲜要向日本增开通商口岸。并且，花房义质限期朝方三天之内做出答复，不然

张树声

就用武力解决争端。

大院君从内心排斥日本方面的强硬态度，但是他手下的朝鲜军队是不足以抵抗日军的，而且许多士兵开始叛逃。在这种情形之下，大院君只好以朝鲜要为闵妃举行国丧为名，尽量拖延谈判的进程。但是，花房义质是不会容忍大院君的这套战术的，他气冲冲地率军撤出了汉城，以示谈判的破裂。假如花房义质足够聪明，他大可直接占领汉城，并挟持朝鲜王室为其所用，从而控制朝鲜中央政府。可是，花房义质相当愚蠢，他率军撤出了汉城，这就给清军进占汉城提供了可乘之机。

大院君为了防止日军卷土重来，便派人去联系清朝代表马建忠，请他派清军进驻汉城，以此来抵御日军的来犯。马建忠前来拜会了大院君，以便进一步了解汉城局势；而且他事先通知了花房义质，以避免与日军发生冲突。大院君一向是亲附大清而排斥日本的，他以为这样就能换来清朝的全力支持，可是他大错特错了。假如马建忠等人支持了大院君，那么清军势必要与日军一战，为了免于与日军发生直接冲突，马建忠只有牺牲大院君的利益。

马建忠在与淮军将领丁汝昌和吴长庆以及朝鲜官员金允植和金云中商议之后，制订了抓捕大院君的计划，然后他派人去请大院君前来会谈。大院君根本没想到清军会抓捕他，便大摇大摆地来到清军大营，结果被袁世凯当场给拿下了。袁世凯逮捕了大院君，然后用军舰把他运到天津，而后又转运至保定，交由李鸿章审讯和发落。可怜的大院君，以朝鲜太上国王之尊，被宗主国大清扣留了数年之久，直到1885年才被释放回国。

袁世凯在抓捕了大院君之后，便

袁世凯

率军攻占了汉城的各个要地,同时抓捕或枪毙了一些参与壬午事变的朝鲜叛军,迅速控制了汉城的局势,并把闵妃迎回京师,进而控制了朝鲜的政局。袁世凯在此次平叛中,一马当先,打出了清军的威风,击溃了朝鲜叛军,也震慑了日本军队。袁世凯一战成名,引起了李鸿章的赞赏和器重,李鸿章便把吴长庆等人调回国内,让袁世凯作为清朝驻朝鲜总督全权处理朝鲜事务,从此清朝对于朝鲜的宗主国地位重新得以确立。

第三节　掌控朝鲜

袁世凯掌控了汉城局势之后,便把闵妃重新扶上了执政官的宝座;闵妃有感于袁世凯的恩德,又慑于清军的威武,便一改之前亲日的立场,反投奔于大清。当时的袁世凯年轻气盛而又好色轻浮,但他与闵妃之间不仅是一种个人关系,而是一种政治联盟关系。

闵妃

袁世凯以大清国驻朝通商大臣的身份,征服了执政的闵妃,又与朝鲜重臣金允植和金焕始等人结为至交,从而成了朝鲜事实上的太上皇。在汉城的官场,无人不知袁世凯的大名,他们纷纷尊称袁世凯为"袁司马",以此来表示对他掌握朝鲜军国大权的承认。当时的朝鲜政界分成了两派,一派是主张依附大清的"事大党",以金允植为代表;另一派是主张转投日本的"开化党",以金玉均为代表。1884年,金玉均领导开化党发动了甲申政变,准备一举推翻事大党的统治,结果被袁世凯给镇压了。

开化党的背后是日本势力，袁世凯镇压甲申政变，主要就是击退日军的进攻。袁世凯之所以能够击退日军，除了他自身的胆略和清军的英勇之外，还有一个至关重要的原因，那就是当时日本的国力和军力还不足够雄厚，十年之后却一切都改观了。袁世凯打击了日军，从此日本人便与他结下了深仇，屡次派人暗杀过袁世凯，都因袁世凯的谨慎而未能得逞。我们都认为袁世凯是亲日的，其实袁世凯一生都是反日的，关于后来他全面接纳了日本提出的"二十一条"本身就是个谣传。

袁世凯征服了朝鲜当局，又击溃了日军的进攻，便开始全面主导朝鲜的政务。袁世凯给朝鲜约法三章，不允许朝鲜与列强各国建交和经商，也不允许朝鲜向西方借款，要求朝鲜在大政方针上完全听命于自己。另外，袁世凯还在朝鲜编练新军，让朝鲜的军队完全听命于自己，不允许别人争抢朝鲜的军政大权。袁世凯干涉朝鲜内政的做法，已经超越了宗主国对藩属国的控制权限，引起了朝鲜方面的普遍反感。

朝鲜国王李熙虽然是个政治傀儡，但他眼看着袁世凯控制了朝鲜的一切，甚至袁世凯还侵占了他的女人，而且袁世凯在他面前从来都是一副上国钦差总督的姿态，他作为一个男人和国君，便再也忍无可忍了。李熙通过朝鲜驻华使官，向清廷提出要求撤换袁世凯。清廷内的许多人，包括袁世凯的老友张謇，都纷纷指责袁世凯的做法有损两国关系。但是，有一个人不同意换人，而是坚决支持了袁世凯，此人就是李鸿章。

李鸿章以直隶总督兼北洋大臣的身份，完全掌握了北部中国的军事和外交大权，他力挺袁世凯，谁反对也就没用了。在李鸿章看来，袁家与李家是世交，而袁世凯又是个军政大才和后起之秀，他将来是有望继承自己的衣钵的。因此，李鸿章非但没有理会清朝官员和朝鲜国王的反对，而且给袁世凯亲笔题写了"血性忠诚，才识英敏，力持大局，独为其难"的评语。袁世凯控制了朝鲜的政局，也遏制了日本和沙俄对于朝鲜的进犯，但是随着中日之间力量对比的变化，他终将不得不从朝鲜逃离。

第九章　中法战争

第一节　战争起因

中法战争是由于法国侵入越南引起的，越南在明清两朝时，一直是中国的藩属国，与朝鲜和琉球等地是一样的，所以清朝不甘心把宗主国的地位拱手让与法国。经过两次鸦片战争和太平军以及捻军起义，晚清王朝的实力虽然大受损失，但是它不甘心丧失对于各个藩属国的影响力，而且经过洋务运动它的实力有所增强，它便更不甘心让法国夺取越南了。

1856年，法国传教士在越南被杀，法国便以此为借口，派出军舰炮轰了越南的土伦港（今岘港）。两年后，法军从土伦港登陆，占领了西贡（今胡志明市）。1860年，法军进攻越南的南圻，并先后占领了嘉定、定祥、边和、永隆等省和昆仑岛。次年6月，法国和越南阮朝签订了第一次《西贡条约》，将西贡一带的地区割让给法国。1863年，法国再次大举入侵越南，越南承认法国是柬埔寨的保护国。

法国在越南的军事行动本来十分顺利，但是由于法国在1870年的普法战争中遭到惨败，所以它便延迟了入侵越南的计划。直到三年后，法国的元气有所恢复，它才重新加强在越南的军事力量。至此，法国并吞越南并威胁清朝的意图已经暴露无遗，清廷便委派唐景崧去招募刘永福的黑旗军，协助越南政府军抗击法军。刘永福本来是广东三合会的一名首领，他最初率军起事是为了配合太平天国起义，后来太平军被镇压后才率部进入越南的。刘永福的黑旗军在越南的处境并不好，他们想回国又怕遭到清廷的围剿，唐景崧主动前去安抚他们，他们便接受了清廷委派的任务。

此时的越南国王阮福时玩弄两面手法，他一方面通过第二次《西贡条约》，承认法国是越南的保护国；另一方面他委派刘福通为三省副提督，请黑旗军来阻挡法军进军的步伐。刘永福率领黑旗军杀死了十几名法国士兵，也干掉了法国将领安邺，但是以他手上的兵力，是无力阻挡法军的大规模进攻的。虽然刘永福多次率军与法军顽强作战，但是法军还是于1882年占领了河内，并继续向北进攻。

1883年，法国海军上将李威利率军占领了南定，越南国王阮福时只好求助于刘永福的黑旗军。刘永福在越南将军黄佐炎的支援下，发动了著名的"纸桥之役"，斩杀了敌帅李威利，并击毙了三十五名法军士兵。此战之后，法国改派孤拔为统帅，并拨发了大批军费，再次大规模侵入越南。孤拔率军一路猛攻，迅速击败了刘永福的黑旗军，并占领了越南当时的首府顺化。此时越南国王阮福时已经病死，其子阮福升继位，他被迫与孤拔签订了第一次《顺化条约》，至此法国征服了越南。

法国征服了越南之后，清朝也派军进驻越南北部边境地区，至此中法之间的战争就不可避免了。综上所述，清朝自知国力不敌法国，所以它虽然利用刘永福的黑旗军抗击了法军，但是并未在法军入侵越南之初就与之开战。所以说，清朝之所以与法国开战，保护其藩属国越南只是原因之一，保护其本土云南和广西才是它的主要目的。

第二节　过程详解

　　1883年底，法国统帅孤拔率军进攻越南北圻，击败了驻扎在此处的清军，并占领了北圻地区，中法战争正式打响了。法军虽然取胜了，但是孤拔认为从陆路方面进攻中国的意义不大，他便把陆军交由米乐指挥，然后自己亲率舰队攻击台湾和福建沿海地区。米乐不是一个等闲之辈，1884年初，他率领法国陆军进攻驻扎在北宁的四十营清军，结果他以一万六千人的军力击溃了清朝的两万多人，不但占领了北宁，而且占领了太原和兴化，几乎把越南全境纳入法国的势力范围。

　　清军在越南的惨败令清廷震惊不已，慈禧太后以此事为借口，下旨罢免了恭亲王奕䜣的首席军机大臣和总理衙门领班大臣的职务，同时将五名军机大臣全部免职，改由礼亲王世铎和庆亲王奕劻分别主持军机处和总理衙门，这就是历史上著名的"甲申易枢"。甲申易枢之后，慈禧太后对于礼亲王世铎和庆亲王奕劻的能力并不放心，她只好把李鸿章和左宗棠找来商议对策，这就使得李鸿章和左宗棠之间的矛盾达到白热化。

　　李鸿章一向与左宗棠合不来，两个人在大政方针和行事风格上大不相同：李鸿章比较务实，而左宗棠讲究气节；李鸿章注重海防，而左宗棠更看重塞防；李鸿章为人随意，而左宗棠处世呆板；李鸿章习惯从总体上考虑问题，左宗棠却一贯主张特事特办。在此次对法战和犹豫不定之时，慈禧太后以孤儿寡母遭遇大难的心态，向这两位军政大佬发出了哀叹和询问，他们俩的意见确是截然相反的。

　　李鸿章是这么回复慈禧太后的：如果我们与法国展开海陆大战，那么结果我们一定会战败的，到时我们是要赔给对方一大笔银子的。左宗棠听李鸿章说完，他针锋相对地指出：与其一定要赔给法国银子，还不如拿着这笔银子作为军费跟法国大干一场,说不定我们还有胜算呢!慈禧太后听他们讲完,便采取两面手法,一方面让李鸿章跟法国人接触谈判,另一方面命令左宗棠准备应对中法战争。

1884年5月,李鸿章与法国使臣福禄诺在天津展开谈判,双方经过据理力争,基本达成了一致意见,然后签订了《中法会议简明条约》(也称《李福协定》)。这份条约就越南的归属,以及法国在越南的特权,达成了原则性协议,条约的主要内容如下:

一、中国同意法国与越南之间"所有已定与未定各条约"一概不加过问,亦即承认法国对越南的保护权;

二、法国约明"应保全助护"中国与越南毗连的边界,中国约明"将所驻北圻各防营即行调回边界";

三、中国同意中越边界开放通商,并约明将来与法国议定有关的商约税则时,应使之"于法国商务极为有利";

四、本约签订后三个月内双方派代表会议详细条款。

其实,李鸿章只是把此次谈判所签订的条约作为权宜之计,并未打算立即落实,他还要看形势的发展再做定论。福禄诺单方面规定了清军从越南撤军的日期,李鸿章对此并未承认,但他也没向清廷进行汇报。随后,法国与越南签订了第二次《顺化条约》,否定了清朝对于越南享有宗主权。然后,法军赶到清军的军营,要求接管清军的营地,清军由于并未接到撤军的命令,便不同意把营地交给法军,而法军打算强行接管营地,于是冲突就爆发了。

在此次冲突中,法军死了二十四个人,而清军死伤三百余人,这一事件被称为"观音桥事变"。观音桥事变的消息传到法国之后,各界舆论大哗,他们纷纷指责清朝背信弃义,强烈要求法国政府教训清军。于是,法国政府向清朝提出:清军立刻全部撤出越南,同时清朝要赔偿法国两亿五千万法郎

（约合三千八百万两白银）。清朝这次派出的和谈代表是时任两江总督曾国荃，曾国荃一向以强硬著称，而且他在派系阵营上是支持左宗棠反对李鸿章的，所以他坚决拒绝了法国方面提出的条件，谈判宣告失败。

1884年8月，孤拔率领法国远东舰队，开到福建发动了马江海战，迅速击溃了驻守在马尾的福建清军水师。经过此次马江海战，远东舰队歼灭了半数福建水师的战船，摧毁了马尾造船厂和沿岸炮台，使福建水师的武力彻底瘫痪，并控制了台湾海峡。在此次战斗中，清朝船政大臣何如璋以及海防事宜大臣张佩纶，在法军进犯之时竟然给吓傻了，一炮未发就落荒而逃。而张佩纶平时以清流骨干、正人君子、爱国志士自居，动不动就会斥责别人为软弱卖国。

同年10月，孤拔率军进犯台湾，由于远东舰队火力强大，所以时任台湾巡抚刘铭传被迫放弃了基隆，集中兵力保守台北地区。从而，法军一部从基隆登陆，在台湾岛就有了陆上根据地。但是，另一部分法军从沪尾（今新北淡水）抢滩登陆时，受到了清军和台湾乡勇的围攻，结果他们被迫撤退到海上。从此，法军利用他们的水上优势，对台湾实行海上封锁，同时试图扩大他们在岛上的占领区。

1885年初，法国海军陆战队从基隆出发，准备从陆路进攻台北；但是由于刘铭传在此地屯驻了重兵，所以法军的战略目的没有达到。在法国远东水师封锁台湾期间，清朝南洋水师派出了五艘军舰支援台湾，结果这支舰队遭到了法军的拦截，他们被迫返回大陆，而法军乘胜追击。在法军水师追击这五艘清军军舰的过程中，有两艘被法军击沉，另外三艘躲进了杭州湾，随后清军在镇海炮台发炮赶跑了法军。

法军对于台湾的围困和攻击并未停止，他们除了攻占了基隆之外，又攻占了澎湖。假如不出意外，法军是要攻破台湾的，但是意外发生了，因为他们的主帅孤拔突然病死了。孤拔死后，这部分法国远东舰队便基本停止了攻击，台湾岛算是保住了。我们的历史书上总是对刘铭传保卫台湾进行大肆吹嘘，其实此事在很大程度上属于侥幸，假如孤拔不是突然死亡，或许他们会继续组织力量攻占台湾。

在法国远东舰队攻击福建和台湾期间，日本海军将领东乡平八郎始终尾随在法军后面，进行战场实地观察学习。当时的东乡平八郎只是一名舰长，但他从此战中学到了非常实用的海战知识，对于日军后来进占台湾积累了第一手资料。后来，东乡平八郎在日俄战争中，率领日本水师全歼了庞大的俄国舰队，他才开始真正成为世界海战史上首屈一指的人物。

就在海战尚未结束的时候，陆战又重新开始了，时任两广总督是张之洞，他把广西提督冯子材调到中越边境附近的镇南关主持战斗。冯子材是一员能征善战的老将，他率军在镇南关内挖战壕、修炮台，并在此地埋伏了四万多清军和黑旗军。然后，冯子材趁夜派出了小股部队，去滋扰法军驻守的文渊城，把敌军引诱到自己的伏击圈。法军果然中计，他们来攻镇南关，结果被冯子材迎头痛击。

1885年3月下旬，法军兵分三路来袭镇南关，冯子材分配好了作战任务，然后亲率两个儿子，赶到战场参加肉搏战。冯子材的英勇无畏感染了一大批人，尽管清军的武器装备不如法军，但是全军斗志昂扬，与敌人拼死一战。经过两天的殊死搏斗，法军留下了近百具尸体落荒而逃，清军乘胜追击并占领了文渊城。在此战中，法国将领尼格里中弹身亡，继任的赫本哲心惊胆战，他未动一枪一炮就放弃了战略要地谅山。

冯子材率部占领谅山之后，又乘胜收复了观音桥等地，可是正当他集结重兵准备收复河内的时候，清廷下旨让他停止进军，因为此时中法已经完成和谈了。尽早终结中法战争，这是李鸿章的主张；可是左宗棠等人是不以为然的，他非要把这场战争打到底。关于中法战争是不是应该打下去，我们的历史教材上是持肯定态度的，总之它认为李鸿章主张和谈是软弱卖国的表现，笔者经过认真研究之后，对这种主张是不以为然的。

第三节　谈判签约

1885年初夏，李鸿章与法国驻华公使巴德诺经过多轮会谈，在天津签订了《中法会订越南条约十款》(即《中法新约》)，这份条约的主要内容包括：

一、清政府承认法国与越南1884年签订的第二次《顺化条约》；
二、清政府和越南边境开放两处通商口岸：保胜、谅山；
三、清政府对法国货物的进口，给予减税待遇；
四、清政府在西南地区修建铁路，法国享有优先协商权；
五、法国退出基隆、澎湖。

这份条约签订之后，国内舆论大哗，左宗棠及其湘军阵营内的王德榜和刘璈等人更是与李鸿章及其部将潘鼎新和刘铭传之间相互攻击；左派官绅认为，在大清陆战占优而法国内阁倒台的情况下，朝廷不该与法国签订和约，而该乘胜追击收复失地。这种论调似乎很有道理，但是禁不住推敲，笔者的看法如下：

《中法新约》签订后，中国损失了什么？什么都没损失！没有割地赔款，也没有屈膝投降，而是多了一些贸易机会。如果非要说中方有损失，那就是损失了对于越南的宗主权，但也并无太大实质意义。法国占领了越南，可以把越南变成它的殖民地；清朝保持对越南宗主国的地位，除了让越南对中华帝国表示臣服之外，又能得到什么实际利益呢？

在中法战争中，清朝真的打赢了吗？在海战战场上，清朝总体战败了，假如孤拔不是突然死亡，假如法国再任命一名新的统帅，与清朝对抗到底，那么法军进占台湾是必然的。在陆战战场上，冯子材取得了一些反击战的优势，但这是在清军付出了十倍于敌军的伤亡代价之后取得了，而且这是建立在法军新将领消极避战的侥幸基础之上的，法军的装备和实力还是远超过清军的。假如战争旷日持久地打下去，那么清朝必败无疑，第二次鸦片战争的历史就会重演，这对清朝才是真正的失败和打击。

中法战争只是清朝对外关系的其中一环，而不是整个国家军政大局的主体，假如清朝把有限的国力全部消耗在对法战争上，那么洋务运动还能顺利开展下去吗？假如国内趁机爆发了起义，或者日俄等国趁机入侵中国，清廷又该拿什么去与之抗衡呢？

李鸿章的主张最符合清廷利益的最大化，所以慈禧太后批准了这份《中法新约》，中法战争宣告结束。此后不久，左宗棠因病逝世，他与李鸿章之间的争斗就此宣告结束了。左宗棠曾经斗气地说："十个法国将军，也顶不上一个李鸿章坏事。"左宗棠的这种说法，显然有主观偏激的成分，因而是不足为据的。我们在评判这两个历史人物的时候，不应该以他们中间谁的对外态度强硬为标准，而应该看他们谁认清了内外军政形势，并在这一基础上维护了民族的利益为准。

中法战争对于清廷而言，还有一项重大意义，就是从此海战的重要性得以体现出来，李鸿章的北洋水师逐渐崛起于晚清的历史舞台。北洋水师后来没能抵挡住日本舰队，我们便习惯性地认为北洋水师从一开始就是个摆设，这也是有失偏颇了，北洋水师曾经非常强大，只是由于晚清王朝的腐朽不足以支撑它的强大，所以它才走向失败和覆灭的。

第十章　北洋水师

第一节　筹建海军

从 1867 年起，清廷就有了创建海军的主张，但是由于国家各项事务繁多，朝廷又缺乏相关经费，所以此时一直议而不决。直到 1874 年，明治维新之后的日本出动了几艘军舰侵入台湾，这就给了清廷当头一棒。经过了两次鸦片战争的清廷，对于自身的海军实力弱于西方列强的现实，它不得不承认了；可是对于日本这个蕞尔岛国的海军力量的迅猛崛起，它还是感到非常震惊的。虽然当时沈葆桢凑集了几艘兵船，借调了数千名淮军赴台，暂时震慑住了日军的威势，但是清廷对于日军不得不心存疑忌。

经过日军侵台一事，清廷认识到了海防和海军的重要；而在此之前，阿古柏已经在沙俄支持下在新疆建国了，由此可见塞防和陆军同样重要。慈禧太后下诏给各省督抚和将军，要求大家各自上折，就海防和塞防哪个更重要发表意见。在这些大臣的意见中，主要分为两类：一类以李鸿章为代表，他们主张海防更重要；另一类以左宗棠为代表，他们主张塞防更重要。李鸿章的理论依据是：现在时代不同了，列强随时可以利用他们的海军优势进占东部沿海，并进而直接威胁京津要地。左宗棠的理论依据是：东部沿海如果受到列强侵犯，那对于整个国家来说不过是疥癣之疾；而西北要塞一旦受到沙俄入侵，那么江山社稷就有可能不保。如果是其他人主张塞防重要，李鸿章大可嗤之以鼻，但是左宗棠不同。这绝非因为左宗棠位高权重，而是由于他曾经筹建福州船政学堂和马尾军港，并且他又曾出征西北，所以他对于海防和塞防都是很有发言权的。

关于海防和塞防的大讨论展开后，李鸿章的淮军集团与左宗棠的湘军集团也争得不可开交，而其他各系力量则在这两股势力中间摇摆，最终的结果是势均力敌。慈禧太后没办法，只得垂询恭亲王奕䜣的意见，恭亲王奕䜣作为洋务派的带头大哥，他更倾向于支持李鸿章的海防论。恭亲王奕䜣提出了六条紧急措施，它们分别是练兵、简器、造船、筹饷、用人、持久。如此一来，力量的天平发生了偏移，海防派暂时占据了优势地位。在这种情况之下，李鸿章提出了暂弃关外而专顾海防的原则方针，丁日昌则提出筹建三洋海军的主张。

丁日昌的规划是：渤海和山东以北的黄海海域划归北洋水师的巡航范围，福建和广东附近的东海和南海海域划归福建水师的巡航范围，中间的长江流域和黄海及东海海域划归长江水师的巡航范围，这三支水师分段负责互不统属。这个计划很好，可是实施起来是困难的，因为以清廷当时的财力，同时建立三支水师太困难了。那么，事情只能往后退一步，清廷任命李鸿章为北洋大臣，同时任命沈葆桢为南洋大臣，先行建立北洋和南洋两支水师。

可是，这套方案仍然行不通，因为清廷每年只能从关税和商业税中挤出四百万两白银来。如果南北洋各领二百万两白银，根本是无济于事的，因为两百万两白银根本不够筹建一支水师。在这种情况下，沈葆桢发扬了一下风格，他主动提出了"南款北让"的方针，将这四百万经费完全让给李鸿章，让李鸿章先行筹建北洋水师。沈葆桢是林则徐的外甥兼女婿，他当年连曾国藩的面子都不给，这次为什么会对李鸿章这么大方呢？原来，日军侵入台湾的时候，沈葆桢手上没有能战之军，是李鸿章紧急向他支援了一支精锐的淮军，帮他渡过了难关，所以他这次要以德报德。

第二节　发展简史

李鸿章筹到了经费，便通过总理衙门总税务司赫德，向欧洲水上强国订购军舰。李鸿章最初中意的是英国货，1875 年，他请赫德在英国订购四艘炮船。假如由曾国藩主持这件事，他肯定会选择自主研发的。可是李鸿章有他自己的行事风格，他总想在最短的时间内搞到最佳的产品。

1879 年，英国方面造出了两艘巡洋舰，一艘命名为扬威号，另一艘命名为超勇号。李鸿章查验了这两艘军舰之后并不满意，因为他听说德国的机械工艺更为精良，于是他决定停止从英国订货，转而向德国订购其余两只军舰。李鸿章从德国订购的这两艘军舰，一艘命名为定远号，另一艘命名为镇远号，这两艘军舰都成了北洋水师的主力战舰，其中定远舰还成了北洋水师的旗舰。此后，李鸿章选定了旅顺和威海两处海军基地，并着手在这两地建立近代化军港。

1885 年，总理海军事务衙门成立了，光绪帝的生父醇亲王奕譞担任总理大臣，李鸿章担任会办大臣，但是实权掌握在李鸿章的手里。海军衙门成立后，李鸿章又分别向英国和德国订购了致远、靖远、经远和来远号巡洋舰。海军衙门从成立到被裁撤，寿命只有十年，它本来是北洋水师的上级领导机关，由它全权领导晚清时期全国的海军系统；可是，这个衙门在办起了之后就变了味，成了以办水师的名义挪用公款

奕譞

的机关。

李鸿章在筹办水师的同时，并未放松对陆军的建设，在海军衙门成立的当年，他还在天津设立了北洋武备学堂，用以培养北洋系的陆军军官。这家学堂成立后，李鸿章任命荫昌为督办，杨宗濂为总办，聘请德国教习来校任教，从淮军各营中抽调了百十名优秀将士作为首批学员。后来北洋新建的陆军的领导班子，除了袁世凯之外，大多都是从这家学堂毕业的，比如，号称北洋三杰的段祺瑞、冯国璋和王士珍。

1888年底，北洋水师初步筹建完毕，李鸿章出席了在威海卫刘公岛上举办的成军庆典，由刘步蟾等人酌定的《北洋水师章程》付诸实施。在人事任命上，李鸿章选用的北洋水师提督丁汝昌，丁汝昌虽然久经战阵，但是他出身于淮军陆战系统，对于海军和水师并不熟悉。李鸿章之所以选用丁汝昌，是因为他跟随了李鸿章多年，并且对李鸿章忠心耿耿。从此我们可以看出，李鸿章有时是任人唯亲的，这无疑是他从政风格中的一个缺点。但是，在晚清那种大气候下，如果不任用熟人，就难以保证统帅对军队的控制。

在北洋水师各个军舰管带中，第一位是刘步蟾，他担任的是旗舰定远号管带，其他各位管带主要有：镇远号管带林泰曾，致远号管带邓世昌，靖远号管带叶祖珪，济远号管带方伯谦，经远号管带林永升，来远号管带邱宝仁，超勇号管带黄建勋，扬威号管带林履中，镇远号继任管带杨用霖，康济号管带萨镇冰。这些人大多曾经留学欧洲，专门学习海军军舰和炮弹知识，都是青年豪杰。后来，在北洋水师战败覆灭之时，他们或战死或自杀或被斩首或被革职，大多结局很悲惨。

第三节　金玉其外

北洋水师建成了正规海军，它号称世界第六和远东第一，引起了各国列强的瞩目，甚至引起了日本方面的惊惧。日本也开始发展海军力量，它所指定的海上作战方略都是针对大清的，它的海上假想敌就是北洋水师。日本海军的单艘吨位都是小于北洋水师的，但是它的船速和炮速都快于北洋水师，它的旗舰吉野号更是装备精良。

至于北洋水师和日本海军哪个更强大，这是要通过实战才能检验出来的，中日甲午海战爆发之后，北洋水师被日本海军给聚歼了，这足以证明北洋水师不如日本海军厉害。北洋水师到底比日本海军差在哪里呢？在有关各方都在吹捧北洋水师的实力的时候，它的掌舵人李鸿章却有着清醒的认识，他认为从各方面综合分析对比就会发现，其实北洋水师就是个纸老虎，而他本人就是大清国的裱糊匠，一旦与日方开战就会显露出虚弱的原形。

北洋水师打不过日本海军，不是因为它的吨位小，也不是因为各舰管带指挥水平低，而是因为北洋水师背后的大清帝国从上到下都烂透了，一直烂到了北洋水师的基层。关于北洋水师及其晚清王朝的统治者是如何专制腐败的，笔者将会做出详细的说明，不然不足以揭示这个谜底。

北洋水师建军之初，清廷与法国之间的海战业已结束，与其他各国并无海上冲突；而日本刚刚崛起，它并未进入清廷的法眼，大清朝野对于日本的认识还停留在蕞尔小岛的阶段，根本没有认识到日本的巨大潜力。在这种情况之下，清廷的压力陡然减轻了许多，以慈禧太后为首的实权人物，虽然把北洋水师当成了大清的门面，但是并未把它当成国家的顶梁柱。慈禧太后执政多年，期间屡遭内忧外患，现在随着年纪的增长和小皇帝的长大，她开始萌生了要享受清福和安度晚年的念头。

慈禧有这样的打算：由于中法战争破坏了她的五十大寿，所以她要为办好六十大寿的万寿庆典做准备；等光绪帝亲政之后，她就退居二线在幕后操纵朝局，为此她要重新修建颐和园。慈禧早年更加中意的是圆明园，但是第二次鸦片战争，英法联军彻底烧毁了这座皇家万园之园，重修起来要耗费的人力物力财力是大清财政承担不起的，所以只能退而求其次，改修圆明园附近的颐和园了。

慈禧太后要修颐和园，便任命醇亲王奕譞作为该项工程的总监督，醇亲王奕譞作为光绪帝的生父，他巴不得自己的儿子能够早日亲政，所以他非常希望慈禧太后能够早日离开皇宫大内移居颐和园，从而他对于做好这份差事是不遗余力的。然而，巧妇难为无米之炊，因为大清的财政十分拮据，每年的盈余都十分有限，醇亲王奕譞从户部要不来多少银子，只能自己想办法。

慈禧太后之所以让醇亲王奕譞负责修园子，就是因为她认为他能想出办法来，为什么呢？因为醇亲王奕譞的本职是海军衙门总理大臣，他可以从海军经费中抠钱，然后挪用到颐和园工程上来。挪用海军经费，这将导致大清的海防空虚，从而威胁到清廷的江山社稷和国家的安危；但是如果不挪用海军经费，又实在凑不够修建颐和园的工程款。醇亲王奕譞在左右为难的时候，他想到了海军衙门的实际负责人李鸿章，便找李鸿章商量办法，两个人商量的结果是：先挪用部分海军经费充当工程款，其余的以"海防捐"的形式凑齐。

关于颐和园工程款占用海军经费一事，有这么几种说法：有人说当时大清的岁入是几千万两白银，所以挪用工程款对北洋水师的影响不大，但这种说法没有什么依据，因为大清虽有几千万两白银的岁入，但是每年各项财政支出也很多，军费、官俸、洋务经费和赈灾粮饷这都是钱，几百万两白银对于北洋水师来说就是生命线。还有人说慈禧太后为了修建颐和园挪用了三千万两的海军经费，这种说法也是不靠谱的，首先修建一处园子的工钱和料钱外加回扣以及各项费用也不会达到几千万两，其次就算有人贪腐也不敢开这么大的口子，最后假如真的花了这么多钱就会导致大清财政破产。

最终，慈禧太后挪用了海军经费，令李鸿章在维护北洋水师和购买炮弹时捉襟见肘。除此之外，时任户部尚书的帝师翁同龢也多方掣肘，因为当年曾国藩和李鸿章弹劾过其兄翁同书，所以他怀恨在心，利用掌管户部的职权，故意克扣和停发海军经费。李鸿章本来没把翁同龢放在眼里，但是翁同龢是同治和光绪两代帝师，翁同龢的背后是皇帝，所以李鸿章不得不有所顾忌。翁同龢本来是一名威望较高的清官，但他因私怨而废公事，对于制约北洋水师的发展是难辞其咎的。

李鸿章也算是一名贪官，他并不像曾国藩那样清正廉洁，他一生醉心于功名利禄，平时生活十分奢华。至于李鸿章有没有挪用海军经费，历史上没有记载，笔者也就不好妄自评说；但是，就其任用私人和放纵军纪来讲，他对于北洋水师的衰败也是负有直接责任的。关于李鸿章的富足，翁同龢曾经说过这么一句话：宰相合肥天下瘦（李鸿章是合肥人）。为了针锋相对地回应翁同龢，李鸿章说了这么一句话：司农常熟世间荒（翁同龢是常熟人）。平心而论，翁同龢的话虽有讥刺意味，但还是有道理的。

　　北洋水师的广大官兵所缺少的不仅是经费和炮弹，更重要的是良好的管理秩序以及对于军纪军规的遵守。对于北洋水师的管理，李鸿章是负有领导责任的，他任命的提督丁汝昌不通晓水师事务，所以颇受以刘步蟾为首的管带们的轻视。另外，各级军官中福建人居多，他们形成了北洋水师中第一大帮派，更是不把丁汝昌放在眼里，当然也就不把《北洋水师条例》当回事了。

　　北洋水师腐化堕落到了何种地步呢？笔者可以讲个大致情景，在海军基地刘公岛上，遍布着几十家妓院、烟馆和赌场，广大海军官兵整日抽大烟、下赌场、逛妓院，完全放松了海战训练，甚至连军营门口站岗放哨值勤的工作，他们都花钱找临时工顶替。水师后勤和装备部门的贪腐，更是令人触目惊心，他们竟然把买炮弹的钱都拿去赌，把李鸿章好不容易弄来的经费揣进自己的腰包。为了捞外快，北洋水师竟敢用军舰走私紧俏商品，连海关和巡防营都不敢查问。在这种风气下，广大基层士兵当兵就是为了吃饷，他们丝毫不懂得爱惜军舰和火炮，竟然在旗舰火炮上晾晒衣服。日本海军将领东乡平八郎曾经派遣军事间谍前去刺探情报，当他了解到北洋水师的实际运行状况后，断言该水师不足为惧，若中日开战则中方必败无疑。

第十一章 甲午战争

第一节 战争爆发

　　截止到1894年,李鸿章已经在直隶总督任上干了二十四年了,而且他担任北洋大臣一职也有二十年之久了。用天干地支纪年法计算,这一年是农历甲午年,所以中日之间爆发的战争史称甲午战争。甲午战争改变了晚清王朝的命运,也改变了李鸿章的命运,至此晚清历史上演了一出悲情大剧,洋务运动也到了尾声。

　　甲午战争的导火索是朝鲜东学党起义,但根本原因是日本明治维新之后国力的增强,以及晚清帝国的持续衰落。当时的日本确立了以军事工业和轻工业为主的经济基础,也确立了君主立宪政治制度,促进了生产力的发展,并完成了针对朝鲜和大清的战争准备。如果说二十年前日本借琉球问题入侵台湾算是一场演练,十年前在中法战争中派人观摩算是一次学习,那么这次日本是对清朝动真格的了。

　　日本磨刀霍霍针对中国的时候,清廷正在忙于内斗,以慈禧太后为首的后党与以光绪帝为首的帝党开始了明争暗斗。自从1861年咸丰帝驾崩热河时开始,慈禧太后无时无刻不把夺取和保守最高权力作为首要政治目标,她通过联合恭亲王奕䜣发动"祺祥政变",处理了以肃顺为首的赞襄八大臣,后来她又打压了恭亲王奕䜣的势力,自己牢牢地把握着皇权。但是,随着光绪帝的成年和大婚,群臣中关于奏请皇帝亲政的呼声不断高涨,慈禧太后不得不从形式上准许皇帝亲政,但是她并不放弃对军国大事的裁决权,所以帝后两派之间的矛盾愈演愈烈。

晚清王朝的文武大臣,大多是后党的成员,只有一小部分属于帝党。当时的帝党成员除了光绪帝本人之外,能量最大的一个人物就是翁同龢,他是两朝帝师,历任工部、刑部、户部尚书、军机大臣和协办大学士,他的好友汪鸣銮和门生张謇等人自然也就加入了帝党集团。另外,珍妃和瑾妃的胞兄志锐,她们的老师文廷式,自然也属于帝党的组成部分。还有,"后清流"(前清流以李鸿藻为代表,后清流以翁同龢为代表)的其他人物,比如,黄绍箕、丁立钧和沈增植等人,也都加入了帝党。这些人大都是文官,他们手上没有武装力量,为了与强大的后党相抗衡,他们便积极拉拢湘军大佬刘坤一。

李鸿章没有加入帝党,他仍然属于后党的核心成员之一,这里面的原因有点复杂,笔者总结了一下其中的缘由。首先,李鸿章之所以能成为晚清第一重臣,除了他的文韬武略和盖世奇功之外,主要有赖于手握皇权的慈禧太后的提携。其次,慈禧太后始终掌握着最高权力,她虽然摆出了让权归政的姿态,但是亲政之后的光绪帝仍然不敢违逆她的意志,慈禧太后手上的权力仍然能够决定李鸿章和淮系集团的命运。再次,当时慈禧太后与李鸿章在对外主张上是很接近的,都是本着小心谨慎的态度处理对外事务,而帝党普遍主张"尊王攘夷",不顾国力要求,对外采取强硬态度。最后,帝党的核心成员是翁同龢,李鸿章与他之间的矛盾是难以化解的,而且李鸿章的淮军系统与刘坤一的湘军系统在国内军政格局中是有竞争的。

1894年3月,全琫准领导的朝鲜东学党起义爆发了,以东学道徒为主力的朝鲜农民行动起来,反对朝鲜当局贪污腐化并驱赶日本驻朝势力。朝鲜东学党起义与后来中国的义和团运动非常相似,都是利用传统宗教的力量起义,打着排外的旗号搞乱社会秩序。东学党起义爆发后,朝鲜国王李熙担心局势无法收拾,便派出使臣向清廷求援。而日本方面早就拟定了诱使清军入朝,从而为发动战争制造借口的计划,日本驻朝使馆翻译官郑永邦这么跟袁世凯讲:假如清国派军入朝平乱,那么日本政府一定不会干涉。在这种情况之下,袁世凯也向李鸿章求援,请求李鸿章派军入朝剿灭起义。

朝鲜局势日益紧张的时候,慈禧太后正忙着筹办她的六十大寿,她命令各省督抚进献贡礼,并在皇宫和颐和园之间铺设亭台楼阁等景点工程,全然没把朝鲜危机当回事。这完全是慈禧太后的虚荣心在发挥作用,她想给自己过个隆重的生日,以至于她说"谁让我不高兴,我就让他一辈子不高兴"。但是,这里面更重要的因素,恐怕是慈禧太后要借机笼络后党势力。慈禧太后给李鸿章的赏赐是黄马褂和三眼花翎,当时算得上最高荣宠。

李鸿章来不及为天恩浩荡的封赏感到快慰,就赶紧应对朝鲜局势,他首先调派直隶提督叶志超和太原镇总兵聂士成率领数千淮军入朝,协助朝鲜政府镇压东学党起义。叶志超和聂士成率部抵达朝鲜后,驻扎在汉城之南的牙山,会同朝鲜政府剿灭东学党起义军。根据1885年中日《天津条件》之规定,中国政府增兵朝鲜,是要通知日本政府的。于是,李鸿章电令清朝驻日公使汪凤藻,让他向日本政府做出通报。

清军增兵朝鲜给了日本一个最好的借口,它宣布要保护本国使馆和侨民,立刻调派第五师团大举进入朝鲜,并于1894年6月占领了汉城。袁世凯将日军入朝的消息电告李鸿章,李鸿章却未能做出明确指示,因为他不知日本方面的真正用意是什么;并且他总是抱着侥幸心理,寄希望于运用外交手段解决问题。中日两国的军队进入朝鲜后,东学党起义很快就被扑灭了,李鸿章便通过外交途径照会日本政府,建议中日两国同时从朝鲜撤军。

日本政府根本就不理会李鸿章,日本首相伊藤博文下令继续增兵朝鲜,一月之内派驻朝鲜的军队就达到一万多人。在这种情况之下,李鸿章仍然寄希望于和平途径解决问题,他一面电令驻朝清军不可轻举妄动,另一方面向英国和沙俄紧急求援,希望他们能制止日本方面的军事行动。英国和俄国果然介入了此事，但是日本政府也对英俄两国开出了合作条件，那就是打败大清后共享在华权益。在利益面前，英俄两国选择了中立，他们默认了日本对朝鲜和中国的军事行动。

在外交调停失败后，李鸿章必须面对朝鲜的危局，他向叶志超询问朝鲜局势的最新进展。叶志超向李鸿章报告说，中日两军在朝鲜对峙了多日，两国之间的冲突一触即发。并且，叶志超还向李鸿章和清廷报告了上中下三策，供李鸿章做出选择：上策是继续增兵朝鲜，准备与日方决战；中策是立刻撤军回国，把朝鲜拱手让给日本；下策是按兵不动，静观其变。我们所了解的叶志超是一个胆小怕事之人，其实从这三策的制订上来看，他也算是一位非常有见识的将才。

李鸿章在对外政策上是个保守的人，他决定采纳叶志超制订的中策，命令清军放弃朝鲜撤退回国。在这种情况之下，总督朝鲜达十余年之久的袁世凯，急忙化装逃回国内，以避免在军事冲突中被日本人给杀害。就在叶志超准备撤军的时候，年轻的光绪帝亲自发话了，他训斥了李鸿章的消极避战，主张采纳叶志超的上策。既然皇帝都做出决定了，李鸿章也就不敢再违逆，他便委派手下大将刘铭传督办朝鲜军务。刘铭传是何等精明之人，他认为朝鲜之事不可为，便称病不就此职。

李鸿章找不到合适的统兵大将，因此又陷入了犹豫不决之中，这次光绪帝发火了，他严厉申斥李鸿章：你畏畏缩缩的，假如延误了军机，朕一定拿你治罪！在这种情况之下，李鸿章只好硬着头皮着手部署，他分别从天津、旅顺、奉天等地抽调总兵卫汝贵、左宝贵、记名提督马玉昆、副都统丰升阿等军一万四千余人，取道辽东过鸭绿江进军朝鲜平壤，另由天津抽调仁军、北塘兵两千余人，取海道进援牙山，并派北洋舰队的济远、广乙、威远三舰护航。

在李鸿章忙于应付甲午中日战争期间，有个来自广东的医学博士来拜会他，此人就是后来的革命党领袖孙文。孙文求见李鸿章的目的，主要是献上自己的变法主张，希望能为这位中堂大人所重视。另外，孙文还有其他打算，如果变法主张不能实施，他准备通过李鸿章搞到一纸批文，从而可以顺利赶赴海外募集革命经费。李鸿章忙得焦头烂额，始终没工夫接见孙文，孙文便被迫悻悻而退。孙文离开李鸿章的府邸之后，将他撰写的《上李傅相书》在上海《万国公报》上发表了，然后坚定地走上了革命的道路。

1894年7月下旬，日本联合舰队不宣而战，在丰岛海面偷袭中国护航的海军船只，并击沉运兵船高升号。几天后的一个夜晚，日本陆军又偷袭牙山清军，打得清军措手不及落荒而逃。同年8月初，光绪帝正式颁布宣战上谕，甲午中日战争全面爆发。

第二节　一败涂地

中日甲午战争爆发前，日本政府对于中日双方的国力和军力对比都做了详尽的研究，并且制订了一整套战备措施和作战计划；而我们反观清廷和李鸿章，几乎完全是被动应对这场战争，没有做好任何有价值的方案。光绪帝提出了一个海守陆攻的方针，他主张在北洋水师的掩护之下，继续向朝鲜增派淮军陆战人员。李鸿章对于这套方针持排斥态度，不管是北洋水师，还是淮军各部，都是他在清廷安身立命的资本。因此，李鸿章制订的方略是保船制敌，同时对于向朝鲜增派援军也不甚积极，这就丧失了清军在海陆两个战场上的主动权。

在清军尚未再次增兵朝鲜的时候，日本又将第三师团派入朝鲜，与第五师团组成日本陆军第一军，然后准备在联合舰队配合下，向平壤发起进攻，以达到攻占朝鲜半岛全境的目的。如果北洋水师去与日本争夺朝鲜仁川和大同江口的制海权，那么日军的进攻就不会那么顺利，但是由于在丰岛海战中清军失利了，所以李鸿章再也不敢跟日军在海上争雄了。由于害怕自己的北洋水师被日本的联合舰队歼灭，李鸿章命令丁汝昌撤回北洋各港口，这就等于抹杀了水师的海上机动性，把军舰变成了各港口的流动炮台，从而拱手向日方让出了制海权。

由于没有海军的配合，所以朝鲜北部的淮军将士便陷入了陆战战场上的被动挨打局面，1894年9月中旬，日本陆军第一军攻占了平壤，叶志超部淮军被迫向后撤退，日军随即占领了朝鲜全境。李鸿章没想到日军行动如此之快，他为了救援平壤，委派大连总兵刘盛休率领所部四千淮军赴朝助战，同时命令丁汝昌率领北洋水师护航。

丁汝昌率领北洋水师到达鸭绿江附近的黄海海域时候，遭遇了日本联合舰队。日本人的狡猾在于，他们先是在军舰上悬挂美国国旗，等北洋水师进入他们的有效射程之后，他们再换上日本国旗，然后迅速向北洋水师开炮射击。在这种情况之下，北洋水师被打得措手不及，被击沉了五艘军舰，另外有六艘军舰被击伤，而且牺牲了一千多名海军将士，丁汝昌被迫下令返航到旅顺军港。在此次黄海大战中，表现得最为英勇的是致远号管带邓世昌，他在致远号受创起火的情况下，下令开足马力向日军旗舰吉野号撞去，发誓要与敌人同归于尽，结果因被日军鱼雷击中而葬身火海。

淮军在朝鲜战场上败退了，北洋水师在黄海大战中也败退了，一时之间京师舆论大哗，连慈禧太后和光绪帝也震惊不已，他们命令翁同龢专程赶赴天津督战。翁同龢赶到天津后，严厉责问李鸿章为什么发兵迟缓，以致清军贻误战机导致败退。李鸿章对翁同龢毫不示弱，他也严厉指责翁同龢在户部尚书任上屡屡克扣北洋水师的军费，弄得翁同龢下不来台。翁同龢斗嘴斗不过李鸿章，他只得低下头来跟李鸿章商量战场局势，他指出如果日军从朝鲜进犯辽东，那么奉天作为大清龙兴之地就危险了。李鸿章对此只好如实相告，他说局势已经失控，他对于辽东战局没有任何把握。李鸿章确实毫无把握，因为辽东半岛很快就陷落于日军之手，日军还在旅顺等地展开了大屠杀，进而威胁到奉天省城沈阳的安全。

尽管战场形势已经如火如荼，慈禧太后还在欢庆她的六十寿辰，她下令大赦天下并放假三天，北京城内也是锣鼓喧天热闹异常，根本看不出一丝战争失败的样子。慈禧太后之所以陷入这种末日疯狂之中，是因为她认为李鸿章总能想到解决问题的办法的；李鸿章也确实有一套他自己的办法，那就是以夷制夷请洋人代为求和。在实力不如人而又不舍得与敌人同归于尽的情况下，李鸿章手上已经没有什么底牌了，他只得向敌人求和示好。

李鸿章先是以祝贺沙俄新皇继位为名，派人去向沙俄求援，希望俄方可以给日本施加压力，从而达到停战议和的目的。李鸿章是这么盘算的：如果日军大举入侵东北地区，那么势必会与沙俄产生矛盾，因为沙俄也对东北垂涎三尺，所以沙俄一定会遏制日军的扩张势头的。李鸿章的想法本身是合乎实际的，但是在当时的交通条件下，从中国北京和天津赶到俄国圣彼得堡需要一段较长时间，沙俄君臣商定对策又需要一段时间，他们执行拟定的对策更需要一段时间。

李鸿章等了许久，也没从沙俄方面得到准确有效的消息，而战场形势又非常严峻，他便转求德国人德璀琳帮忙。德璀琳当时作为天津海关税务司职员，他是非常乐意接受李鸿章委派的这项任务的，可是当他专程赶赴日本的时候，他才发现自己接到了一份苦差事。原来，日本方面并不承认德璀琳是清朝的专使，日本首相伊藤博文连会面的机会都没给他。在这种情况之下，德璀琳感觉非常尴尬，他便找了个借口说，恭亲王奕䜣打算让美国人来调解这件事情，所以他就没必要留在日本了，于是他又回到中国。

日军在占领了旅顺军港之后，便又准备占领隔海相望的威海卫，李鸿章被逼得走投无路之际，他命令丁汝昌要不惜一切代价保住威海卫。威海卫军港的正面防卫十分坚固，假如日军前来攻坚，那么他们必将付出惨痛的代价。可是，日本人是非常狡猾的，他们没有正面攻击威海卫，而是集结了两三万重兵，在联合舰队的掩护之下，先向威海卫后方的荣成龙须岛发起了进攻。因为，日军事先进行过战场侦察，他们发现龙须岛一带的防守比较薄弱，是个适合突破的绝佳位置。

1895年初，日军在登陆龙须岛之后，又集中兵力攻击威海卫南帮炮台。此时驻守南帮炮台的清将是周家恩，他手下只有六个营合计三千人马，可是他坚守摩天岭制高点，奋勇向日军发起了反击。结果清军炸死了日军左翼司令官大寺安纯少将，周家恩本人及其手下将士也被歼灭，南帮炮台沦陷于日军之手，威海卫完全丧失了它的武力凭依。随后，日军继续进军，在经过血战之后他们最终拿下了威海卫，而丁汝昌坐镇的刘公岛就成了孤岛。

在日方胜局已定的情况下，日本联合舰队司令伊东佑亨致书丁汝昌，劝其率领北洋水师向日军投降。丁汝昌虽然不懂海战，但他在甲午战争开战不久，就把自己的儿子留在了军中，并委托儿媳带好孙子，自己和儿子早就做好了为国尽忠的准备。因此，丁汝昌没有投降，他严厉斥责了日军的霸道和无耻，表明了他要与刘公岛共存亡的决心。在接下来的海战中，北洋水师的旗舰定远号中炮了，管带刘步蟾在打完最后一发炮弹之后，吞食鸦片自杀身亡了。

刘步蟾战死之后，丁汝昌仍然不肯投降，可是他手下的营务处提调牛昶昞却与一批洋员逼迫他投降。在这种情况之下，丁汝昌命令牛昶昞销毁北洋水师提督的大印，然后拔剑自刎了。丁汝昌自杀后，牛昶昞并未销毁提督引信，而是以丁汝昌的名义伪造了一份投降书，然后请镇远号管带杨用霖主持投降事宜。结果，杨用霖很讲气节，他不屑于投降日军，拔枪自杀了。然后，牛昶昞与日本海军统帅伊东佑亨签订了《威海降约》，威海卫内各舰只及刘公岛炮台和相关设施全部划归日军，北洋水师覆灭了。

第三节　丧权辱国

中日甲午战争的失败，对于李鸿章而言，损失的不仅是他苦心经营了数十年的淮军和水师，而且还有他在清廷长期以来形成的威信。曾国藩死后，李鸿章成了大清帝国的第一重臣，慈禧太后委派他全权处理整个北部中国的洋务、外交和国防，他在朝野的威望一直是如日中天的。可是，此次战败后李鸿章的声威不再，而成了清廷、百官和士绅斥责的对象。

随着战场形势的不断恶化，光绪帝下旨将李鸿章革职留任，并褫夺了他的黄马褂和三眼花翎。同时，光绪帝为了尽早停止战争，防止日军乘胜攻占京师，便多次派人前往日本求和。可是，日本方面认可的人物一共有两个，一个是恭亲王奕䜣，另一个是李鸿章，伊藤博文根本就不接受其他和谈人员。恭亲王奕䜣作为皇室最为德高望重的亲王，他是不能出面与日本签订丧权辱国的条约的，这会丢掉皇家的脸面。在这种情况之下，光绪帝也只好取消了对李鸿章的革职处分，赏还了他的黄马褂和三眼花翎，委派他作为头等全权议和大使，前往日本与伊藤博文进行和谈。

李鸿章在临出发前，向光绪帝提出了一个要求，他要让翁同龢作为副使一同前往日本参加谈判；翁同龢却以自己不懂外交为借口，回绝了李鸿章的要求。不管是李鸿章，还是翁同龢，抑或是任何一个大臣，他们的心里都很明白，此次前往日本议和是要为清廷承担卖国的罪名的。因为，战争打败了，割地赔款是必不可少的，谁代表清廷签订议和条约，谁就必然会受到朝野的抨击，并在历史上留下骂名。对于甲午战争的失败，李鸿章是负有不可推卸的责任的，所以他也甘心为清廷承担这个骂名。

1895年3月下旬，李鸿章在嗣子李经方、部属马建忠和伍廷芳等人以及美国顾问科士达的陪同下，来到了日本马关（日方称下关）海边的春帆楼，准备与日本方面进行谈判。日本首相伊藤博文与外相陆奥宗光代表日本政府热情地接待了李鸿章一行，他在李鸿章面前表现得非常客气，而且很周到地为李鸿章准备了专用的痰盂。但是，这一切都是表面现象，实际上伊藤博文从一开始就在算计李鸿章。伊藤博文为李鸿章设定的椅子看上去与普通椅子没什么两样，可是这把椅子的腿比其他椅子短了一截，所以身材本来很高大的李鸿章反倒显得矮了许多。更为重要的是，伊藤博文早就指示日本无线电人才，破译了李鸿章携带的密电码，所以李鸿章与清廷直接的通电来往就全在日本人的掌握之中了，而李鸿章一行人对此一无所知。

谈判开始之后，李鸿章要求日军先行停止进攻，而后再商谈合约内容。伊藤博文和陆奥宗光却针锋相对地提出，如果要求日本停战，那么清朝必须先把从山海关到天津一线的所有城池和堡垒让给日军驻防，并且日军驻防期间的军费要由清廷承担。李鸿章对此是无论如何也不能答应的，因为如果他答应了日方的这个条件，那就意味着北京城处在了日军的直接武力威胁之下。除此之外，伊藤博文还隐瞒了一个事实，那就是日军正在进犯台湾，他打算等生米煮成熟饭再逼李鸿章承认这个既成事实。

经过三轮谈判，双方未能就停战条件达成共识，李鸿章感到非常郁闷，他便悻悻然地走出了春帆楼。李鸿章这次走出春帆楼，他没意识到跟上次有什么两样，反正总要面对围观自己的日本人群。此时日本国内的好战情绪非常高涨，所以李鸿章出门就要面对日本民众的辱骂，这一点他可以不放在心上。可是这次有点不一样，有个人拦住了李鸿章的去路，他掏出手枪冲李鸿章脸上开了一枪。此人就是日本极端反华分子小山丰太郎，他刺杀李鸿章的目的就是中止中日和谈，将战争继续进行下去，以便日本获得更多的在华权益。

时年七十二岁的李鸿章被击中了左颊，顿时血流如注昏迷倒地，伊藤博文赶紧将他送往医院救治。经过紧急手术，李鸿章脸上的流血被止住，但是子弹镶嵌在左眼下方的骨头缝里，医生不敢冒险取出。等李鸿章苏醒过来之后，他看着自己衣服上的血迹，慨然长叹道："此血可以报国矣！"随后，李鸿章要向朝廷汇报自己遇刺的情况，他只发了六个字：伤处疼，弹难出。李鸿章征战大半生都没受过重伤，人到晚年反倒遇刺差点丧命，这是谁也未曾预料到的。

李鸿章遇刺一事迅速传遍了世界，成为当时国际上第一条重大消息，鉴于李鸿章的国际声望和当时的东亚局势，各国媒体纷纷刊登这一爆炸性新闻。随后，各国列强纷纷发出外交照会，向日本方面提出强烈抗议，并且西方世界声称日本尚未摆脱野蛮状态。在国际舆论和外交压力之下，日本政府被迫做出了让步，伊藤博文宣布无条件停战。这么一来，悬而未决的重大争端因李鸿章的遇刺得以化解了，李鸿章的确用他的鲜血报效了大清国。

假如李鸿章死在了日本医院，或者他负气离开了日本，那么此次和谈只能宣告结束了，这对于中日双方都是一个重大损失。日本政府为了让和谈继续进行下去，便采取了一系列积极措施，摆出足够的姿态来表明诚意。日本明治天皇派出他的御医来为李鸿章疗伤，他的皇后则在伊藤博文的陪同下，亲自赶到医院来看望李鸿章。在伊藤博文对李鸿章深表歉意之后，李鸿章同意扎着绷带带着伤与日方继续谈判，至此和谈才得以继续开展下去。

伊藤博文虽然在私下会面时对李鸿章极尽谦恭，但是在谈判桌上他的狼性本色展露无遗，他提出的议和条款包括：

一、清朝承认朝鲜"独立自主"；
二、割辽东半岛、台湾、澎湖列岛及附属岛屿给日本；
三、赔偿日本军费白银两亿两；
四、增开重庆、沙市、苏州、杭州为通商口岸；开辟内河新航线；
五、允许日本在中国的通商口岸开设工厂，产品运销中国内地免收内地税。伊藤博文之所以会提出两亿两的价码，是因为日方已经破译了李鸿章与清廷之间的密电内容，清廷在赔款方面所能接受的底线就是这个数。

伊藤博文在提出这些条件之后，便逼着李鸿章签字认可，李鸿章问他是不是不容争辩，他的回答是：尽管争辩，就是不能减少。为了震慑李鸿章及其随行人员，伊藤博文打开了春帆楼的大型窗户，他们可以清晰地看到，在马关海面游弋着冒着黑烟的数艘军舰。李鸿章不由得想起了甲午战争中北洋水师在黄海遭遇的惨败，他不得不向伊藤博文低下了他那颗高贵的头颅。

在伊藤博文的一再威逼之下，李鸿章还心存一丝侥幸，他豁出自己的老脸相抗争，提出要日方减少两千万两白银的赔款，以此作为他这一行的差旅费。可是，伊藤博文没有答应，他已经吃定了李鸿章及其身后的晚清王朝。另外，伊藤博文还以人身安全来威胁，他说假如李鸿章不签字，那么他将无法保障清使一行人能够活着离开日本。在这种情况之下，李鸿章最后一次请示了光绪帝，光绪帝的回答是让他"酌情办理"。这里面的意思很明显，光绪帝已经认可了这份条约，但是他不想承担丧权辱国的骂名，这份罪责要由李鸿章来承担。

李鸿章最终还是签署了这份《马关条约》，自己背负起了卖国贼的骂名，当他返回中国的时候，迎接他的是举国的斥骂声。清廷为了推卸罪责，便让李鸿章承担了全部的责任，不但斥责他办事不力，而且撤掉了他的直隶总督兼北洋大臣的实职，只给他保留了一个文华殿大学士的虚职。朝中百官更是找到了发泄的目标，尤其是李鸿章的政敌们，其中以翁同龢为首的清流派最为活跃，他们纷纷上蹿下跳，要求清廷惩办李鸿章这个卖国贼，好像他们自己才是国家忠臣栋梁一样。

在声讨李鸿章的队伍中，还有一个投机取巧的袁世凯，李鸿章提携关照了他那么多年，他竟然也倒向了翁同龢，这是最令李鸿章寒心的。就连民间士绅也对李鸿章大张挞伐，还有人声称要不惜一切代价要杀掉他，以此来表达他们的爱国义举。唯一让李鸿章感到欣慰的是，军机处在呈给光绪帝的奏疏中说了这么一句话：中国之败，全由不西化之故，非鸿章之过。这话说得太中肯了：中国之所以失败，是因为没有实行西方先进的制度，而不是由于李鸿章个人的过失而导致的。

在中日甲午战争期间，李鸿章曾经向沙俄求援，可是沙俄不为所动。如今中日《马关条约》签订了，清朝把包括辽东半岛在内的一些地区割让给了日本，沙俄再也坐不住了。沙俄的战略目的，是要修建一条贯穿中国东北的南北走向的东清铁路，从而把军事和经济触角伸入到东北全境，当然也包括辽东半岛南端的大连和旅顺这两个不冻港。如果任由日本占领辽东半岛，那么沙俄的势力必将受到阻遏，为了实现自己的战略目标，沙俄必将要把日本势力驱逐出辽东。

沙俄打算抵制和驱逐日本在辽东的势力，但它又不想与日本直接开战，而是通过外交途径向日方施压。以沙俄一国之力，虽然与日本较量略占上风，但是并不足以令日本屈服。为了取得更大优势，俄国拉拢了法国和德国,一起向日本施压。法国之所以愿意站在俄国一边,是因为它要借拉拢俄国与德国相抗衡;而德国之所以愿意支持俄国,是因为它要把俄国的扩张势头引向远东地区,从而方便自己独霸欧洲。

在俄国、法国和德国的共同施压下,日本政府屈服了,因为目前它还不足以对抗这三个老牌强国。但是,俄法德三国并未打算真正与日本为敌,它们在侵略中国的问题上与日本的立场是一致的。因此,当日本政府同意撤出辽东半岛的时候,这三国又向清廷施压,要求中国追加给日本三千万两白银的"赎辽费"。至此,三国干涉还辽一事宣告成功,清廷在两亿白银的基础上又多付了三千万两白银,总算赎回了部分被占领土。日本把所得的两亿三千万两白银,全部投放在军备和教育上,迅速增强了国力和斗志,为它后来再次侵占中国领土准备了条件,也为后来日俄战争的爆发埋下了伏笔。

随着甲午战争的失败和《马关条约》的签订,晚清王朝的财政体系濒临崩溃,而台湾和澎湖被占以及日本势力进入长江流域,导致了中国半殖民化程度的加深。在这种情况之下,全国上下一片激愤,要求改革变法的呼声日益高涨,以康有为为首的维新党开始走上历史舞台。同时,由于北洋水师已经覆灭,一时之间又无力重建,清廷便在荣禄等人的保荐下,让袁世凯在天津小站编练新式陆军。然而,这一切与李鸿章都没有太大关系了,他蛰居在京师贤良寺,闭门不出反躬自省,转瞬之间就从大清第一重臣变成了大清第一闲人。

第十二章　周游列国

第一节　出使俄国

由于俄国联合法国和德国,帮助清朝从日本手里赎回了辽东半岛,所以清廷便把以俄国为首的西方列强当成了自己的救命恩人。清廷自知以当下的国力,是不足以抵抗日本的,便在李鸿章和刘坤一的提议下,决定采取联合西洋制约东洋的策略,与以俄国为首的西方列强建立起友好合作关系。沙俄的战略目标是侵占中国东北,而且它眼下正打算将其横贯东西的西伯利亚大铁路从中国黑龙江境内穿行,所以它也积极拉拢清廷。

当时俄国和西方其他国家,唯一看好的人物是李鸿章,他们认为在整个晚清王朝的文武大臣中,唯有李鸿章是个靠谱的人。俄国以沙皇尼古拉二世要举行加冕典礼为幌子,请清廷派李鸿章前去观礼并与之会谈。而与此同时,欧美各国也都纷纷邀请李鸿章顺道访问他们国家,以此加深他们与清廷之间的联系。于是,1896年初,慈禧太后任命李鸿章为头等全权大使,让他出访俄国和欧美各国。李鸿章接旨之后并未立刻行动,他以自己年老体衰和马关遇刺为名,婉拒了慈禧太后的任命。

慈禧太后不顾李鸿章的推辞,非要他以老迈带伤之躯出国访问,李鸿章也就只好勉为其难地遵旨而行了。其实李鸿章从年轻时代起，就想亲眼看看西方世界是什么样子的，但是由于身在官场，所以一直未能如愿。如今李鸿章老了，却有了出洋访问的机会，他是在忧虑中带着兴奋的。1896年3月底，李鸿章带领随员李经方、李经述、于式枚、罗丰禄、柯乐德（俄）、德璀琳（德）、穆意索（法）、赫政（英）、杜维德（美）等四十五人，乘法国邮船"爱纳斯脱西蒙"号，从上海进入东海，开始了周游列国。

李鸿章从上海登船之前，黄遵宪前来为他送行，李鸿章告诉他说："联络西洋，牵制东洋，是此行要策。"这的确是李鸿章的想法，也是清廷的方略；可把整个国家的安全和利益寄托在其他国家的帮衬上，这本身就是不靠谱的。但是，在晚清衰落之际，洋务运动已无法挽救清朝的危亡，李鸿章如果不向西洋各国求援，他还能怎么办呢？有句话叫作，死马当活马医，这就是李鸿章对于他效忠了一生的晚清王朝的态度吧。

当时世界上还没有发明飞机，轮船算是最为便捷的交通工具，李鸿章一行乘坐的法国邮轮，经过东海、南海、马六甲海峡，横渡印度洋，穿过红海和苏伊士运河，到达埃及的塞得港。沙皇派遣乌赫托姆斯基公爵专程前往塞得港迎候，李鸿章在此换乘俄国轮船，再由地中海前往黑海，最后进入沙俄境内。经过一个月的航行，李鸿章一行到达俄国港口城市敖德萨，沙俄方面为李鸿章举行了一场隆重的欢迎仪式。

沙皇尼古拉二世的加冕典礼要在莫斯科举行，但是他却把李鸿章安排到了圣彼得堡，因为他不想让加冕仪式的繁文缛节干扰了中俄之间的谈判。1896年4月底，李鸿章一行乘坐专列进入了圣彼得堡，被安排下榻在俄国大富商巴劳甫的私人府邸。巴劳甫的家中全是俄式家具，但是巴罗夫本人则是个中国通，他完全按照中式礼节与李鸿章交流，让李鸿章感到非常舒适和满意。与李鸿章展开谈判的，是沙皇指派的特使维特，沙皇告诫他说，中国人谈话喜欢绕来绕去，所以跟李鸿章谈判不能急于求成。因此，维特先是与李鸿章寒暄闲聊，等双方之间的气氛友好而浓烈的时候，再把谈判条件提了出来。

维特向李鸿章提出，为了巩固中俄战略友好关系，两国之间应该签署一份密约，内容主要有两项：

一、俄国负责保证中国东北地区的领土安全，如果日本进犯此地，俄国必将向中国提供必要的军事援助；

二、中国要允许俄国在东北地区修筑铁路，以便俄国把经济和军事力量伸展到远东地区，为共同抵御日本的进犯做准备。

这两项内容看上去是互惠互利的，尤其是维特向李鸿章保证，俄国会坚决维护清朝的领土完整。但是，清朝没有强大的实力作为后盾，它又该怎么防止俄国不守信用呢？

李鸿章没有答应维特提出的条件，他提出要与沙皇直接会谈，他应该是这么想的：维特作为臣子是可能言而无信的，沙皇尼古拉二世作为一国之君应该是一言九鼎的，假如能得到俄国沙皇亲口保证大清的领土完整，那么再与对方签约也为时不晚，而此行的目的就算达到了。维特把李鸿章带到莫斯科之后，尼古拉二世亲切地接待了他，双方在欢快的节日气氛中坦诚地交换了意见。尼古拉二世当面向李鸿章亲口保证，沙俄一定会维护清国的领土完整，并一起防止他国的侵犯。李鸿章对于沙皇的表态非常满意，但是他没有想到至关重要的一点，那就是皇帝也是可以撒谎的。

在与尼古拉二世会谈之后，李鸿章与维特签署了一份历史性文件《中俄密约》。这份条约的主要内容如下：

第一款　日本如侵占俄国亚洲东方土地，或中国土地，或朝鲜土地，即牵碍此约，应立即照约办理。如有此事，两国约明，应将所有水、陆各军，届时所能调遣者，尽行派出，互相援助，至军火、粮食，亦尽力互相接济。

第二款　中、俄两国既经协力御敌，非由两国公商，一国不能独自与敌议立和约。

第三款　当开战时,如遇紧要之事,中国所有口岸,均准俄国兵船驶入,如有所需,地方官应尽力帮助。

第四款　今俄国为将来转运俄兵御敌并接济军火、粮食,以期妥速起见,中国国家允于中国黑龙江、吉林地方接造铁路,以达海参崴。惟此项接造铁路之事,不得借端侵占中国土地,亦不得有碍大清国皇帝应有权利,其事可由中国国家交华俄银行承办经理。至合同条款,由中国驻俄使臣与银行就近商订。

第五款　俄国于第一款御敌时,可用第四款所开之铁路运兵、运粮、运军械。平常无事,俄国亦可在此铁路运过境之兵、粮,除因转运暂停外,不得借他故停留。

第六款　此约由第四款合同批准举行之日算起照办,以十五年为限,届期六个月以前,由两国再行商办展限。

《中俄密约》签订后,俄国取得了在中国东北地区修筑铁路的特权,也为其海陆军侵入中国打开了方便之门,但是俄国并未按照沙俄的保证维护中国的领土安全与完整。李鸿章当时并未意识到这一点,他满心欢喜地以为"从此我方可保二十年之太平",谁知事实上连一年都没能保证。1897年,德国入侵胶州湾之前,德皇威廉二世曾经征询俄皇尼古拉二世的意见,尼古拉二世表示他对此没有异议。于是德国军舰就进驻了胶州湾,而俄国借口帮助清国抵御德国,它顺势就进占了大连和旅顺军港。

第二节　顺访西欧

1896年6月中旬,李鸿章离开俄国,乘坐火车前往德国,开始了他的西欧之旅。当这列火车到达柏林的时候,德皇威廉二世下令为李鸿章举行了一场空前盛大的欢迎仪式，并且派出御用马车将其送往凯撒大厦下榻。德国之所以这么隆重欢迎李鸿章，当时不是因为晚清帝国有多么强大的实力，而是因为李鸿章多年来形成了崇高的国际声望。

随后，李鸿章按照规定的礼节，觐见了德皇威廉二世，李鸿章向对方表达了清朝对于德国协助干涉还辽的感谢，德皇则表示愿意与大清保持友谊。这种会见纯属礼仪性质的应酬，并无多少实质意义，但是接下来李鸿章与德国外长马歇尔举行了会谈，这就牵涉两国及多国之间的关系和利益。李鸿章的优势在于，他总能找到双方利益的共同点，他向马歇尔指出，在干涉还辽一事中，俄德法三国都出了大力，而英国却站在了日本一边。马歇尔则表示，德国正在与英国争夺欧洲和全球的霸权，所以希望李鸿章能代表大清与德国结好。

在开展完官方会谈之后，德皇威廉二世邀请李鸿章一起去检阅军队，为了照顾他的年纪和尊严，德皇还专门为他特制了一把虎皮座椅。李鸿章在检阅德国军队时，发现他们装备精良、纪律严明、士气高昂，他的情绪受到了极大的触动，禁不住大声说："假如我手上有这么一支强大的军队，又何须惧怕小日本呢？"李鸿章当时并未明白一个基本的道理：一支军队之所以能够英勇无敌，是因为它背后的国家奖惩体制是清明而健全的，当时专制腐败的清朝并不具备养活一支像德军一样强大的军队的基础。

李鸿章来到德国，他最想见到的人，不是德皇威廉二世，而是号称铁血宰相的俾斯麦。此时的俾斯麦业已下野，但是虎老余威在，他对于德意志帝国的统一和崛起是立下了盖世奇功的，他在德国民众心目中的威望是至高无上的，他在整个欧洲乃至世界史上的地位也是崇高的。在李鸿章下榻的凯撒大厦的墙壁上，挂着两幅人物肖像图，其中一个是李鸿章本人，而另一个就是俾斯麦。另外，由于李鸿章十分遵守诺言，他一生在军事、洋务和外交方面的功业也是很大的，所以他总被人称作"东方俾斯麦"。所有这一切，都坚定了李鸿章务必要拜会俾斯麦的念头，他要向这位铁血宰相请教富国强兵之道。

俾斯麦因与德皇威廉二世政见不同，便辞去了首相的职务，整天在家浇花弄草，颐养天年。由于事先得知李鸿章要来拜访，俾斯麦穿上了盛装，并且戴上了前德皇威廉一世亲自赐予他的冠冕，还佩戴上了一枚硕大的十字勋章，然后准备了丰盛的酒宴，以最高规格来招待这位来自东方的贵客。汉堡的民众得知李鸿章要来，便一起集中在俾斯麦门外的大街上等候，争相一睹传说中的李中堂的风采，造成那片地区万人空巷，可见李鸿章在西方世界的知名度之高。

李鸿章和俾斯麦会面落座之后，李鸿章戏称自己是东方的俾斯麦，俾斯麦则说没人把他比作是西方的李鸿章。这是两个人之间的第一次交锋，其中的高低强弱显而易见，李鸿章以俾斯麦为楷模，可是俾斯麦是不屑于与李鸿章为伍的。若论个人文韬武略，李鸿章也许不亚于俾斯麦，但是李鸿章服务的大清可就远不如俾斯麦服务的普鲁士王国，以及它后来的德意志帝国了，所以李鸿章是不足以跟俾斯麦比功业的。

接下来，李鸿章为了挽回刚才丢掉的面子，便跟俾斯麦大讲他当年是如何打杀太平军和捻军的，希望以此来引起俾斯麦对他的重视。谁知俾斯麦听完之后，毫不客气地对李鸿章讲：我们西方人从来不把屠杀同胞的人当作英雄。俾斯麦的表态更让李鸿章下不来台，他一生引以为傲的两大功勋在西方人眼里竟然是如此的不堪，不被人当作是功劳反被人当作是罪恶，这一尴尬的场景让他情何以堪？其实李鸿章大可不必脸红，因为俾斯麦是个典型的西方人，他说话直来直去，不像东方人一样绕着弯讲。

李鸿章之所以要来拜会俾斯麦，并不是来请他签名的，也不是来跟他斗气和斗嘴的，而是来向他寻求富国强兵之道的。所以李鸿章向俾斯麦请教的第一个重大问题是：如何才能使国家走向富强呢？俾斯麦是这么回答的：我对于贵国的情况没有多少了解和研究，所以不能给出你一个准确的答案，但是一定要做到一点，那就是上下一心。俾斯麦与威廉一世合作得很默契，所以他建立了不朽的功勋；但他与威廉二世合不来了，所以只好告老还乡了。李鸿章对于俾斯麦的这个回答深以为然，因为他也是有着切身体验的，只有君臣一心才能把事业干好。

由于多年来李鸿章一直受到了翁同龢等中枢大臣的掣肘，所以他向俾斯麦请教的第二个重大问题是：假如朝廷中有人扯我的后腿，我该怎么办？俾斯麦的回答是：你作为方面大臣，不能总是与朝廷相争；如果总是不能如意，那就要么服从朝廷，要么对朝廷直言相谏。俾斯麦的回答并不能令李鸿章满意，因为李鸿章的表述并不清晰，而俾斯麦也会错了意，他认为李鸿章说的朝廷中人是指皇帝或太后。

李鸿章大半生都在处理军政事务，他的成功是由于自己一手编练了淮军，他的失败是由于输掉了中日甲午战争，所以他向俾斯麦发问的第三个重大问题是：如何建立一支强大的军队？这个问题问到了俾斯麦的专长上了，他便开始侃侃而谈：军队是一个国家立国的根本，因此必须要编练一支强大的军队；要想建立一支强大的军队，就必须选用一批年轻力壮军事过硬的人才，并对他们进行严格的训练和管理；一个国家不须保留太多军队，只要编练一支五万人规模的军队就足够了，但是不要把他们分散开来，在保守好要塞的情况下，哪儿有战况就把他们派到哪儿去。俾斯麦的这个答案是无法让李鸿章满意的，因为俾斯麦是根据德国的情况讲的，他确实不了解大清的情况；中国地域宽广，而当时的交通条件总体上不发达，所以仅仅维持一支五万人的常备军是肯定不够用的。

李鸿章和俾斯麦会晤结束后，两个人合影留念，这张照片还上了当时许多报纸的头版，引起了西方人的普遍兴趣，成了街头巷尾的谈资。俾斯麦听说李鸿章的书法超棒，他便请李鸿章在告辞之前留下了墨宝，如果这张字幅还在世间，那它该成为罕见的文物了。拜会俾斯麦是李鸿章德国之行的压轴戏，离开了汉堡他转赴其他国家，继续他的欧洲之行。

1896年7月初，李鸿章一行到达了荷兰，当时荷兰的首都是海牙，还不是今天的阿姆斯特丹。李鸿章在海牙出席了荷兰政府为他举办的欢迎宴会和晚会，让他感到非常高兴和感激。他本想好好考察一下荷兰的海运和商业的，但是由于行程安排比较紧张，三天之后，便转赴荷兰南边的比利时，进行下一站的访问。比利时的首都是布鲁塞尔，它原来与荷兰是同一个国家，都属于尼德兰王国，在尼德兰革命之后才与荷兰分开。

李鸿章在比利时停留了五六天的时间，他先是觐见了该国国王利奥波尔德二世，还同这位国王谈到了修筑国内的卢汉（从北京卢沟桥到汉口）铁路问题。随后，李鸿章在比利时政府的安排下，观看了该国的军事演习，并参观了一些军工企业，其中包括著名的克革烈枪炮厂。李鸿章在这家枪炮厂发现了一种新式火炮，这引起了他浓厚的兴趣。该厂厂长发现了这一状况，就主动提出要送给他一门。李鸿章对这位厂长表示感谢，可是由于他还要周游列国，所以建议对方把这尊大炮送给清廷。这位厂长果然言而有信，他在李鸿章离开后，通过比利时政府，派人把这尊大炮送到了北京，赠予了清朝政府。

李鸿章接下来游历的地方是法国巴黎，他在法国停留了二十天，先是拜会了法国总统富尔，接着应邀参加了法国国庆，并参观了该国军事表演。巴黎是个浪漫之都，李鸿章自然不会错过这个机会，他以夜游塞纳河的方式来铭记这里的浪漫气息。我们要知道，李鸿章此时已经七十三岁高龄了，他的精力和兴趣却仍然不减当年。

除了游玩之外，李鸿章还与法国外长汉诺进行了会谈，主要讨论的是法国货物在华缴税问题。随后，李鸿章参观了学校、报社、博物馆、工厂和矿山，比较全面地了解了法国。最后，李鸿章打算转赴英国，法国政府就派出专轮送他渡过了英吉利海峡。

1896年8月初，李鸿章抵达了英国，英国是个老牌海上强国，也是最早用武力打开中国国门的。因此，李鸿章在这里停留了二十多天，全面考察了英国的政治、军事和经济。李鸿章先是觐见了维多利亚女王，接着拜会了前首相格莱斯顿，然后同现任首相兼外长索尔兹伯里进行了会谈。李鸿章与索尔兹伯里所谈的内容，与他和法国外长汉诺所谈的内容一样，都是照磅加税问题，就是商定外国货物在清朝所应缴纳的税率。

李鸿章对于英国社会的考察，是从议会制度着手的，这对于他来说是真正增长了见识,他专门去旁听了下议院开会讨论国事,亲眼看见了民主议事程序是怎么回事,并从中感受到了英国议会与清廷朝会的不同。这对于李鸿章的思想是个巨大的触动,他开始认真反思大清落后的根本点在哪儿,也开始反思自己思想的局限性。其实一个国家的先进或落后,不在于是不是船坚炮利,而在于是不是民主文明,李鸿章应该初步认识到了这一点。

参观完下议院之后,李鸿章又专程赶到著名的朴次茅斯军港,去参观英国皇家海军舰队。英国数百年来都是海上强国,它的海军军容自然是十分威武雄壮,李鸿章看后赞不绝口。不知李鸿章此时是否回忆起了他的北洋水师,以及北洋水师被日本联合舰队歼灭的惨景?看过英国海军之后,李鸿章又参观了英国的造船厂、枪炮厂、钢铁厂、电报局、银行,还参加了汇丰银行的招待晚宴,与英国工商界人士进行了广泛的交流。

第三节 游历美洲

李鸿章结束了欧洲之行后,便乘船西渡大西洋,经过六昼夜的长途航行,于1896年8月底抵达美国纽约。李鸿章抵达纽约后,美国海军列阵相迎并鸣炮敬礼,为这位大清国的李中堂举行了盛大的欢迎仪式。时任美国总统克利夫兰,他本来正在海滨度假,听说李鸿章驾临纽约之后,便专程赶来相会。

在李鸿章参观和访问的这些国家中,只有法国和美国是没有君主的,而且美国总统的平民化程度最高。李鸿章与克利夫兰侃侃而谈,从总统个人的任期和职权,谈到了美国的民主政体,他从中直接地感受到了另一种文明的魅力。对于李鸿章这种出身于儒家的知识分子来说,没有君主那可就是无君无父,可这在美国和法国等共和国家却是正常的,这对于他的传统价值观造成了强烈的冲击。

李鸿章与美国总统克利夫兰进行会见和会谈之后,便会见了纽约基督教会的领袖，并且公开赞扬了美国来华传教的功德。这在我们今天看来是很正常的，但在当时李鸿章能做出这种姿态来是了不起的。因为基督教代表的是西式文明，而中国是个传统儒教理学国家，基督教进入中国后与中国本土文化发生过激烈的冲突。有很多官员对基督教存有明显的偏见，或者不敢公开表示支持基督教，但是李鸿章站出来做了个表率，所以深受西方世界的普遍欢迎。

李鸿章在美国停留的时间只有七八天，可他却访问了费城和华盛顿等地，参观了美国独立厅、自由钟、国会和图书馆，在一定程度上了解了美国的历史和人文。当时的美国是全世界最新兴的国家，它的国力已经逐步超越了它原来的宗主国英国，而且它的制度和文明也开始领先于世界。李鸿章作为从专制帝国出来的大臣，对于美国这个民主大国是充满敬意与好感的，这在他的思想言论中都有所反映。

李鸿章离开美国之后，去了临近的加拿大，加拿大作为英国最大的海外领地，当然值得李鸿章前去一观。在李鸿章从美国出发前往加拿大的途中，走到美加边境的时候，他看到了尼亚加拉大瀑布，便停留下来观赏，流连于这优美的湖光山色之中。随后，李鸿章进入了加拿大，他主要访问了大西洋沿岸城市温哥华，在此地逗留了几天便决定返回中国。

李鸿章没有沿着原路返回，而是继续向西航行，越过广阔的太平洋回国，这么一来他就绕着地球转了整整一圈。当李鸿章乘坐的美国轮船到达日本横滨的时候，他需要换乘日本轮船，可是他坚决不肯登岸，也坚决不肯乘坐日本轮船。原来，李鸿章一年前在离开日本马关的时候曾经发誓，今生绝不再踏上日本的土地，也不愿再与日本的事物发生一丝联系。在这种情况之下，李鸿章冒着葬身大海的危险，通过一块木板从美国轮船走上上海招商局的轮船，然后乘坐这艘轮船回到了中国。

从 1896 年 3 月底至 10 月初，历时一百九十多天，李鸿章横跨太平洋、印度洋和大西洋，游历了欧洲和美洲共计八个先进国家，见识了当时的西式文明，也与列强进行了广泛的交流。虽然李鸿章此行没能增进清朝与他们之间的国家关系，但是至少促进了他与各国政要之间的个人友谊，这对于他后来化解中外危机是有着巨大帮助的。另外，李鸿章通过此次访问和考察，认识到了西方制度的优越性，从而提升了自身的思想认识水平，对于维新变法也就有了期待。

第十三章　烈士暮年

第一节　避开风波

李鸿章回到北京之后，进宫叩见了慈禧太后和光绪帝，简要汇报了他周游列国的见闻，然后继续隐居在京师贤良寺。1897年，清廷任命李鸿章为武英殿总裁，让他领着一帮翰林院的书生编撰各种图书，他好像成了一名闲散文职人员。但这只是表象，一旦国家遭遇重大变故，清廷还是要请李鸿章出马解决的。

1897年底，山东发生了曹州教案，当地的民间武装大刀会的匪徒闯进了德国天主教堂，他们洗劫和焚烧了这家教堂，并且残杀了两名德国神父。这一事件发生后，德国就有了进犯山东的借口，它派遣军舰强行进占了胶州湾，并要求清廷赔偿曹州教案造成的损失和处分山东地方官员。

为了平息德国人的愤怒，清廷捕杀了冲击教堂的四名暴徒，撤掉了山东巡抚李秉衡的官职，并且赔偿了德国天主教堂的损失。关于胶州湾的归属问题，清廷任命李鸿章为总理衙门大臣，让他与德国驻华公使海靖交涉，最后他被迫与德方签订了《胶澳租界条约》。这份合同的主要内容如下：

第一，关于胶澳租界：

1. 中国允许离胶澳海面潮平周围一百里内划为中立区，准德国官兵，无论何时过调。自主权在中国，中国有何饬令（包括驻兵）须先与德国商定；

2. 中国允将胶澳之口南北两面租与德国，先以九十九年为限，租限内归德国管理，并规定所租各段地界。

第二，关于铁路矿务：

1. 中国允许德国在山东造铁路两条；

2. 所开铁路附近相距三十里内，允准德商开挖煤矿。

第三，规定山东全省办事之法：

中国在山东开办各项事务，应先问德国商人愿否承办，在德商不愿承办时，中国可任便另办。

曹州教案为德国侵占在华租借地提供了口实，引起了列强试图瓜分中国的狂潮，直接导致了戊戌变法的兴起，这也是后来义和团运动的先声。在德国抢占了胶州湾之后，俄国接着抢占了大连和旅顺，英国抢占了威海，法国抢占了广州湾。清廷为了免于与列强开战，便命令李鸿章与英法俄等国通过条约的形式，承认了列强在华的利益和势力范围。事后，光绪帝深感李鸿章误国，认为他的结强援（沙俄）的战略是错误的，便撤销了他的总理衙门大臣的职务。

1898年，光绪帝在北京主持维新变法时，李鸿章作为一个闲散官僚，他并未参与这场风波，但他始终关注着这场运动的进展。李鸿章游历过西欧和北美，见识过国外的先进制度，所以他从内心深处是支持维新变法的。但是，这不仅是路线的问题，而且牵涉朋党的问题，虽然维新党青年才俊梁启超留给李鸿章的印象不错，但是维新党老大康有为却对李鸿章的态度不够友好。另外，随着变法的实施，帝党必然要与后党争权，李鸿章不想夹在两党之间左右为难，所以他就尽量设法避开这场风波。

关于百日维新，我们在认识上存在不少误区，比如，大家都认为康有为是主持变法的核心人物，其实这只是我们的一种错觉。康有为只能算是维新党的精神领袖，他在变法前只是一名六品小官，根本没有主持变法的资格。主持变法的是光绪帝本人，而且慈禧太后开始是同意实行变法的，只是她为了防止大权旁落，所以从一开始就做好了三项防范措施：

一、免去翁同龢的军机大臣的职务，令其离职回籍养老；
二、新任二品以上大员，必须前往颐和园谢恩；
三、任命荣禄为直隶总督兼北洋大臣，同时任命崇礼为步军统领，怀塔布掌管圆明园八旗、包衣三旗及鸟枪营，刚毅掌管健锐营，完全掌控了京津地区的兵权。

李鸿章的预见没有错，随着变法的推进，帝党与后党之间的矛盾便无可调和了。光绪帝为了保证变法的顺利进行，下旨撤掉了反对变法的礼部六堂官。这些受到了撤职打击的顽固派官僚，纷纷聚集到颐和园，要求慈禧太后再次训政。在这种情况之下，慈禧太后便准备出山了，她要夺回被光绪帝抢夺的部分权力，一举收拾掉维新党。于是，光绪帝向外发出信号，要求维新党设法挽救不利局势。消息传到宫外之后，康有为便召集维新党开会，然后他做出了一个大胆的决定：让谭嗣同去拉拢袁世凯，请这位手握精兵的将军派兵包围颐和园，然后再让湖南会党首领毕永年带人刺杀慈禧太后。

康有为的政治赌博失败了，因为袁世凯是个精明之人，他不会用自己的身家性命去给维新党陪葬。袁世凯向直隶总督兼北洋大臣荣禄揭发了维新党的密谋，而与此同时慈禧太后也从颐和园返回了皇宫大内，发动了一场针对光绪帝和维新党的政变。从而，光绪帝被囚禁到了中南海内的瀛台，康有为、梁启超和王照等人流亡日本，谭嗣同、康广仁、杨深秀、杨锐、林旭、刘光第六君子被押赴菜市口斩首示众了，历时一百余日的维新变法失败了。

李鸿章没有参与维新变法，也没有跟顽固派为伍，他超然独处于这场风波之外，所以自身没有遭到任何冲击。从情理上，李鸿章是支持戊戌变法的，因为这是中国走向富强和文明的希望所在。但是从现实利益格局上，李鸿章并不看好以康有为为首的这帮野心家，而且他也不希望清朝发生大的政治动荡。慈禧太后在处决了戊戌六君子之后，康有为等人在日本以光绪帝的密诏为旗帜，号召有关各方行动起来救出光绪帝，推翻慈禧太后的统治。这就惹恼了慈禧太后，他拿远在外邦的康有为没办法，便准备废掉光绪帝。可是，慈禧太后身边的第一亲信重臣荣禄反对，李鸿章、张之洞和刘坤一这三个大佬也反对，尤其是刘坤一在给清廷的电文中声称"君臣之分已定，中外之口难防"，再加上列强各国也反对废掉光绪帝，这就阻止了慈禧太后的废帝之谋。

慈禧太后重新训政之后，她任命李鸿章为钦差大臣，让他前往山东勘察黄河工程。当时为了防止黄河下游泛滥成灾，清廷便命令山东地方政府，组织人力物力财力，加固黄河两岸的堤坝，并清理出海口附近的淤积。李鸿章在勘察黄河工程时，严格督促相关人员做好本职工作，并将山东当地的实情上报给清廷，还提出来一整套治河与迁民方案，为这一惠民工程贡献了力量和智慧。鉴于李鸿章的功劳、资历和年纪，慈禧太后把他召还京师，赐西苑门内乘坐二人轿子，以示对他的褒奖和荣宠。

1899年，义和团运动闹得如火如荼的时候，慈禧太后任命李鸿章为商务大臣，让他视察南北洋各商埠的运营情况。李鸿章通过这一活动，避开了义和团闹北京期间的政治风波，也借机与张之洞和刘坤一等地方军政大佬交换了意见。同年年底，慈禧太后任命李鸿章代理两广总督，他再一次成了清朝的封疆大吏，也就为他主持东南互保提供了条件。

第二节　东南互保

义和团运动是如何兴起的？本来，义和团不叫义和团，而叫义和拳，就是山东和直隶一带的农民，用装神弄鬼的把戏来骗人，他们发展到一定规模之后就打出扶清灭洋的旗号，残杀洋人，焚烧教堂并毁灭一切与外国有关的事物。

而清廷为什么要纵容义和团呢？因为慈禧太后打算废掉光绪帝时，西方列强纷纷出来干涉，他们用外交压力阻止了她的废立计划，所以令她怀恨在心。此时义和团运动在山东闹腾起来了，而且他们提出了"扶清灭洋"的口号，这就使慈禧太后萌生了要利用义和团来抵御列强的想法。但是与此同时，慈禧又担心义和团运动只会破坏大清的固有秩序，而无力抵挡外国侵略势力。因此，慈禧在对待义和团运动的态度上，一直拿不定主意，这就导致地方官员无所适从，义和团便趁机壮大起来了。

1900年，号称百万之众的义和团在山东、直隶和山西等地闹腾起来，其中有三十万义和团主力挺进北京地区，慈禧太后就算想控制它也无能为力了。她便不顾列强的强烈反对，发布了维护义和团的诏令。当大批义和团拥进北京之后，他们焚烧教堂残杀教民，并且包围并攻击了东交民巷的使馆区。当消息传出之后，列强各国纷纷行动起来，组成八国联军从天津登陆，并浩浩荡荡地向北京杀来。

在八国联军将要开进北京的时候，京畿周围的清军和义和团无力抵挡，慈禧太后便命令各省督抚率军援救。在这种情况之下，只有少数地方军政人员听命，以两广总督李鸿章、两江总督刘坤一、湖广总督张之洞和山东巡抚袁世凯为代表的一大半地方大员，根本不拿慈禧的诏令当回事。他们联合起来，对外宣称来自北京的诏令是矫诏和乱命，同时只维持好辖区内的治安，并与列强签订互不侵犯条约，此事件在历史上被称为"东南互保"，他们与列强签订了《东南互保章程》。

在李鸿章等人主持东南互保之时，北京城已经危在旦夕了，大家以为清廷的统治就要到此结束了，所以要另立汉人政权，以便能够聚集起抵御列强的国家力量。在参加东南互保的十几个督抚中，李鸿章的名望是最高的，所以包括张之洞和刘坤一在内的地方军政大佬，都拥立李鸿章为大中华临时政府的总统。当时的拥立者，不仅包括清朝地方当局势力，还包括唐才常的自立军，甚至还包括孙文的革命党。

当时的李鸿章，一方面跟各种地方政治势力进行着往来，另一方面也在观察着北京的局势。六年前，孙文打算求见李鸿章，李鸿章因忙于中日甲午战争而冷落了这个后生。六年过去了，孙文已经成长为中国革命党的领袖，他打算趁机发动两广独立，拥立李鸿章为两广共和国的总统。李鸿章打算与孙文会面，便通过他的幕僚刘学询与孙文取得了联系，希望可以建立起正式的联盟。刘学询是李鸿章的幕僚，也是孙文的老乡和挚友，他还曾对付过康有为的维新党，他替李鸿章联络了孙文，但他的志向是做大中华帝国的皇帝。由于孙文担心遭到李鸿章的逮捕，所以最终也没敢露面。而随着慈禧太后带领光绪帝等人逃出北京，李鸿章又回到大清臣子的轨道上去了。

慈禧太后在西逃途中，发布了一道罪己诏，对她利用义和团引来八国联军的责任做了检讨。然后，慈禧太后任命李鸿章回任直隶总督兼北洋大臣，让他和庆亲王奕劻一起，与占领了北京的八国联军进行和谈。李鸿章接旨之后便北上京城，决定为大清尽最后一份力，从而东南互保宣告结束。

第三节　辛丑条约

李鸿章抵达北京之后，进入了列强各国的势力范围，虽然鉴于他的国际声望，瓦德西元帅和各国将军都对他礼敬有加，但是谈判对于他来讲仍然是个重大的挑战。首先，英俄日法德美意奥八个强国已经控制了北京城和北方的许多地区，假如他们非要瓜分中国，以当时中国的国力是无法阻止他们的。其次，慈禧太后作为纵容义和团残杀洋人的罪魁祸首，洋人是要杀了她的，李鸿章要想保住她也是不容易的。最后，列强肯定是要敲诈清廷一大笔银子的，不给他们是不行的，给了他们清朝恐怕就得破产。

面对如此困难的处境，李鸿章却凭借他的政治智慧，一一化解了上述难题，这是很了不起的。虽然有些国家想瓜分中国，但他们之间也是有着利害冲突的，李鸿章充分利用了他们之间的矛盾，并凭借自己多年来的威望和积累的技巧解决了这个问题，使得列强瓜分中国的计划没能得逞。在列强各国中，美国是最讲道理的，它只主张门户开放政策，而不主张各国占领中国的领土，也不赞同列强侵犯中国的主权。另外，由于李鸿章与俄方保持着密切联系，而俄方在东北地区还要与日本进行争夺战。还有，英法德三国在远东地区的利益并不一致，他们之间也是尔虞我诈。李鸿章充分利用了这些因素，先是争取美俄的支持，而后不断分化瓦解列强，总算保住了晚清王朝。

在对待慈禧太后的问题上，列强是非要除之而后快的，他们认为她是中国最昏昧的独裁者，假如干掉她再把光绪帝扶上大位，就能使中国走上文明开化的道路。李鸿章很清楚，慈禧太后在晚清王朝的威望、权势和地位是至高无上的，假如不能保全她，那么这次谈判只能宣告破裂。为了保住慈禧太后的生命和尊严，李鸿章充分发挥他的政治才干，他是这么跟列强解释的：慈禧太后从未正式向列强宣战，她对内讨伐十一国的诏令是在义和团和顽固派的逼迫下发出的，她的本意是要借助列强来镇压义和团的。经过李鸿章的努力疏通，各国列强才勉强答应不再追究慈禧太后的责任，这就为和谈的成功提供了前提。

李鸿章同样很清楚一件事，自己能阻止列强瓜分中国和处决慈禧太后已经很难得了，对外赔偿是不可避免的了。但是，李鸿章充分发挥了他的胆略和智慧，把赔款数额压缩到清朝可以接受和容忍的范围内。最初列强各国在经过商议之后，把清国的赔偿数额定为十亿两白银，李鸿章坚决不答应这一议和条件，他是这么跟列强说的：大清国赔不起这么大一笔钱，假如你们把我们逼得破产了，那么你们一两银子也拿不走！李鸿章促使各国代表冷静下来，让他们理性看待中国的现实情况，最后才使得他们同意根据中国的民众数量来确定赔偿数额。

经过李鸿章呕心沥血地与列强各国代表交涉，最后总算达成了一致意见，从而《辛丑条约》才得以签订，这部条约的主要内容如下：

第一款，中国派醇亲王载沣赴德向德国皇帝就德国大使被杀一事道歉，德国大使遇害处建碑纪念。

第二款，鼓励义和团的大臣遭受惩罚（如两位亲王原为斩杀，后改为流放新疆，其他许多大臣被革职）；反战大臣如庚子被祸五大臣等，加以复职或受嘉奖。

惩处

流放新疆：端郡王载漪、辅国公载澜

赐令自尽：庄亲王载勋、都察院左都御史英年、刑部尚书赵舒翘

即行正法：山西巡抚毓贤、礼部尚书启秀、刑部左侍郎徐承煜

追夺原职：协办大学士吏部尚书刚毅、大学士徐桐、前四川总督李秉衡

革职查办：甘肃提督董福祥

褒奖

追复原官：兵部尚书徐用仪、户部尚书立山、吏部侍郎许景澄、内阁学士兼侍郎衔联元、太常寺卿袁昶

第三款，中国派大臣赴日本就日本使馆官员被杀事道歉。

第四款，在动乱时期被损坏或污渎的外国坟墓由各国使馆重新恢复，中国为北京附近的每处坟墓付款一万两银，为外省的每处付五千两银。

第五款，中国禁止进口军火两年。

第六款，中国共付各国战争赔偿四亿五千万两银，分三十九年付清，每年利息为四厘，由中国的关税和盐税来偿付。

第七款，北京的大使馆区内中国人不得居住，各国可以派兵保护。

第八款，大沽炮台以及北京到天津之间的炮台一律拆毁。

第九款，外国可以在北京至山海关之间驻扎军队。

第十款，中国对将来一切抗外行为予以惩罚。

第十一款，中国改善水道，以改善对外贸易。

第十二款，中国设立外务部作为对外的政府部门。

签署完这部关系到晚清王朝的生死存亡的条约之后，李鸿章便病倒了，随后便进入弥留之际了。1901年，即清光绪二十七年，时年七十八周岁的李鸿章离开了人世。在李鸿章病逝之前，他给慈禧太后和光绪帝留下了一道遗折，这道遗折的主要内容如下：

奏为臣病垂危，自知不起，口占遗疏，仰求圣鉴事。窃臣体气素健，向能耐劳，服官四十余年，未尝因病请假。前在马关受伤，流血过久，遂成眩晕。去夏冒暑北上，复患泄泻，元气大伤。入都后又以事机不顺，朝夕焦思，往往彻夜不眠，胃纳日减，触发旧疾时作时止。迭蒙圣慈垂询，特赏假期，慰谕周详，感激涕零。和约幸得竣事，俄约仍无定期，上贻宵旰之忧，是臣未终心事。每一念及，忧灼五中。本月十九夜，忽咯血碗余，数日之间，遂至沉笃，群医束手，知难久延。谨口占遗疏，烦臣子经述恭校写成，固封以俟。伏念臣受知最早，蒙恩最深，每念时局艰危，不敢自称衰病。惟冀稍延余息，重睹中兴。赍志以终，殁身难瞑。现值京师初复，銮辂未归，和议新成，东事尚棘，根本至计，处处可虞。窃念多难兴邦，殷忧启圣。伏读迭次谕旨，举行新政，力图自强。庆亲三等皆臣久经共事之人，此次复同更患难，定能一心效力，翼赞讦谟。臣在九泉，庶无遗憾。至臣子孙，皆受国厚恩，唯有勖其守身读书，勉图报效。属纩在即，瞻望无时，长辞圣明，无任依恋之至。谨叩谢天恩，乞皇太后、皇上圣鉴。谨奏。

李鸿章在这道遗折中追述了自己的一生，而且为晚清帝国指明了前进的方向，他还向慈禧太后和光绪帝推荐了人才。李鸿章在遗折中推荐了庆亲王奕劻，另外他还在遗折之外写了这么一句话：环顾宇内大才，无出袁世凯右者。这句话的意思是：当今国内最能干的人才，没有一个能比得上袁世凯的。因此，李鸿章推荐袁世凯接替自己的职位，继任直隶总督兼北洋大臣。

慈禧太后和光绪帝在读罢李鸿章的遗折之后痛哭失声，慈禧太后不仅批准了他的临终请求，重用了庆亲王奕劻和北洋新首领袁世凯，而且用最高的称呼褒扬了他,称他为再造玄黄之人。诚然,假如没有李鸿章的苦苦支撑,大清王朝也许早就因内忧外患而垮台了,大清的江山能够继续存在很大程度上都是李鸿章的功劳。晚清王朝之所以能历经战乱和危机而屹立不倒,一直支撑到二十世纪初期,这与李鸿章的贡献绝对是密不可分的。

  为了表彰李鸿章一生的劳绩,慈禧太后追赠他太傅的崇高职位,晋升他为一等肃毅侯的高贵爵位,并追封谥号"文忠",还赐予他家属五千两银子的治丧费。除此之外,慈禧太后还下旨,给李鸿章在他原籍合肥、京师北京和他立过功的省份,一共建立十座祠堂,由地方官负责定期祭祀。大清开国两百多年以来,清廷批准在京师建造祠堂的汉人官员,只有李鸿章一个人,连曾国藩都没能享受这高规格待遇,可见李鸿章在慈禧太后心目中的地位之高。

第十四章　家族人物

第一节　兄弟

在李鸿章兄弟六人中,成就最高的当然是李鸿章本人,其次则是他的大哥李瀚章。李瀚章比李鸿章早生两年,也比他早死两年,所以李瀚章的寿命也是七十八周岁。李鸿章是跟着曾国藩混出来的,李瀚章则跟从曾国藩更早,他们都曾是曾国藩的学生和幕僚。李鸿章久任封疆大吏,李瀚章也当了多年的督抚,而且兄弟俩还经常交替担任同一个职务。

李瀚章虽然曾经在国子监深造,也顺利通过了科举,但是他的会试成绩并不算好。因此,李瀚章没能像老师曾国藩和二弟李鸿章那样,成为翰林院庶吉士,而是被分配到湖南永定当了一名县令。后来,李瀚章被调任为益阳知县,再后来他又被调任为善化知县。李瀚章在湖南担任知县期间,正是曾国藩编练湘军抵御太平军的时候,他于公于私都应该帮助曾国藩的事业,因此他便投身于曾国藩的幕府,主要负责征调和转运粮饷军械。李瀚章在给曾国藩打工初期,李鸿章正在安徽协助吕贤基办团练,所以他在湘军中的资历是早于李鸿章的。

李瀚章虽然在军事上不如李鸿章厉害,但他督办粮饷很有一套,也在剿灭太平军的战争中立下了不小的功勋。因此，李瀚章从湖南的一名知县，升任为江西吉南赣宁道台，后来又调任广东粮道，然后又相继升任广东按察使和布政使。李瀚章的升迁并不算慢，只是他比不上李鸿章罢了，在李瀚章担任广东布政使时，李鸿章已经升任江苏巡抚了。

1865年，李瀚章终于爬上了湖南巡抚的高位，成了地方军政长官之一。两年之后，李瀚章又被调任江苏巡抚，开始掌管东南财赋之区。随后，李鸿章被调任为湖广总督，因为他要外出带兵作战，所以他的这一要职便由李瀚章代理。从此，李瀚章成了李鸿章的助手和替补，一旦李鸿章因故离岗的时候，往往就由李瀚章来代理他的职务。

1868年，李瀚章被调任浙江巡抚，而后又被调回两湖代理湖广总督。这次清廷没让李瀚章失望，他很快就由代理变成了实授，成了名副其实的地方军政大员，也就成了晚清王朝的封疆大吏之一。李瀚章在湖广总督任上干了多年，期间他曾经被调任四川总督，但是不久就又被调了回来。在李瀚章担任湖广总督期间，他把其母接到武昌居住，对母亲极其恭敬孝顺，因而被时人传为美谈。

1882年，李瀚章的母亲病逝了，李氏兄弟全部离职回家奔丧去了。由于李鸿章肩负着支撑晚清危局的重大使命，所以他守孝百日之后就被清廷夺情复起了；而李瀚章为了寄托对母亲的哀思，他不但严格遵守了守制三年的古训，而且在此基础上又守了三年孝，一共在家乡隐居了六年之久。李瀚章虽然不如李鸿章的官职高和势力大，但他在理学上的造诣是超过李鸿章的，并且他身体力行地落实了儒家正统忠孝理念。

1888年，李瀚章禁不住清廷的一再催促，终于复起任职了。这次他担任的职务是漕运总督，负责把全国粮饷通过内河运输到北京，是个重要的后勤工作岗位。随后，李瀚章被调任为两广总督，开始主政这个南国要地。李瀚章与李鸿章毕竟是亲兄弟，他们在行政上的思路都是很开通的，李鸿章在北方主持海防捐前后，李瀚章便在南方搞起了闱姓游戏。

闱姓是什么意思呢？闱，就是春闱，代指科举考试；姓，就是姓名，指的是考中举人和进士的人选；春闱就是在科举结果出来之前，先行贩售"福利彩券"，谁猜中了科举成功者的姓名就能赢钱，谁猜不中就得输钱，总之这是一场赌博活动。李翰章为什么要搞闱姓呢？李鸿章搞海防捐是为了筹集经费，李翰章搞闱姓也是为了筹集经费，目的是弥补辖区军政经费的不足。广东人普遍爱赌，而广东人中有一个特别擅长组织赌博的士绅刘学询，李翰章便把这一业务委托给了他，让他全权经营这项博彩业，然后与他按照一定比例分配收益。

赌博自古以来就难登大雅之堂，所以李翰章以两广总督的身份参与闱姓就遭到了政敌们的参劾，从而也就受到了清廷的责难。为了免遭革职查办的下场，李翰章便向清廷称病请辞。清廷念在他多年勋劳和李鸿章的面子上，便让他离职回籍养老。1899 年，李翰章在合肥老家病逝，清廷追谥他为"勤恪"，并下旨褒扬了他。

李鹤章是李鸿章的三弟，他尚未来得及完成科举，就遭遇了太平天国之乱。因此，李鹤章与兄长李翰章和李鸿章不同，他不是先进入清朝官场的，而是在青年时期直接参与了办团练和镇压太平军，因立有战功才被授予官职的。1861 年，湘军收复安庆后，清廷授予李鹤章知县的职务。这个官职虽然不高，却是他卖命赚来的，不是一般靠读书考取功名的文官所能相比的。

1862 年，在李鸿章率领淮军保卫上海和收复苏常的一系列战役中，李鹤章都躬身入局拼死搏杀。李鹤章前期参加过的战斗有北新泾之战、四江口之战、枝福山之战、许浦海口之战等，他率军毙敌多人，并且招降了常熟敌将钱森仁，为剿灭太平军和收复失地立下了大功。可是，李鸿章作为淮军统帅和江苏巡抚，他在向朝廷汇报诸将的功劳时，为了避嫌竟然没有提到李鹤章。好在清廷特旨询问，李鸿章才将李鹤章的功劳上报，清廷便授予李鹤章四品知州的官职。

1863 年，李鹤章率领一支淮军，从常熟直捣江阴，配合了程学启攻占昆山的军事行动。李鹤章在经过血战之后攻取江阴，清廷根据他的功绩，把他升任为知府。接下来，李鹤章率军攻击无锡，配合了淮军主力攻占苏州的行动。当苏州守军降而复叛之后，李鸿章决定杀掉这些降兵降将，具体执行杀降任务的将军就是李鹤章。然后，李鹤章参加了收复常州的战役，在此战获胜之后，清廷为了表彰他的功劳，便赏给他一件黄马褂，并授予他甘肃甘凉道的军职。

李鹤章的军事才能不但为李鸿章所欣赏，也受到曾国藩的器重，在曾国藩督军剿捻之时，他还把李鹤章调到了湖北战场。李鹤章在上阵督战时受了创伤，以至于他不能行军打仗了，曾国藩便把他留在大营协办军务。后来，李鹤章的伤病愈发严重，曾国藩便提请清廷准予他离职回籍。再后来，山西爆发了严重的旱灾，李鹤章把平生大半积蓄都捐献出来用于赈灾，清廷便授予他二品职衔。李鹤章死于1880年，他一生的功业赶不上李鸿章和李翰章，但也为李氏一门争了光，其子李经羲更是清末民初的显赫人物。

李蕴章是李鸿章的四弟，他自幼读书的悟性极高，但是由于少年时代眼部生病，后来竟然变成了盲人，所以也就耽误了，未能参加科举考试。但是，李蕴章凭借他的聪敏好学，仍然在镇压太平军和捻军的事业中发挥了重大作用。他尤其擅长筹款征税，深受胡林翼、曾国藩和其兄李鸿章等人的器重。在天下太平之后，李蕴章因为自身残疾，所以没有出来做官，而是选择了回乡隐居。在李蕴章隐居乡里期间，他捐出上千亩义田，用它的收成来资助同族和同乡穷困者，因而颇为时人所称许。

李凤章是李鸿章的五弟，他也是因为太平天国之乱而耽误了科举，早年随同父亲李文安在安徽老家督办团练。在曾国藩升任两江总督之初，李凤章也加入了湘军的阵营，并且成了鲍超的军师，为所率湘军击败太平军屡建奇功。在李凤章追随鲍超攻占太平府之后，他们得到了一万多石军粮，这在当时是难得的战略物资。可是，与此同时皖南有大量的饥民吃不上饭，在这种情况下李凤章力主从这些粮食中取出一半用以赈济灾民。后来，李凤章见兄长李翰章和李鸿章都成了封疆大吏，他便主动隐居起来，并像李蕴章一样仗义疏财，所以深受各界人士的好评。

李昭庆是李鸿章的六弟，他小李鸿章十岁，早年就加入了曾国藩的湘军，后来又加入了李鸿章的淮军，再后来又随曾国藩和李鸿章镇压了捻军。李昭庆在战场上出力不少，但是他的运气并不算好，没能立下大的军功，所以也就没能取得高官厚禄，只当上了记名的盐运使和太常寺卿。李昭庆的儿子李经方过继给了李鸿章，所以他们兄弟俩之间的关系更为亲近和特殊，但是李鸿章并未以权谋私提携这个弟弟。李昭庆仅仅活到四十岁便英年早逝了，他成了李氏兄弟中第一个亡故之人，李鸿章曾经为这个弟弟的早亡痛心不已。

第二节　儿女

李鸿章的原配夫人周氏为他生的长子名叫李经毓，可惜这个孩子很早就夭折了。年过四十的李鸿章为没有子嗣而发愁，他的六弟李昭庆便把其子李经方过继给了李鸿章。李鸿章领养了李经方之后，他的继室赵小莲又为他生了一个儿子李经述，后来继承他的侯爵爵位的就是这个李经述；他的侧室莫氏又为他生了三个儿子李经远、李经迈和李经进。另外，李鸿章还有三个女儿，其中最有名的是后来知名作家张爱玲的祖母李经璹。

李鸿章自收养了侄子李经方之后，就把他当成亲生儿子来培养，李鸿章担任直隶总督时，便让他在天津的署衙读书求学，还请名师洪汝奎等人教授他国学，并请朱静山和白狄文等人教授他英语。李经方要学习中西两方面的学问，不能专心攻读圣贤书，所以他只考中了举人，却没能考中进士。为了取得做官的资格，李鸿章出钱替他捐了官，并把他送进总理衙门任职，还经常带着他处理对外事务。

1886年，李鸿章让李经方跟随清国驻英使臣刘瑞芬前往英国，让他担任驻英使馆的参赞，以此来锻炼他的外交才能。三年之后，李经方回到了国内，他再次参加了会试，结果仍然没能考中进士。李鸿章不能利用职权保举李经方考取功名，却可以利用职权保荐他升职。1890年，清廷任命他为驻日公使。李经方在担任驻日公使期间，奏调郑孝胥担任自己的助手，他们与日本朝野之间的联系十分密切，中日邦交也处理得得心应手。这里面有李经方和郑孝胥个人能力的作用，但更主要是两国实力对比的结果，当时日本还未曾击败清朝，所以它对清国使臣还比较尊重。

1891年，李经方的生母过世了，他便向清廷请假，要求回籍丁忧守制。清廷批准了李经方的请求，同意他回国为母守孝，让汪凤藻代理驻日公使一职。等李经方守制结束之后，清廷已经将驻日公使的职务实授给了汪凤藻，李经方便从家乡合肥赶到天津，留在李鸿章身边处理一些涉外事务。1895年，中日甲午战争战败后，清廷委派李鸿章作为全权大臣赴日和谈，李经方随同前往。在李鸿章遇刺昏迷期间，清廷让李经方接替他的全权大臣的职位，暂时负责主持对日谈判。

中日《马关条约》签订之后，清廷需要把台湾交割给日方，光绪帝便委派李经方前去履行相关程序。此次前去台湾办理交割事宜，比之前去日本开展两国议和更为屈辱，李鸿章请求光绪帝另派他人前去，光绪帝非但没有答应他的请求，而且掷下严旨将他痛责了一顿。李经方被迫率团前往台湾，领衔办理交割手续，在完成这一使命之后，他一刻也没在台湾停留，当天就乘船返航。李经方并未随团回到北京向清廷复命，而是借故留在了上海，以便躲避京城清流派的攻击。

1896年，清廷任命李鸿章为全权大使，让他出使沙俄和欧美。李鸿章向清廷上表谢恩，同时请求清廷准许李经方一同前往，李鸿章的理由是：李经方精通外语，并且他曾经在驻英使馆任职，又游历过西欧各国，另外他对于洋务和外交也很内行，因此他可以作为自己的得力助手。清廷答应了李鸿章的这一请求，并恩赏给李经方二品职衔，让他以随员的身份随同前往。

在李鸿章与沙俄签订密约的一系列谈判中，李经方都是随侍左右并参与其事的，因为当时年老体衰的李鸿章所能倚重的只有他了。在李鸿章游历欧美八国期间，李经方寸步不离地守候在他身边，陪他会见了各国元首和政要，参与了他主持的所有的中外谈判，并随他游历了各个国家的景点。后来，八国联军侵入北京后，慈禧太后命令李鸿章和庆亲王奕劻与列强谈判时，李经方也是作为李鸿章的左右手出现的。

李鸿章病逝后，他的侯爵爵位由亲生儿子李经述承袭了；李经方作为非亲生儿子没能承袭爵位，但他仍然一心一意地为李鸿章修建坟墓和建设祠堂。此后，李经方继续负责对外通商和外交事务，他曾陪工部左侍郎盛宣怀与英国人进行商务谈判，也曾参与筹建苏皖沪铁路。1907年，清廷任命李经方为驻英大使，他成了对外交往的方面大员之一。1911年，李经方被调回国内，担任了邮传部左侍郎。在此期间，李经方积极与列强各国沟通谈判，利用外交途径把邮政业务管辖权从外国人掌控的总税务司手里夺了回来。

辛亥革命爆发后，袁世凯借助时代风云变幻，以北洋系为支柱夺取了清廷的统治权。由于李经方是效忠清廷的，所以他便被袁世凯内阁剥夺了职务，而后他便躲避到上海，一面整理李鸿章生前的文稿，一面与总社党密谋复辟清室。1917年，张勋复辟期间，李经方曾经为其呐喊助威。此次复辟失败后，李经方便隐居到大连，直到1934年病逝。

李经述是李鸿章的亲生儿子，他毕生的功业并不算高，但他是闻名天下的孝子，李鸿章的侯爵爵位正是由他继承的，而且他死后其子李国杰又继承了这个爵位。与李氏家族的其他人物相比，李经述少了一些才能，其他人要么是军政大才，要么是外交专家，要么是理财高手，而他只是一个书生和诗人。李经述幼年时期就特别聪慧，因而颇受李鸿章和其他长辈的喜爱，就连曾国藩都认为他将来必成大器，可是他的人生路偏离了人们的预期。

李经述在科考中的功名就是一个举人，他第一次参加会试没能考取进士，非常不幸的是，他第二次参加会试是在1896年。那一年，李鸿章正处在失败和失势的窘迫之中，本来李经述已经考中了进士，可就是由于受到了父亲的牵连，所以在最后时刻他的试卷被主考官给踢了出来。李经述没能通过会试，也就没能当上高官，他从此沉浸于著述诗文。

李鸿章在世时，他就非常欣赏李经述的诗文，可是李经述性格内向，他从不轻易将所著诗文拿出来示人。李鸿章去世一年之后，李经述承袭了侯爵爵位，但是由于他悲伤过度，所以只当了一年侯爷就病逝了。李经述去世之后，其长子李国杰在整理他的遗物时，发现了他平生所著的包括《澹园十记》在内的一批高质量诗文，就把它编进了《合肥李氏三世遗集》中。

李国杰是李经述的长子，也是李鸿章的长孙，他生于1881年，刚过二十岁就继承了父祖的侯爵爵位。李国杰在清末担任的官职有散佚大臣、农工商部左丞、驻外公使、副都统，在民国成立后受到了袁世凯的器重和关照，袁世凯让他继续担任驻比利时公使，而后他回国当过参议院参政和安福国会议员。1924年，李国杰离开北京前往上海，六年后他担任了轮船招商局董事长。

李国杰在经营实业方面远不如盛宣怀，他上任没多久就把招商局搞得入不敷出，最后因主持把招商局出卖给美商被上海法院判处了八年有期徒刑。北洋皖系首领段祺瑞曾经受过李鸿章的恩惠，而他又曾经是蒋介石的校长，所以由他出面讲情之后，蒋介石特赦了李国杰。可是，抗战爆发后，日本人多次联络李国杰，打算拉他下水当汉奸，最终，国民党军统的特务刺杀了他。

李经迈也是李鸿章的亲生儿子，他曾经担任清国驻奥地利公使，回国后在地方担任过按察使，后来升任民政部右侍郎。在清末民初改朝换代之际，李经迈与其兄李经方一样，也与总社党人搅在一起，为复辟清室的统治而奔走。后来张勋复辟时，李经迈积极参加，还被授予外务部左侍郎的官职。此次复辟失败后，李经迈便隐居起来，直到抗战初期病逝。

李鸿章还有三个女儿，其中李经璹的小名叫李菊耦，她嫁给了晚清清流派骨干人物张佩纶。李经璹与张佩纶生了个儿子叫张廷重，他娶了个老婆叫黄素琼，他们生了个女儿叫张煐，她就是后来大名鼎鼎的张爱玲。由此推论，晚清名臣李鸿章，他还是曾经风靡全球的著名华人女作家张爱玲的曾外祖父。

第三节　侄子

李鸿章一共有几十个侄子,其中功业最大的就是李经羲,他是李鸿章的四弟李鹤章的儿子。李经羲在清末做到了云贵总督的高位,在民国初年成了袁世凯的嵩山四友之一,他还曾当过北洋政府的总理,也算是清末民初的风云人物。

李经羲出道于1879年,他是通过推荐进入国子监的,后来通过科考取得了做官的资格。1885年,李经羲因对海防捐有功,取得了道员的职衔。1887年,清廷任命李经羲为四川永宁道道员,他正式步入了晚清的官场。李经羲在这个岗位上干了六年,1893年,他调任为湖南盐法长宝道道员。

李经羲进入官场,应该是受到过李鸿章的关照的,比如,他出资赞助的海防捐就是李鸿章主持的。但是,1895年,李鸿章的势力一落千丈之后,李经羲的仕途并未受到不良影响。这是很难得的,因为李鸿章的儿子李经述本来已经在会试中脱颖而出了,但就是因为李鸿章的缘故才被主考官取消了名次。1897年,清廷升任李经羲为湖南按察使,让他主理湖南全省的司法工作,他在官场上就又迈上了一个新台阶。

1898年,李经羲转任福建布政使,负责福建全省的民政事务。至此,李经羲就有了掌握一省司法和民政的资历和经验,为他下一步的升迁打好了基础。次年,李经羲改任云南布政使,从此他调至西南地区,开始经营他在这片土地上的人脉资源。1901年,李经羲升任广西巡抚,正式成为统领一省的地方军政大员。次年,李经羲调任贵州巡抚,并且兼任了该省提督,他的权势开始稳步上升。

1904年,李经羲回任广西巡抚,他在任期内整顿了辖区的团练和保甲制度,并且筹建了随营武备学堂,培养了各级军事指挥人才。次年,李经羲因病辞职，返回安徽合肥老家休养了一段时间，而后担任了安徽铁路矿务总理，开始学习打理工商实业事务。此时，李鸿章已经去世数年，李经羲只能通过自己积累的人脉资源，来谋划自己的仕途了。

1909年，李经羲得以重返西南，而且清廷升任他为云贵总督，他正式成为清朝末期的封疆大吏之一。李经羲在云贵总督任上只干了两年，清朝就宣告灭亡了，但他在这两年之内却做了许多事情。首先，李经羲在昆明开办了陆军讲武堂，着重培养新式陆军指挥官，提拔了蔡锷和唐继尧等一批军事人才。其次，李经羲在西南三省范围内发展工商实业，并主持开采了一些矿产资源，为西南的各项事业提供了财力支持。最后，李经羲干了一件最有进步意义的事情，他代表各省督抚上奏清廷，要求及早订立宪法并落实宪政。

1911年10月底，即当年阴历重阳节，蔡锷和唐继尧等一批新军军官，为响应辛亥革命发动了重九起义，攻占了云贵总督的署衙，并且抓获了李经羲。当时起义军中有许多将士，打算杀掉李经羲以提振革命的声威，但是蔡锷力排众议，他不但释放了李经羲，而且把他礼送出境。蔡锷之所以对李经羲礼敬有加，不仅是因为李经羲提携过他，而且是因为李经羲曾经主张过立宪，他们在建国思想上是趋同的。

李经羲离开昆明之后，先是避居上海观望风向，等中华民国宣告成立之后，他便出来参与政治活动了。1913年初，亲国民党的王芝祥和于右任在北京组织国事研究会的时候，李经羲应约参加了，从此他进入了民国政治圈。随后爆发的二次革命结束后，李经羲眼见国民党输给了北洋系，而他与袁世凯又有旧交，所以他在政治上便倾向于支持袁世凯。李经羲与袁世凯年龄相仿，而且他们的资历也比较接近，两个人之间的私交也很深厚，更为重要的是李经羲的伯父李鸿章是袁世凯的大恩人，所以袁世凯也十分信赖李经羲。

1913年底，袁世凯为了加强专制权力，他便委派李经羲组织国民会议，以此来代替国会，从而李经羲成了国民会议的议长。次年，李经羲又担任了一系列职务，比如，约法会议议员、资格审定委员会委员长、参政院参政、审计院院长。1915年底，袁世凯称帝时，他册封的嵩山四友中就有李经羲，让李经羲作为他的辅政大臣，并且让李经羲免于向他行跪拜礼。

蔡锷为了讨伐袁世凯称帝，在云南发动了护国战争，袁世凯为了平息这一叛乱，便打算委派李经羲作为特使，让他凭借师生关系劝说蔡锷与自己讲和。李经羲此时准确观测了风向，他认为袁世凯称帝前景不妙，便断然拒绝了袁世凯的委任，并终止了与袁世凯的政治同盟关系。由于李经羲做出了明智选择，所以在袁世凯称帝失败后，他并未受到北洋政府的清算。

袁世凯败亡后，黎元洪继任为民国大总统，段祺瑞以内阁总理的身份掌握了北京政府的实权。段祺瑞也是合肥人，他早年也是在李鸿章的亲切关怀下成长起来的，所以他对李家的感情是很深厚的。于是，李经羲加入了段祺瑞内阁，担任了财政总长兼盐务署总办的肥缺。可是，在接下来的府院之争中，黎元洪为了跟段祺瑞相抗衡，便任命李经羲作为内阁总理来取代段祺瑞。

李经羲虽然取代段祺瑞当上了内阁总理，但是他手上没有可调之兵，而段祺瑞操纵着各省督抚组成的督军团反对他，所以他的上任过程非常艰难。1917年6月22日，李经羲冲破皖系军阀的阻挠，正式就任了北京政府的内阁总理。可是就在同年7月1日，张勋发动了清室复辟，他就被迫解散内阁。这样一来，李经羲只当了八天的内阁总理，他的内阁成了民国史上最短命的内阁。

李经羲的内阁解散以后，他就被迫离开了民国的政坛，先是避往天津隐居起来，而后又转往上海闲住，最后于1925年病逝。李经羲作为李鸿章的侄子中的代表人物，他一生的经历至此就讲完了。但是李氏家族早就与曾氏家族一样开枝散叶，遍布在全球华人圈中的各个领域了。

第十五章　一生功过

第一节　正面评价

　　对于李鸿章这样的晚清名臣，各方对他的评价是很多的，梁启超说得好，世间唯有庸人无咎无誉，对于李鸿章的任何褒贬都是对他一生功业的肯定。可是，由于人们看待问题的角度不同，所以他们对于李鸿章的评价也就存在天壤之别。世人对于李鸿章的评价，大体可以分为三类，包括正面的、负面的和中立的，本节主要记述的是对他的正面评价。
　　赵尔巽主持编写的《清史稿》中的《李鸿章传》是这么评价的：

　　中兴名臣，与兵事相终始，其勋业往往为武功所掩。鸿章既平大难，独主国事数十年，内政外交，常以一身当其冲，国家倚为重轻，名满全球，中外震仰，近世所未有也。生平以天下为己任，忍辱负重，庶不愧社稷之臣；惟才气自喜，好以利禄驱众，志节之士多不乐为用，缓急莫恃，卒致败误。疑谤之起，抑岂无因哉？

　　这段评价主要是正面的，但是也对李鸿章有所指责，比如，说他以才气自喜，好以利禄驱众，缓急莫恃，卒致败误，这些都是有事实依据的。

曾国藩说过："李少荃拼命做官，俞荫甫（俞樾）拼命著书。"这种评价对于李鸿章来说，只能勉强算是正面的，因为虽然当时的士绅都削尖脑袋往上爬，但是在公开场合都不愿承认自己喜欢做官，这就是中国人的虚伪之处；而李鸿章反其道而行之，他终生都把追求高官厚禄作为自己的奋斗目标，而且从不对人掩饰这一点。曾国藩为了避免遭受清廷的猜忌，就主动裁撤了湘军的主力武装，从而也就丧失了他在晚清政坛上呼风唤雨的资本；李鸿章则不然，他拼尽全力发展和保护自己的淮军武装，绝不为了避嫌而自我裁抑，这在当时的政治气候下绝非易事。由是观之，李鸿章能纵横晚清官场四十年，主要是他凭借自己的胆识和谋略拼搏出来的。

孙文上书李鸿章时，是这样评价他的：

> 我中堂佐治以来，无利不兴，无弊不革，艰难险阻，尤所不辞。如筹海军、铁路之难，尚毅然而成立，况于农桑之大政，为民生命脉之所关，且无行之难，又有行之人，岂尚有不为者乎？

孙文当时有求于李鸿章，因此他这话里有拍马屁的成分，可是他讲述的事情基本都是事实，概括了李鸿章办洋务的成绩和功劳。当然，孙文也在后续章节中指出了李鸿章思想和行为的局限性，但这并非本段文字的要义。

近代史学家唐德刚（安徽合肥人，李鸿章同乡）认为其"内悦昏君，外御列强"，是自有近代外交以来，中国出了"两个半"外交家的其中一个（另外周恩来是一个，顾维钧是半个）。唐德刚对李鸿章的这一评价，与日本前首相伊藤博文对李鸿章的评价是很接近的，伊藤博文说，李鸿章是晚清王朝中唯一能与列强一较长短的人物。李鸿章所服务的晚清帝国是衰败的，但是李鸿章个人的军政和外交才能是卓越的，尽管个人改变不了时代大势，但是个人的作为和魅力也不该被隐藏在历史长河里。

1896年，李鸿章访俄期间，与他谈判签约的沙俄财政大臣谢尔盖·维特是这么评价他的：

> 我认为李鸿章是一个卓越的人物，当然他是中国人，没受过一点欧洲教育，但受过高深的中国教育，而主要的是他有一副出色的健全的头脑，善于清晰地思考。正因为如此，他在中国历史上，在治理中国方面起过重要的作用，这就不足为奇了。当时治理中华帝国的实际上就是李鸿章。

维特与李鸿章谈判许久，两个人之间接触了多次，他的这种评价是有着现实基础的，因而很具有参照意义。

美国总统格兰特与李鸿章接触之后，称他为当时世界上四大伟人之首，与当时英国首相本杰明·迪斯雷利，法国总理甘必大，德国宰相俾斯麦齐名。美国《纽约时报》认为，美国民众对李鸿章访美反响热烈，是因为"都想一睹清朝总理大臣的风采，因为此人统治的人口比全欧洲君主们所辖子民的总和还多"，国宾礼遇"不仅表示对他个人的崇高的尊敬，同时也表明了对大清帝国的伟大的赞誉"。这里面不乏溢美之词，但也说明了李鸿章当时在西方人心目中的魅力和知名度。

第二节　负面评价

李鸿章晚年之所以饱受世人非议，主要是因为他输掉了中日甲午战争，还有他对外交往中的保守立场，以及他平生追逐名利和任人唯亲等。这些当然是他身上的污点，但是其中有些问题是世人误读了他，而非李鸿章的本来面目。

在清朝把台湾割让给日本后，台湾客家大佬丘逢甲在乙未战争后写下一诗：

宰相有权能割地，孤臣无力可回天。

扁舟去作鸱夷子，回首河山意黯然。

其中前两句意在讽刺李鸿章。台湾之所以会割让给日本，是因为清朝输掉了甲午战争，而对于甲午战争的失败李鸿章是负有责任的，但他绝不应该承担主要的和全部的责任，因为换个人也撑不起晚清衰落的局面。

当时的国人，不敢把批评的枪口对准清廷，便把李鸿章当成了替罪羊，他们纷纷指责他卖国，就连唱戏的都把他编排成了丑角。请问，李鸿章在清廷已经位居文华殿大学士，并且手握北洋掌控直隶，他为什么还要去卖国呢？他卖了国又能得到什么呢？假如清廷不首肯，他哪有资格去卖国呢？李鸿章最终没能拯救清廷的危亡，但他毕生都是在努力支撑着清朝的江山，以便延缓这个国家的衰亡，并使它免遭列强的瓜分。

李鸿章的政敌翁同龢是这么评价他的——宰相合肥天下瘦，以此来指责李鸿章的贪婪。笔者不排除这里面有属实的成分，李鸿章的确家财巨富，他把遗产都给了子孙，在这一点上他不如曾国藩清正。可是，李鸿章作为晚清帝国的一品大员，他的各项俸禄都足够他尽享荣华了，他根本就没有再行盘剥民生的必要。李鸿章是这么回击翁同龢的——司农常熟世间荒，他的意思是说：你说我贪财，其实你也不例外。平心而论，翁同龢算是个清官，李鸿章此论纯粹是报复对方了。翁同龢还指责李鸿章任人唯亲，这个也是事实，可是如果他任人唯疏，谁又肯跟他一起建功立业呢？

李鸿章还有一个强大的政敌，此人就是左宗棠，从派系上来讲，李鸿章是淮军祖师爷，而左宗棠是湘军大佬；从路线上来讲，李鸿章主张加强海防，左宗棠主张加强塞防；从风格上来讲，左宗棠主张对外强硬，而李鸿章则主张对外适当妥协。因为左宗棠收复了新疆，而李鸿章签署了一些不平等条约，我们的史书便说左宗棠爱国而李鸿章卖国，这就是浅薄之见了。

不管是李鸿章还是左宗棠，他们都是晚清时期朝廷的支柱和栋梁，他们都在用自己的方式来支撑危局，只是李鸿章考虑问题更全面更长远罢了，如果事事依照左宗棠的风格行事，那么清朝只会垮得更快一些。在中法战争中，左宗棠说过：十个法国将军，也抵不上一个李鸿章坏事。假如这场战争旷日持久地打下去，清廷非被拖垮不可，到时左宗棠早就无法收场了。

当李鸿章拜会俾斯麦时，这位铁血宰相曾经两次批评李鸿章：一次是李鸿章大谈他剿灭太平军和捻军的功绩，俾斯麦说他残杀同胞并不值得吹嘘；另一次是李鸿章自称东方的俾斯麦，俾斯麦则说自己不是西方的李鸿章。在这两次交锋中，李鸿章都落败了，原因主要是东西方文化的差异，其次就是中德两国实力的差距，当然还有李鸿章赶不上俾斯麦的个人性格因素。

第三节　中肯评价

对于李鸿章的评价，有三个人是比较中肯和中立的，这三个人分别是李鸿章本人、梁启超以及笔者。本来一个人评价自己时，难免会掺杂主观感情色彩，但是笔者以为李鸿章对自己的评价十分客观和真实，这本身也就从侧面反映了他的思路和人品。梁启超是《李鸿章传》一书的作者，他与晚年李鸿章接触较多，又方便收集李鸿章的生平资料，加之他与李鸿章没有利害关系，所以他的评价是较为客观的。笔者经过对李鸿章的研究，从大量的史料中提炼出来了一个较为完整的李鸿章，所以笔者的看法只供大家参考。

李鸿章是这么总结他的一生的：

我办了一辈子的事，练兵也，海军也，都是纸糊的老虎，何尝能实在放手办理？不过勉强涂饰，虚有其表，不揭破，犹可敷衍一时。如一间破屋，由裱糊匠东补西贴，居然成一间净室，虽明知为纸片糊裱，然究竟决不定里面是何等材料。即有小小风雨，打成几个窟窿，随时补葺，亦可支吾对付。乃必欲爽手扯破，又未预备何种修葺材料，何种改造方式，自然真相破露，不可收拾，但裱糊匠又何术能负其责？

李鸿章这话说得真实而凄凉，没错，面对晚清这栋破烂的建筑，他所能做的就是明知其不可而为之，竭尽全力涂饰它表面的光鲜，并尽力维持它的存在，到实在撑不下去的时候，就只能任由它轰然倒地了。李鸿章不是不想改换这间房屋的内部结构，只是在顽固派十分强大的情况下，凭他一人之力又能有什么真正的作为呢？

梁启超是这么评价李鸿章的：

吾敬李鸿章之才，吾惜李鸿章之识，吾悲李鸿章之遇。吾欲以两言论之，曰：不学无术、不敢破格，是其所短也；不避劳苦、不畏谤言，是其所长也。居位之高之久，却乃使庞然硕大之支那降为二等国。以兵事论，俾斯麦所胜者敌国也，李鸿章所夷者同胞也。

梁启超在这段评价中，对李鸿章有褒有贬，基本可以概括出李鸿章一生的功绩成败。梁启超说李鸿章不学无术，这要看他跟谁比了，要是跟曾国藩这样的大儒相比，是可以这么说的；要是拿他跟一般的文武官僚相比，这么说就有失公允了：李鸿章以翰林院文官的身份统兵征战，可谓文武兼备之才，后来又主导洋务和外交，怎么能算是不学无术呢？

梁启超说李鸿章不敢破格，是说他不敢从政治制度上改革晚清王朝，这种说法是很属实的：李鸿章在学习西方先进事物方面，总是把注意力放在坚船利炮上，而忽视了对于制度和文化的研究；他晚年虽然在周游列国之后，思想上有了某种程度的变化，但是最终没能在行为上跳出原来固有的窠臼。

至于梁启超说到李鸿章的不避劳苦和不畏谤言，这话也就说得太到位了：李鸿章所做的每一件事，都受到了顽固派的掣肘，并且往往会受到清流派的抨击，但他总是一如既往地顽强地做下去，这种品格对于一个政治家来说是必备的。假如李鸿章顾忌人言，他做事自然就会畏首畏尾，那么他就不会成为晚清名臣了。

笔者对李鸿章的评价是：这是一个全才、能臣、智者、勇者、实干家、进取之人，同时也是一个官僚、顺臣、刽子手、守旧派。笔者对于李鸿章的这些评价，都是有事实依据的，绝非空穴来风或者信口开河的妄断。

笔者说李鸿章是个全才型的能臣，这是因为他能文能武，全面负责晚清时期的行政、军事、洋务和外交，在每项工作中都取得了可观的成绩，这绝不是一般人所能做到的。

笔者说李鸿章是个智者和勇者，是因为他在曾国藩裁撤湘军的时候，毅然保留了自己的淮系武装，不但为自己在晚清政坛上纵横开阖准备了资本，而且巧妙地化解了清廷的猜忌，这更是大智大勇之举。

笔者说李鸿章是个实干家和进取之人，是因为他不避同僚们的反对和讥讽，总是埋头干他认为该做的事情，不断将西方先进的科技和经验拿来为我所用，从而在许多领域做出了显著成绩。

笔者说李鸿章是个官僚和顺臣，是因为他从来都不敢违逆清朝最高统治者——慈禧太后的意志，在做事情时明知事情做了不好也硬着头皮去做，而不敢固执地坚持己见。

笔者说李鸿章是个刽子手，不是因为他参与镇压了太平军和捻军，平息了国内的叛乱和动荡，而是因为他在收复苏州时有杀降之举；如果说当时杀降是必须的，那他也不必杀掉那么多人，洋枪队总指挥戈登要与他决斗就是责怪他背信弃义滥杀无辜。

多年之后，戈登再次访华的时候，他曾经带给时任直隶总督兼北洋大臣李鸿章两件礼物，其中一件是手杖，另一件是佩刀。戈登是这么跟李鸿章说的：如果你想做皇帝，那就请你选择佩刀，我愿意辅佐你取代清廷；如果你想当忠臣，那么就请你选择手杖，我也就不再劝进了。李鸿章不假思索地选择了手杖，戈登便怀着遗憾离开了中国；后来李鸿章访美时，美国总统看中了他的这个手杖，他却没舍得赠送给人家，因为这是戈登送给他的，而当时戈登已经在苏丹阵亡了。

笔者说李鸿章是个守旧派，是指他到晚年已经认识到了中外之间的差距，但他不敢向慈禧太后提出要改造晚清的政治制度，而是一味地因循原来的路数，抱着"一代人只能做一代人的事"的态度对待他所服务的晚清王朝。

李鸿章离开人世已经一百多年了，他的淮军集团也早烟消云散了，但他的丰功伟绩和时代局限却被永久地镌刻在了晚清历史上。关于李鸿章的生平功过，史学家对他所做出的任何评价都要接受读者的再评价，这样我们才能尽量贴近历史的真实。笔者不敢说自己已经全面而深刻地认识了李鸿章，但是可以说已经在前人认识的基础上有所深入，这对于我们了解整个晚清史应该是有所帮助的。

东御洋夷，西定新疆——左宗棠

在晚清三杰中，左宗棠的名气不是最大的，他所建立的功业也不是最高的。他在镇压太平天国中的功劳赶不上曾国藩，他在开展洋务运动中的功劳赶不上李鸿章，但他力排众议领衔率军收复了新疆，这一功绩是冠绝当时并泽被后世的。

曾国藩和李鸿章在二十几岁的时候都通过了会试，并且均进入了翰林院，成了晚清王朝重点培养的人才；左宗棠出道较晚，他年到四十还在"躬耕于垄亩"，没能通过科举成为官员，而是在家乡做了一名农夫。

左宗棠虽然出身贫寒，又没能"学而优则仕"，但他确实学有真章，他在做士子和农民的时候，就已经有了很大的名气，受到了林则徐、陶澍和贺长龄等大人物的器重，也在湖南一带结交了胡林翼等一批挚友，这就为他将来出山做了铺垫。

太平军攻入湖南的时候，清朝地方当局十分恐慌，为了挽狂澜于既倒，时任湖南巡抚张亮基聘左宗棠为师爷，左宗棠从此逐渐登上了晚清历史舞台。我们都知道，主持编练湘军成就平叛首功的是曾国藩，但是大家未必知道，最初提议请曾国藩出山的，就是时任湖南巡抚衙门的师爷左宗棠。

左宗棠不过是湖南巡抚衙门的师爷，而师爷不是正式的官职，只是一名在幕府办事的属吏而已。但是，左宗棠这位师爷非比寻常，他先后追随的张亮基和骆秉章都对他信任有加，让他全权掌管湖南一省的所有军政大事，因此他一直行使的是巡抚的职权。

左宗棠在湖南当师爷期间，把经手的军政事务都打理得井井有条，但是他也表现出了狂傲张扬的个性，令湖南省各级文武官员对他既恨又怕。由于左宗棠辱骂了一个名叫樊燮的总兵，他差一点给自己惹来了杀身之祸，经朋友们多方周旋他才躲过了此劫。

在太平天国运动后期，左宗棠加入了曾国藩的阵营，正式作为湘军大佬参与镇压太平军的战争。随后，他在战场上不断取得胜利，从一名非正式的四品闲散官职，先是升任了浙江巡抚，而后又升任闽浙总督，最后一跃而成为晚清时代的封疆大吏之一。

在太平天国被镇压下去之后，左宗棠主办了福州船政局等洋务机构，而且参与和主持了镇压捻军和回民起义，他在清朝地方军政格局中的地位也与曾国藩和李鸿章齐平了。后来，左宗棠更是反驳李鸿章的海防最重论，坚持塞防和海防并重的观点，在内外形势极其严峻的情况下，他不顾自身年老体衰和李鸿章的反对，率领大军挺进新疆收复失地，成就了一桩盖世奇功，这对于今日中国的版图都有着重大意义。

左宗棠是个强硬的人，他在对内和对外的立场上都是从不屈服的，所以他取得了很大的成绩，但也受到了历史和后人的非议。与李鸿章相比，左宗棠所受到的公开批评算是较少的；与曾国藩相比，左宗棠所受到的朝野的舆论抨击也是较轻的。但是，左宗棠在用兵西北时有滥杀无辜之嫌，在对外强硬时也有不顾国力的倾向，这都是值得我们探讨和质疑的。

笔者将在这部分内容中，真实而详尽地叙述左宗棠的一生，力求把这一人物再现出来，从而有助于大家认识他，也有助于了解晚清那段历史。没有左宗棠的晚清史是不完整的，他作为晚清三杰之一绝非浪得虚名，我们了解了他的生平，也就了解了晚清史的大部脉络。

第一章 潇湘大才

第一节 家世背景

1812年,即清嘉庆十七年初冬,左宗棠出生在湖南湘阴的一户普通农家。左家的祖籍是在江西,南宋年间迁到湖南的,后来世代居住在湘阴一带。湘阴是个好地方,它北靠洞庭湖,南邻省城长沙,湘江从境内穿过,辖区土壤肥沃资源丰富,水陆交通都很方便,这应该是左家选择落户此地的重要原因。

左宗棠的祖上都是耕读传家的,家中有些田产和房产,能够以耕作维持家庭读书生活。因此,左家子弟一般是知书达理之人,懂得何谓忠孝节义。但是,左家世世代代没能出现达官显贵,也就没能实现科举求官光耀门庭的梦想。左宗棠的曾祖父左逢圣是个县学生,他的祖父左人锦是个国子监生,他的父亲左观澜是个秀才出身的教书先生,都是耕读文明的基层传承者。

左宗棠出生时,左家三代共有十几口人,家中有几十亩田地,所得收成勉强能够养家糊口。为了贴补家用,左宗棠的父亲左观澜只得兼职教书,把从事私塾教育所得的收入拿来贴补家用。在这种家庭条件下,左宗棠从小就养成了吃苦耐劳的品格,他后来发迹后对于童年的苦难生活仍是记忆犹新的。

左宗棠是家中的最小的孩子,他上面有两个哥哥(分别是左宗棫和左宗植)和三个姐姐;他比两个哥哥都更为聪敏,因而更受其祖父左人锦的疼爱。左宗棠除了勤奋和聪敏之外,还有一项过人的品格,那就是处事公允。有一次,左人锦带着童年的左宗棠去采摘栗子,左宗棠回家后把采到的栗子平均分给了哥哥和姐姐,而且自己事先没有私藏起来。这对于一个孩子来讲是很难做到的,左人锦认为左宗棠小小年纪不但能够平分利益,而且能够做到不以私废公,将来必成大器。

左观澜虽然只取得了秀才的功名,但他一心想把儿子们培养成才,为此他于1816年带领全家迁往长沙城内居住,专职以开馆教书为业。当时左宗棠只有四岁,就接受了父亲的启蒙教育,然后跟着两位兄长在学堂里听课。从此,左宗棠开始学习四书五经等传统知识,也逐渐学会了对对子和创作八股文,打下了最初的文化功底。

第二节　寒窗苦读

左宗棠从四岁开始启蒙教育,他经过十年的寒窗苦读,终于迎来他人生中的第一场考试,那就是1826年在湖南湘阴举行的童子试。科举考试的第一关是考取秀才功名,而要想考中秀才就得通过三关考试,他们分别是童子试、府试和院试。

十四岁的左宗棠已经打下了良好的文化基础,也养成了积极健康的心理素质,因此他轻松地通过了湘阴县的童子试。随后,左宗棠再接再厉,顺利地通过了长沙府的府试。而且,在此次府试中,左宗棠的答卷可谓完美无缺,时任长沙知府张锡谦对他的试卷赞不绝口,差点把他定为此次府试的第一名。但是,在同期参加府试的士子中,还有一个人的答卷也不错,差别在于他比左宗棠年纪大了一截。因此,左宗棠没能拿到第一名,但他以第二名的优异成绩顺利通过了此次府试。

本来，左宗棠通过了童子试和府试，他接下来就该通过院试考取秀才功名了。可是，事情非常不凑巧，就在左宗棠将要参加院试的时候，他的母亲突然病逝了。按照当时的规定，凡是遇到父母去世的情况，儿子都是要守孝三年的，而且守孝期间是不能参加科举考试的。就这样，左宗棠只得放弃了这次院试机会，暂时与秀才功名失之交臂了。

左宗棠在为母守孝期间，并未放松对于学问的追求，他不但重温了四书五经和八股文之类的科举教程，而且开始研读经世致用的真才实学。按照左宗棠自己的说法是，一个人在十六岁之前是智力尚未打开的阶段，而在二十六岁之后要经历很多繁杂世事，人生最值得珍惜的读书求学年龄段就在十六岁到二十六岁之间，所以每个人都要无比珍惜这最可贵的十年光阴。

左宗棠在这段时间研读的学问主要是地理、军事和政治方面的，他所认真精读的图书有顾祖禹的《读史方舆纪要》、顾炎武的《天下郡国利病书》、齐召南的《水道提纲》、魏源代贺长龄所编的《皇朝经世文编》。这些书都不是科举考试的科目，但是左宗棠对它们爱不释手，以至于同龄读书人都笑他走偏了门路。如果要做个只考科举不问世事的应试虫，那么左宗棠确实算是不务正业，但是他志在匡扶天下，这不是那些书呆子所能理解的。

1830 年，左宗棠结识了他生命中的第一个贵人，此人就是贺长龄。贺长龄学识渊博人品贤良，是进士出身的江苏巡抚，此时因丁忧居住在长沙，他后来还担任了云贵总督。贺长龄在江苏巡抚任上是有几个朋友的，他的上司是两江总督陶澍，他的下属是江苏布政使林则徐，他的幕僚是名士魏源，他的这些人脉关系后来都成了左宗棠宝贵的人脉

贺长龄

资源。

当年十八岁的左宗棠,连秀才的功名都不具备,他就怀揣着一股子初生牛犊不怕虎的闯劲,贸然走进了贺长龄在长沙的府邸。左宗棠拜见了贺长龄,向这位前辈表达了仰慕之意,并向他求教读书治学之道。贺长龄热情接待了这个年轻的后生,和蔼可亲地与他攀谈了起来,两个人越聊越投机,贺长龄对左宗棠关于地理和经世之学方面的见识大为惊叹,连声称赞他为不可多得的青年才俊。

贺长龄之所以赏识左宗棠,与左宗棠饱读经书之外的"闲书"有关,尤其是他对贺长龄委托魏源编写的《皇朝经世文编》有较深研究。贺长龄认定左宗棠学有真章,绝非一般的腐儒可比,他就决意把这个年轻人培养成才。为此,贺长龄不但耐心指导左宗棠的学业,而且把家中藏书无条件地借阅给他,并且一手把他送进了长沙城南书院,让他接受更高一级的教育。

贺长龄之所以能把左宗棠送进长沙城南书院,是因为这家书院的讲学者就是其弟贺熙龄。贺熙龄虽然在官场上没能混出名堂来,但他的学识是不亚于其兄贺长龄的。贺熙龄不但主持长沙城南书院,而且协助湖南巡抚吴荣光创办了湘水校经堂,大力发展湖南境内的教育事业,在当地的声望是很高的。

贺长龄把左宗棠送进长沙城南书院不久,左宗棠的父亲左观澜就病逝了,他也就丧失了来自家中的经费支持,只能以书院发给学员的微薄的膏火费来维持生存。左宗棠在如此艰苦的条件下,仍然十分珍惜这来之不易的求学机会,他发愤图强刻苦攻读,取得了良好的成绩,也受到了贺熙龄的垂青。

左宗棠师从贺熙龄多年,他对于这位师长的人品和学识是十分钦佩的。他先后就读于长沙城南书院和湘水校经堂,时常向贺熙龄求教,而贺熙龄也不遗余力地帮助他完成学业。贺熙龄也是经世致用思想的坚定支持者,他反对崇尚空洞学风,提倡宋儒义理之学,这对左宗棠的一生都有深刻的影响。

在左宗棠的同学中,有个后来声名显赫的人物,此人就是与曾国藩齐名的胡林翼。左宗棠与胡林翼的交往，对于他后来的事业发展非常重要，在关键时刻胡林翼救过他的命，对他的前程也起过很大的帮助作用。后来，胡林翼成了两江总督陶澍的学生，而左宗棠则成了陶澍的亲家，如此一来两个人就又成了亲戚关系。左宗棠与胡林翼在经世致用思想上有着许多共识，他们都立志改造和挽救晚清的颓废局面，后来他们果然齐心协力地投入了镇压太平天国的事业之中。

胡林翼

湘水校经堂是湖南巡抚吴荣光主持开办的，所以他对这家学堂的关心是超过别人的，他发现贫寒学子左宗棠连温饱问题都难以解决，却总能在书院的考试中名列前茅，便开始垂青于这个优秀的青年。左宗棠受到了吴荣光的赏识和器重，也进一步增大了他在湖南士绅圈内的名气，为他将来出人头地提供了条件。

第三节 科举求官

1832年，湖南乡试如期举行时，时年二十岁的左宗棠有幸参加了。本来，只有考取了秀才功名的人，才有资格参加各省的乡试。左宗棠因为没能取得秀才功名，所以也就没资格参加乡试。但是，左宗棠已经有了很高的学识和知名度，如果他不能参加此次乡试，那就浪费了一个大好时机。清朝有项补救措施，那就是学子只要捐纳一定银两，就能取得监生的资格，也就相当于取得了秀才功名。左宗棠是一贫如洗，好在亲友集资为他捐了个监生，所以他才有幸参加此次乡试。

左宗棠平时主要忙于研究地理、军事和农桑等经世致用的学问了，而对四书五经和八股文缺少研究，而科举的主要内容就是这些空泛文字，因此左宗棠此次考试的成绩并不算太好。按照当时的规定，乡试的试卷由同考官初审，等同考官看中了才提交主考官复审。左宗棠的试卷没能进入同考官的法眼，所以也就没能通过初审，就在左宗棠深感失望的时候，一个好消息传来了，那就是由于此次乡试是为庆祝道光帝五十大寿而举办的恩科，所以主考官可以从没考中的士子的遗卷中进行搜阅，择其优秀者进行补录。当时的主考官是徐法绩，他从五千份遗卷中挑出了六名士子的遗卷，其中列为最优者的就是左宗棠的。主考官相中了左宗棠的试卷，可是同考官并不看好这张试卷，就在他们争执不下的时候，湖南巡抚吴荣光前来巡视了。吴荣光一向器重左宗棠，又见他的试卷很有真知灼见，就当场拍板决定补录他，左宗棠就此取得了举人功名。

左宗棠参加完乡试，迎来了他人生中的第一场喜事，他在媒人的撮合下与周诒端成婚了。左宗棠虽然有才，但他不过是湘阴的一个穷小子；周诒端才色俱佳，其家又是湘潭的大户，所以她是配得上当时的左宗棠的。这场喜事对于左宗棠来说也是一场愁事，因为别说让他养家糊口了，就是举办一场婚礼的费用他也拿不出来。在这种情况之下，左宗棠只好收起了他的孤傲脾气，低着头入赘到了周家，成了周家的上门女婿。

左宗棠考中了举人，又娶了一位富家小姐，他的命运也开始好转了，他不再为衣食发愁，可以全心全意地准备参加来年在京师举行的会试了。为了资助左宗棠进京赶考，他夫人周诒端拿出了她的积蓄一百两银子，准备让左宗棠北上赶考，可左宗棠发现姐姐家已经穷得揭不开锅了。没办法，左宗棠只得放弃了这次难能可贵的赶考机会，把这一百两银子全部给了姐姐。

乡亲们都为左宗棠注重亲情的行为所感动，他们纷纷慷慨解囊，又凑足一百两银子，让他按照原计划进京赶考。就这样，左宗棠怀着感恩之心，踏上了北上进京的征程。从湘阴到北京有三千里路，左宗棠并不急于赶到目的地，他一路访查了沿途的风土人情以及漕运、吏治和民生，把此行当成了求学之旅。

1833年，时年二十一岁的左宗棠在北京参加了第一次会试，他所作诗文和策论也获得了部分考官的欣赏，但还是没能考取进士功名。经过此次会试，左宗棠深感失望之余，他收拾行囊南归家乡，准备下次会试再来参加。其实左宗棠不必失望，因为比他年长一岁的曾国藩才刚取得秀才功名，考取进士是要与天下文士争锋，自然不是那么容易的事情。

左宗棠返回湖南湘阴岳父家后，并未受到大家的责难，因为一个二十出头的小伙子已经取得了举人功名，能进京参加会试本身就很不错了。左宗棠从此开始了半耕半读的生活，他在农忙时节参加生产劳动，在农闲时节潜心研读学问。周诒端也非常支持丈夫的事业，她为左宗棠做好了一切后勤事务，从不让他为了琐事分心。

1835年，左宗棠再次离开湘潭赶赴京城，第二次参加当年春天举行的会试。在此次会试中，左宗棠的成绩有所精进，主考官本来已经准备录取他为新科进士了，可是统计之后发现湖南省多录取了一名，于是他就落榜了。这个结果对于左宗棠来说是残忍的，他差一点就考中进士了，却阴差阳错地再次与进士功名失之交臂。

左宗棠回到了家乡，他再也无心攻读四书五经了，而是一门心思地搞起了地理学研究，以此来增长见识和才干，也以此来排遣胸中的郁闷。左宗棠的夫人周诒端并未责怪他，而是一如既往地支持他的学业和研究，在精神上给了他很大的安慰和鼓励。其实，左宗棠这次也不必灰心，因为曾国藩也没能通过此次会试，要想考中进士以后还是有机会的。

1837年，原湖南巡抚吴荣光委派左宗棠为醴陵渌江书院主讲。这是一份很好的工作，左宗棠很快就走马上任了，他一面严格教导学生读书，一面利用书院的藏书扩大自己的知识面，从而收到了教学相长之效。左宗棠在担任主讲期间，他对于渌江书院所属的六十名学生是很严格的，每天都要查阅他们的课业成绩。另外，左宗棠为了提高书院学生的读书积极性，开始采用奖惩并用来管理书院,他规定书院剥夺不务正业的学生的膏火费,用以奖励那些潜心攻读的优秀学员。事实证明,左宗棠采取的措施是十分见效的,这家书院的教学成绩获得了突飞猛进的进步。

左宗棠在醴陵渌江书院担任主讲期间,时任两江总督陶澍要回湖南安化老家省墓,他路过醴陵时受到了当地官绅的殷勤接待。醴陵知县为陶澍安排了馆舍,并且聘请本地知名文人撰写楹联,左宗棠由于一向钦佩陶澍的人品和学识,所以也就参加了这一活动。当时参与撰写楹联的人很多,可是他们所写的楹联大多不入陶澍的法眼,唯有左宗棠的作品深受陶澍的好评,他的这副楹联内容如下:

> 春殿语从容,廿载家山印心石在;
> 大江流日夜,八州子弟翘首公归。

左宗棠的这副楹联虽然并不是很长,但是准确地表达了陶澍对家乡感情之深,以及湖南各界对陶澍的欢迎之情,而且对仗工整文辞精当,所以深受陶澍的欣赏。陶澍看到这副对联之后,立刻让醴陵知县把左宗棠请来相见。左宗棠前来拜会了陶澍之后,陶澍与他彻夜长谈,对他青睐有加。

1838年,左宗棠再次进京赶考,第三次参加了决定自己科举命运的会试。这次的会试结果仍是惨败,左宗棠对于科举完全灰心了,他决定今生不再参加这种考试了。在这次会试中,曾国藩顺利高中了,而且他很快就进入了翰林院,并且成了穆彰阿的门生,走上了一条令天下读书人都羡慕不已的金光大道。

左宗棠在从北京返回湖南的途中,专程绕道南京拜会了陶澍,并在两江总督署小住了一阵。当时的左宗棠不过是一个没考中进士的举人,而陶澍是威震全国的两江总督,两个人之间的地位相差悬殊。然而,左宗棠能没有任何顾忌地与陶澍交往,这是由于陶澍对他的器重和推崇,也是由于他的性格使然。陶澍不但热情接待了左宗棠,而且请府中的幕僚来与左宗棠深谈，几天下来所有人都认为左宗棠学有真章，从而他们也就颇为钦佩陶澍的识人之能。

左宗棠此次拜会陶澍的意义重大，因为陶澍认定左宗棠将来必成大事，他就把其子陶桄（时年六岁）叫来拜会左宗棠，并主动要求与左宗棠结亲。于是，左宗棠把长女左孝瑜许配给了陶桄，左宗棠与陶澍成了儿女亲家。此事在当时具有轰动效应，因为在当时人们的观念中，门当户对是婚姻的第一要素，而左宗棠与陶澍的社会地位相差太远了。

左宗棠这次回到湘潭之后，长期闭门不出，他除了研究地理和军事之外，就是专门研究农学，因为他已经做好终生务农的思想准备了。左宗棠是个有本事的人，也是个不安分的人，但是他既已不再科举求官，也就没有了做官的机会。在天下风云未变之时，他的雄心壮志只能暂时压抑在心中了。当时左宗棠时常去长沙，找二哥左宗植切磋各方面的学问和见解，两个人时常争辩得非常激烈，周围人都把他们当成痴人。笔者以为，大凡有所成就的人，都必须曾经痴迷于某一事物，左宗棠就是个典型的例子。

1839年，陶澍病逝在南京两江总督署，他七岁的儿子陶桄跟随他的灵柩返回了湖南安化老家。陶澍过世了，陶家虽然是个富家大户，但是家中没有了顶梁柱。在这种情况下，左宗棠以亲家翁的身份，前往安化入住陶家，全心全意地教导女婿陶桄读书，以便把他培养成才。在此期间，左宗棠阅读了陶家大量的藏书，在学识上又迈上了一个新台阶。

第二章　心忧天下

第一节　书生论事

1839年，道光帝委派林则徐以钦差大臣的身份，前往广州去查禁鸦片，从而导致中英之间的关系紧张起来。此时左宗棠不过是在陶家教书的一名在野举人，可是朴素的爱国心促使他关心国家大事，他搜罗并参阅了唐宋以来的有关海国故事的记载，并与贺熙龄探讨海防策略问题。

左宗棠为了帮助清廷巩固海防抵御侵略，提出了一整套备战方案，具体内容主要有：练鱼屯、设碉堡、简水卒、练亲兵、设水寨、省调发，编泊埠之船，讥造船之厂，讲求大筏、软帐之利，更造炮船、火船之式，火药归营，修合兵勇。从这套方案可以看出，当时的左宗棠空有一腔报国之志，可他对于包括英国在内的西方各国的坚船利炮和工商贸易缺乏基本的了解，他提出的许多措施都是很可笑的，比如，"练鱼屯"和"讲求大筏"对于近代化海战毫无意义。

我们不能责怪左宗棠当时的见识短浅，因为在大清闭关锁国的大环境下，全国都找不到几个了解西方世界的人。左宗棠作为一个在野举人，他也就跟自己的老师贺熙龄和同学胡林翼等人私下议论一下；林则徐作为钦差大臣，他的见解竟然也与左宗棠十分接近，而且他着手在广东实施了这套方案。林则徐在中国历史上近乎等同于一个圣人的形象,而实际上他对于当时的中外力量对比缺乏起码的认识,而又不具备近代国际交往理念,所以把清朝拖入了战败的泥沼,从而被迫开启了中国半殖民化和近代化历程。

1840年,第一次鸦片战争爆发后,林则徐在付出了巨大的伤亡代价之后,总算勉强抵挡住了英军在广东沿海的进犯。笔者认为,如果英军坚持与林则徐抗争下去,他们当时是能够打败林则徐并攻陷广州城的。可是,英国人见林则徐的防守比较严密,他们为了减少自身伤亡和尽量扩大战果,才决定沿海北上并一直进逼天津大沽口。左宗棠始终在家关注着这场战争的走向,他在写给贺熙龄等人的信中大发议论,主张清廷依靠林则徐抗击英军,但是清廷是不会参考他这个底层士绅的意见的。

英军逼近大沽口之后,道光帝吓得手足无措,他急命时任直隶总督琦善与英军议和。琦善完成了这个使命,但是条件是清廷撤掉林则徐的职务,并答应赔偿英方军费和贸易损失。道光帝为了保证京师的安全,就答应了这个条件,他下旨将林则徐革职并发往新疆伊犁军台效力,并委派琦善前往广东处理善后事宜。左宗棠闻讯大怒,他在家乡大声疾呼,要让林则徐官复原职,并将琦善斩首问罪。

林则徐

1842年，中英《南京条约》签订之后，晚清帝国被迫向大英帝国打开了国门，并向对方赔偿了两千多万两白银；左宗棠一方面直接感受到了洋人的强大，另一方面深刻认识到了晚清朝廷的腐败无能。但是，左宗棠此时的认识还是很肤浅的，他尚未清楚地认识到当时国内和国际形势，更未认识到晚清王朝的政治制度的落后以及闭关锁国的愚昧，只是笼统地认为世道不良和奸臣当道而已。左宗棠在失望之余，打算"买山隐居"，靠务农耕作来度余生。

第二节　湘上农人

1843年，左宗棠从安化回到了湘阴老家，利用其多年教书收入所得的积蓄，在一个叫柳家冲的地方购买了七十亩田地，并在附近修建了房屋。次年，左宗棠把全家迁到柳家冲，结束了他在湘潭岳父家和在安化女婿家的生活，正式在自己的地盘上隐居了起来。左宗棠为了明确宣布自己的退隐之志，他给自己取了个号叫作湘上农人，以此来表明他扎根农业的心愿。

当时的左宗棠只有三十出头，他完全可以一边教书一边备考，他为什么非要隐居山林呢？笔者认为，这里面主要有三方面的因素：一是左宗棠本质上是个天生想做老大的人，他不会长期寄人篱下的，一有机会他就会经营自己的一片天地；二是三次会试失败令左宗棠心灰意冷，他并不认为自己的学识不够，而是认为科考内容本身太过偏狭，不能发挥自己的经世致用之才；三是第一次鸦片战争的失败以及中英《南京条约》的签订，深深地刺伤了左宗棠的爱国之诚，他认为当今世道昏暗而自己怀才不遇。

左宗棠买了七十亩地，这不是他一个人能够耕种过来的，他自然是要雇佣几个长工或短工的。但是，左宗棠与一般小地主不同，他坚持每天巡视自己的领地，并且亲自督促和参与农业生产劳动。左宗棠从事农业，与他之前读书求学一样，都是非常认真和卖力的。一个人要想干成事业，必须倾注自己的心血和汗水，左宗棠正是这么一个脚踏实地一丝不苟的人。

左宗棠与一般农夫的差别，主要在于他是个有学问有见识的人，他视农业为天下第一要事，所以他竭尽全力经营自己的田产。一般人买来田地就是种植稻谷的，左宗棠则不同，他凭借自己对于农业的学识，根据土壤和地势的不同，在种植水稻之余，还分别种植了茶叶和树木。左宗棠的投入不小，产出也很可观，他已经把自己的七十亩地经营成了一个小小的聚宝盆。

左宗棠隐居在柳家冲将近十年，他除了经营自己的七十亩地之外，也参与一些重大公益活动。比如，1848年，湖南一带先是遭遇了旱灾，接着又遭遇了水灾，饥民遍地民不聊生。在这种情况之下，左宗棠挺身而出，他先是拿出自己囤积的钱粮来救济附近的灾民，而后又以个人的关系网和影响力，在长沙周围各个州县劝导富户捐纳赈灾。左宗棠通过个人的努力，协助清朝湖南当局救济了一方百姓，维护了辖区社会治安，化解了一场统治危机。

左宗棠虽然已经立志务农，但是从其主持赈灾一事，我们就能看到他那颗按捺不住的经世致用之心。左宗棠不缺才干和人脉，他要想在青史上留名，就必须等待一个天赐良机的到来。在这个时机到来之前，左宗棠主要是隐居在柳家冲务农，除此之外他也在农闲之余从事一些社会活动。比如，左宗棠曾经在长沙朱公祠堂开馆授徒，又教出来一批学生，其中有个优秀学生叫周开锡。周开锡还年长左宗棠几岁，他在左宗棠的教导下勤勉治学，后来他还追随左宗棠成就了事业。

第三节 会见林督

左宗棠在隐居期间，做过的最为重要的一件事，不是经营好了他的七十亩地，也不是他出面主持赈济灾民，更不是他教出了某些个好学生，而是他得以见到了偶像人物林则徐。左宗棠是个孤傲的人，他一生景仰的人物极少，曾国藩和李鸿章肯定不够格，连陶澍恐怕也不达标，但是林则徐绝对是其中分量最重的一位。

　　林则徐是晚清时代难得的清官和能臣，他主张澄清吏治、严禁鸦片、巩固国防、抗击侵略，并且做到了身体力行。虽然由于晚清王朝的颓势，林则徐没能实现他的抱负，但他的思想和业绩是值得国人推崇的。笔者曾经说过，林则徐在广州苦撑危局的时候，左宗棠给了他最可贵的言论支持，尽管这种支持是那么的苍白无力。左宗棠在本质上和林则徐是一路人，他们都是具有浓厚的忠君爱国传统思想的士大夫，也都有着很强的施政能力，但是他们都不能从根本上改进病入膏肓的晚清帝国。

　　左宗棠一向景仰林则徐，而林则徐也听说过左宗棠这个潇湘大才，只是由于两个人地位和地域的差异，所以他们开始并未能够建立起直接的联系。但是，由于林则徐曾经是陶澍的下属，而左宗棠是陶澍的儿女亲家，所以他们之间就有了第一层间接关系。然而，由于此时陶澍已经去世多年，所以左宗棠是很难通过这层关系来联络林则徐了。林则徐在担任云贵总督期间，他把手下知府胡林翼当作自己的左右手，而胡林翼又是左宗棠的同窗好友，所以左宗棠就与林则徐有了第二层间接关系。左宗棠之所以能够为林则徐所知，主要是胡林翼的功劳，他曾经多次在林则徐面前说左宗棠是精研地理和兵法的"楚材第一人"，这就为左宗棠拜见林则徐提供了条件。

　　1849年冬，林则徐因病卸任云贵总督一职，他在返回福建闽侯老家的途中，在湖南长沙小住了几日。林则徐之所以要在长沙小住，就是为了要会见左宗棠，他想亲眼看看这个左宗棠是不是像胡林翼描述的那样厉害。林则徐下榻长沙馆驿之后，他立即派人去柳家冲去请左宗棠。左宗棠闻讯之后十分激动，赶紧跑到长沙与林则徐相会。关于他们的见面，历史上没有翔实的记载，但是它所产生的意义是延续至今的。

　　林则徐在鸦片战争中，曾经被作为清廷敦促英军停战的筹码，被革去了钦差大臣的职务，并被发配到新疆伊犁地区，但他此前已经初步形成了一套防卫东南沿海的理论体系。林则徐到达新疆之后，凭借着自己敏锐过人的洞察力，他发现沙俄势力对于这片土地的侵略野心。于是，林则徐把新疆的人文地理情况整理成翔实的资料，并创立了关于西北塞防的理论体系。此前，林则徐关于海防的理论，左宗棠是鼎力支持的，他关于塞防的理论也与左宗棠不谋而合。

　　林则徐见到左宗棠之后，两个人上了一条小船，沿着湘江南北漂流。这两位当世才俊之士，对于国家的命运和前途进行了深入的探讨，可是有关详情并不为外界所知。通过初步交谈，林则徐才真正信服了胡林翼的话，他也认为左宗棠是"楚材第一人"。一个人有多大本事，在他发挥出来之前通常是不会为社会所承认的，但是一旦有许多大人物都肯定了他，那么他自然也就能赢得了社会的认可。

　　没有人知道林则徐和左宗棠所乘坐的小船漂流了多久，也没有人知道他们都探讨了哪些话题，但是有一点是确信无疑的，那就是林则徐把巩固东南海防和西北塞防的历史重任托付给了左宗棠，并且把自己整理出来的有关新疆防务的地理资料交给了他。这件事在我们今天看来似乎有些不可思议，当时的林则徐已经是垂暮之年，而左宗棠尚未建立任何军功，而且他只是一个在野的隐士，林则徐把如此重大的使命交给他是不是显得儿戏了？然而，后来历史的发展，足以证明林则徐选对了人，而左宗棠更是近乎完美地完成了这项使命。至此，我们不能不叹服林则徐的先见之明，也不得不敬佩左宗棠的历史责任感。

　　1850 年，清廷任命林则徐为钦差大臣，让他前往广西镇压天地会起义。林则徐从福建闽侯老家出发前往广西，他走到广东普宁的时候，身体感到不适就病倒了，而后病逝在此地。林则徐病逝的消息传到湖南后，左宗棠十分伤感，他对林则徐的历史功绩给予了充分肯定，同时又对林则徐没能完成镇压天地会起义的使命感到惋惜，他给林则徐的挽联是这么写的：

> 附公者不皆君子，间公者必是小人，忧国如家，二百余年遗直在；
> 庙堂倚之为长城，草野望之若时雨，出师未捷，八千里路大星颓。

第三章　出山入幕

第一节　千呼万唤

左宗棠是举人出身的潇湘大才,而且他有着经世致用的真才实学,但他已经立志扎根在穷乡僻壤务农了,这是很值得玩味的。左宗棠虽然没通过会试考取进士功名,但是以他的举人功名也是具有做官的资格的,只是需要等待吏部分配或者出钱捐纳罢了。

其实,左宗棠如果打算出山,他根本不需要等待吏部的分配,也不需要花钱买官。因为,左宗棠通过与一些知名人士的交往,他已经在湖南乃至全国有了很大的名气,早就有人请他出来担任幕僚了。林则徐曾经聘请过左宗棠,但他因为要培养女婿陶桄公子读书,所以就婉言回绝了。林则徐病逝后,清廷任命两江总督李星沅为钦差大臣,让他继续镇压广西天地会起义。李星沅也请左宗棠随营参赞军机,但他不想去广西蹚这趟浑水,所以也是婉言回绝了。太平天国运动爆发后,湖广总督程矞采为了加强两湖地区的防卫,也写信请左宗棠出来协助自己处理军政事务,也被他婉言回绝了。

左宗棠作为一个身负大才之人,虽然他已经自号湘上农人并隐居山乡已近十年,但他是不会甘心务农一辈子的。左宗棠之所以屡屡不出山,是有多方面原因的：首先，他既已立下了长期务农的志愿，就不能轻易更改，不然将失信于人，也会失信于自己；其次，此时的形势发展，还没到他不出山就无法收拾的地步，他还要进一步观望局势；最后，还没有任何一个人像刘备聘请诸葛亮一样三顾茅庐，而他一向以诸葛亮自比，所以他是不会轻易出山的。

1851 年，即清咸丰元年初，洪秀全和杨秀清等人率领拜上帝教的数千名部众，在广西桂平紫荆山区的金田村起义了，随后他们建号太平天国，迅速摧毁了清朝在当地的政权。清廷闻报之后大为惊恐，咸丰帝紧急任命文华殿大学士兼首席军机大臣赛尚阿为钦差大臣，让他率领五万名八旗和绿营兵勇前去镇压。可是，此时的八旗和绿营兵早已腐化不堪，所以赛尚阿与太平天国交战一年多之后，太平军不但未被剿灭，而且冲出了广西杀入了湖南。

1852 年，太平军一路北上，先后攻克了湖南境内的道州和郴州，并继续乘胜北进，大有一举荡平两湖之势。在这种严峻的形势之下，清廷急命湖广总督程矞采南下迎敌；可是程矞采不过是一介文臣，他率军赶到衡州，眼看太平军势不可挡，就不战自退地返回到湖南省城长沙。程矞采发函敦请赛尚阿率军入湘，赛尚阿却以广西军情紧急为由推托了，如此一来，湖南的局势就岌岌可危了。

太平军在占领了郴州之后，又继续向北挺进，一路袭扰了安仁、攸县和醴陵等地，并杀向长沙。在太平军兵锋北指之时，左宗棠感到害怕了，他紧急把全家从湘阴东乡柳家冲迁到了湘阴与长沙交界处的白水洞，以此来躲避被太平军杀掉的危险。左宗棠在柳家冲一带已经有了很高的名望，因此他搬家的时候，有很多家族子弟和庄乡邻居跟随他前往白水洞。

在太平军攻入湖南之后，咸丰帝心急如焚，他一面急命赛尚阿与程矞采共同迎敌，一面紧急撤换了广西、湖南、湖北三省巡抚，打算以此来挽救两湖地区的危局。咸丰帝新近任命的这位湖南巡抚是张亮基，是曾经被林则徐称赞过的好官，他为了避免省城长沙也陷入太平军之手，便紧急联系了有关各方，希望有人出来辅助自己渡过难关。在这种情况下，时任贵州黎平知府的胡林翼，分别给张亮基和左宗棠各写了一封信，就是这封信，左宗棠决定

张亮基

出山。

胡林翼在写给张亮基的信中说,目前能帮助你度过危机的,就是隐居在白水洞的左宗棠,你一定请他出山帮你处理军政大事。胡林翼在写给左宗棠的信中说,你隐居白水洞是没用的,等太平军攻占了长沙就会踏平你的白水洞,要想挽救自己的命运你就得出山辅助张亮基。张亮基接到了胡林翼的信之后,立刻派人携带着自己的亲笔书信和一份厚礼前去拜会了左宗棠,言辞恳切地请他出山相助。

在湖南巡抚张亮基的恳请下,左宗棠对于是否出山仍然犹豫不决。在这种情况之下,张亮基又再次派人来请,而胡林翼也来信相催,一起隐居在白水洞的郭嵩焘也大力劝驾。左宗棠禁不住大家的一再恳求,他终于答应出山了,但是他向张亮基提出了一项重要条件,那就是以后湖南的军政大事要由他说了算。左宗棠提出的这个要求是很过分的,然而张亮基却爽快地答应了,因为此时的局势已经不容他犹豫了。

第二节　建功立业

1852年10月初,左宗棠终于结束了他的隐居生涯,信步跨进长沙城内的湖南巡抚衙门,成了张亮基的幕宾师爷。左宗棠进入长沙城之前,太平军在萧朝贵的率领下对长沙城展开了凶猛的进攻,负责防卫长沙城的湖南军务帮办罗统典率领清军打退了这支太平军的进攻,并且萧朝贵在此战中身负重伤而死。萧朝贵战死后,太平军主力在洪秀全和杨秀清的率领下再次赶赴长沙城下,这对于张亮基和左宗棠来说是个重大挑战。

为了能够守住长沙城，张亮基把主要军政大权都移交给了左宗棠，让他全权负责巡抚权限内的一切事务，自己则退居幕后全力支持他的工作。张亮基这么做是冒着巨大风险的，因为左宗棠虽然在湖南有着很大的名气，但是在此之前他并未建立什么了不起的军功，假如他不能承担起这个重任那么自己将丧失一切。但是，在太平军主力兵临城下的时候，张亮基已经别无选择了，他唯有依靠左宗棠来挽救危局了。

左宗棠接掌湖南军权的时候，杨秀清正在率领所部太平军猛攻长沙城南门，清军各部也陆续开赴湖南境内。左宗棠制订了聚歼太平军的一整套计划，但是在执行的时候发生了很大的偏差，原因主要是清军各部军纪涣散而又互不统属。左宗棠虽然以师爷的身份代行巡抚的职权，但是客居湖南境内的军政大佬，比如，塞尚阿、徐广缙和向荣等人，他们都是位高权重之人，根本就不把张亮基放在眼里，又怎么会服从左宗棠的调度呢？

左宗棠调不动外省援军，就及时调整了攻防战略，紧密依靠本省清军和团练武装，严防死守长沙城，誓与省城共存亡。在左宗棠的全力指挥之下，长沙城坚守了八十多天，而太平军在付出了巨大的伤亡之后，仍然没能攻下这座城池。洪秀全志不在此，他的战略目标是南京，因此他眼见长沙久攻不下，就与杨秀清率部北进，停止了对长沙城的攻击。左宗棠非常清楚，这次能够保住长沙城纯属侥幸，要想在接下来的战争中取胜，必须寻求根本改进之计。

左宗棠在长沙保卫战中一战成名，张亮基把他的军功上报清廷，清廷授予他知县的官职，并授予他五品同知官衔。至此，左宗棠正式进入了晚清官场的编制，虽然此时他的行政级别很低，但他代行巡抚的职权，所以称得上是权重一时。左宗棠在稳定了长沙周围的局势之后，主持办理了两件事：一是委派江忠源镇压了浏阳征义堂起义，二是请曾国藩出山整合团练资源并主持编练湘军。这两件事都是非常重要的，尤其是第二件事奠定了清朝成功镇压太平军的根基，这一切都是左宗棠策划实施的。

太平军过境湖南的时候，各地的会党趁机行动起来，纷纷附逆参与叛乱，其中以浏阳征义堂起义闹得最为凶猛。假如左宗棠不能剿灭这股叛乱势力，那么其他会党和土匪就会趁势而起，湖南全境很快就会成为叛匪的天下。左宗棠选派的将领是江忠源，而江忠源是楚勇的祖师爷，他所编练的民团武装虽然人数不多，但是战斗力十分凶猛。事实证明，左宗棠果然选对了人，江忠源率部挺进浏阳，仅用了十二天的时间就荡平了声势浩大的征义堂起义。征义堂起义被剿灭后，各地会党和土匪暂时不敢兴风作浪了，太平军在湖南的支持力量受到了极大的削弱，从而湖南省的军政形势向着有利于清朝的方向发展。

太平军攻入湖南的时候，曾国藩以在籍二品侍郎的身份为母守孝，左宗棠早就听说过他的大名，知道他是个实干家，就建议巡抚张亮基采取措施，聘请他出山创建湘军协防湖南。左宗棠的具体步骤是：一方面以张亮基的名义向清廷上奏，讲明扩大团练武装的意义，请咸丰帝下旨命令曾国藩出山；另一方面委派郭嵩焘前去，以忠义观念相感召，并结合湖南的形势与曾氏的安全进行劝驾。左宗棠的招数是奏效的，经过他的多方努力，曾国藩终于答应出山帮办湖南军务了。至此，太平天国出现了真正的强敌，晚清的颓势开始出现了逆转的迹象，只是当时这一情况并不明显。

曾国藩到达长沙之后，左宗棠接见了他，他留给左宗棠的印象是：这是一个脚踏实地的人，但是他性格倔强而要强，其才能略显不足。曾国藩当时已经是二品大员了，左宗棠不过是个五品师爷，他在曾国藩面前依然摆出来了一副尊者的姿态，并且在他眼里曾国藩的才能是不如自己的，这是何等的狂傲和不可一世！但是，左宗棠的狂傲是有资本的，曾国藩要想壮大湘军的规模，必须仰赖他的大力支持。

太平军没能攻占长沙，却并不意味着太平天国运动的衰败，相反这支生力军还在北进过程中走向了强大。1853年初，太平军一举攻克了武昌，此事震惊了左宗棠，也震惊了清廷。咸丰帝在情急之下，下旨命张亮基升任湖广总督，让他率师北上，一举夺回被太平军攻占的武昌重镇。张亮基接旨之后，立即偕同左宗棠整顿军马，准备武力收复武昌。洪秀全的战略目标是南京，他见张亮基和左宗棠率领大军前来，便主动放弃了武昌，率领太平军沿江东下而去了。

1853年3月初，张亮基和左宗棠进入了武昌城内的湖广总督衙门，左宗棠以师爷的身份开始执掌两湖地区的军政大权。清廷之所以要让张亮基和左宗棠来掌管湖广，是因为他们曾经成功地防卫了湖南，清廷要借助他们防卫湖南的经验来防守湖北。左宗棠正好要借此机会大展身手，他偕同张亮基亲赴黄州，在湖北与江西交界处的长江要塞田家镇设置重兵，以防太平军溯江西上前来反攻。

左宗棠的预见是准确的，太平天国在攻占南京之后，立即派出了北伐军和西征军，继续扩大势力范围。可是，洪秀全当初放弃武昌是个战略失误，因为左宗棠可以凭借占据上游的优势来抵挡太平军西征部队的进攻了。然而，战场形势千变万化，左宗棠的预期与实际情况还是有所出入的，尽管太平军西征部队没能冲破清军的防线，但太平军在北伐失利后转而向西，令人猝不及防地杀入了湖北地区。

左宗棠就是左宗棠，他看出太平军有进犯武汉之意，就派出了三千名清军埋伏在团风一带，等太平军过境时给他们以迎头痛击。经过团风一战，太平军的攻势受挫，武汉的安全有了保障。随后，左宗棠协助张亮基镇压了通城、崇阳、嘉鱼等地的反叛势力，并在黄安和麻城夹击了太平军。但是，与此同时，太平军突袭了田家镇，给湖北的防务带来了一定麻烦。在这种情况下，清朝大员胜保弹劾了张亮基，清廷便将张亮基降任为山东巡抚。

在张亮基降任为山东巡抚之后，尽管他一再挽留，左宗棠还是退出了他的幕府。当初左宗棠之所以答应出山，就是为了维护两湖地区的安宁，他的人脉资源都在楚地，假如追随张亮基去了山东，一旦老家不保又该怎么办？左宗棠收拾起行囊，离开他供职不久的署衙，返回到白水洞的家中，重新当起了他的山中隐士。

第三节　再入湘幕

就在左宗棠离开湖北返回湖南之后不久，太平军石祥祯部攻占了他布下重兵的田家镇，打开了从水路进攻湖北的门户。随后，石祥祯率军大进，一举攻占了武汉。太平军的攻势再次震动了清廷，清廷急忙调兵遣将收复武汉。在这种情况下，石祥祯主动撤出了武汉，退往黄州地区。石祥祯率部撤离后，时任湖广总督吴文镕穷追不舍，结果在黄州遭到了石祥祯的伏击。吴文镕兵败之后自杀，太平军第三次占领了武汉，洪秀全又命石祥祯进军湖南。

1854年初，石祥祯所部太平军挺进湖南，先后攻占了岳州、湘阴、靖港、宁乡等地，给长沙造成了很大的军事压力。而且，太平军的占领区，距离左宗棠隐居的白水洞不过一百里之遥。假如石祥祯知道有这么个大人物隐居于此，他一定会率军踏平白水洞的。在此之前，时任湖南巡抚骆秉章曾经多次派人卑辞厚礼前来聘请左宗棠出山相助，可是左宗棠并不准备轻易出山了，可眼下局势已经到了不容犹豫的地步，他便决定再次加入湖南巡抚衙门的幕府。

1854年4月，左宗棠来到了湖南巡抚大堂，受到了骆秉章的热烈欢迎。如果说当年张亮基延聘左宗棠还抱着一丝试试看的意味，那么这次骆秉章延聘他就是把他当成顶梁柱和救命稻草了。因为此时长沙城的北面是太平军石祥祯部，而南面是太平军林绍璋部，假如不能击退围城的太平军那么自己将死无葬身之地。此时湖南境内的清军主力主要是曾国藩和胡林翼的人马，而他们都是左宗棠的好友，况且曾国藩编练湘军还是在左宗棠大力支持下开展的，此时骆秉章不依靠左宗棠还能依靠谁？

左宗棠再入湘幕之后，他在骆秉章手下干了六年之久，骆秉章与张亮基一样，把手上的军政大权全部交由他来行使。更有甚者，骆秉章对于左宗棠的信任到了不可思议的地步，他对左宗棠做出的任何人事、行政、财经和军事决策都无条件赞同，甚至连左宗棠以他的名义给清廷上的奏疏都不为过。左宗棠完全掌握了湖南的军政权力，加之他性情狂傲，因此该省各级文武官员对他既恨又怕。

左宗棠为了打好长沙保卫战，就召来了湘军统帅曾国藩，与他商讨湖南攻防大计。此时，石祥祯所部太平军攻占了长沙西北的靖港，林绍璋所部攻占了长沙南面的湘潭。在湖南军事会议上，左宗棠提出的作战方略是先北后南，即暂时不管靖港，先集中湘军主力收复湘潭。曾国藩在会上同意了左宗棠的意见，但是会后有一帮士绅前来报信说靖港太平军人数较少，请求他率部前去收复此地。在这种情况下，曾国藩利令智昏了，他未与左宗棠商量，就率领一支人马前去攻打靖港，结果遭到了惨败。

曾国藩兵败靖港之后，曾经跳入湘江自杀，结果被随从章寿麟救起。自杀未遂的曾国藩，无颜面见长沙父老，就在长沙城外恭候左宗棠的到来。曾国藩当时的意思是，他还是要自杀的，但是为了要死得清白，所以要把账册交割给左宗棠。左宗棠闻讯之后，心急火燎地来会见曾国藩。曾国藩见到左宗棠之后，本以为左宗棠会安慰他一番，结果他等到的却是左宗棠狂风暴雨般的斥骂。在左宗棠的批评教育之下，曾国藩重新振作起精神，而此时湘潭的胜利消息也传来了。前文已详细说明，在此不一一赘述。

为了把太平军赶出湖南，左宗棠制订了一套反攻计划。曾国藩按照这套计划行事，把湘军分成三路向北进军，结果顺利收复了岳州。在局势好转之后，左宗棠与曾国藩商量湘军出省作战之计，两个人商定的结果是：先收复湖北扼守长江上游，再沿长江东下收复江西，最后收复江苏成就大功。他们二人制订的这套战略，贯穿了镇压太平天国运动的始终，虽然在实施过程中出现了一些小的偏差，但是湘军基本是按照这个路线执行的。

为了能够让曾国藩放心出省作战，左宗棠承诺全力保障湘军的粮饷供应，在后勤上给予湘军以最大支持。这是非常重要的一环，打仗在一定意义上打的就是钱，而当时的钱是最难筹措的，况且湘军的军费开支又非常庞大。左宗棠利用他主政湖南的便利条件，在原定税收的基础上，又用劝募的方式从湖南各州府地主和富商手里筹措了大笔钱财，并将这笔钱源源不断地运送到曾国藩的大营中。曾国藩对于左宗棠的器重和推崇是有原因的，左宗棠在湘军的发展壮大过程中是立下汗马功劳的，而这些往往是不被历史研究者所重视的方面。

第四章 出省始末

第一节 三足鼎立

1854年10月,曾国藩按照他与左宗棠商定的进军计划,在胡林翼等人的配合下,率领湘军水陆大军开进湖北。湘军经过几个月的攻击作战,在武汉和田家镇等地击溃了太平军,不但肃清了湖北省全境,而且挺进了江西地区。这是湘军首次出省作战,但是开局进展顺利,基本达到了事先预定的目标。

曾国藩收复武汉之后,咸丰帝兴奋得手舞足蹈,他马上任命曾国藩为湖北巡抚。可是,时任内阁大学士祁寯藻提出了相反意见,他认为曾国藩如果担任了湖北巡抚,那么这对于清廷的统治是一种潜在的威胁,而且会迟滞湘军东征的步伐。咸丰帝听取了其建议,立刻收回了成命,于1855年春改任胡林翼为湖北巡抚,而让曾国藩督办江西军务,让他率领湘军主力进军九江等地。

至此,曾国藩进入了江西的地盘,胡林翼担任了湖北巡抚,左宗棠继续掌握着湖南的军政大权,湘军集团三巨头分别接掌了江西、湖北和湖南三省地盘,三足鼎立之势初步形成了。在这三巨头之中,曾国藩肯定是湘军的头号人物,虽然他最初是在左宗棠的提议下才出山创建湘军的,但是他始终掌握着湘军主力的最高统帅权;胡林翼应该算是第二号人物,虽然他不直接统率湘军主力,但他把湖北建成了湘军的第二后方基地,并且他是三巨头中第一个坐稳巡抚高位的人;左宗棠对于湘军的创立和发展有着很大的功劳,但他目前只是湖南巡抚的师爷和湘军的后勤总管,所以他只能屈居第三号人物的位置。

左宗棠不但为湘军做好了全面的后勤工作,而且密切关注着湘军出兵江西之后的军情,当湘军在江西过关斩将攻城略地之时,包括曾国藩在内的将帅都感受到了胜利的喜悦,唯有左宗棠洞若观火地指出了骄兵必败的危机。左宗棠对于兵略绝非浪得虚名,他虽然远在湖南,却早就嗅到了江西战局的危险气息。江西战场的情况果然不出左宗棠所料,曾国藩于1855年初在湖口为石达开所部太平军所败,湘军水师被截为两段且损失惨重。

石达开在湖口击败了湘军水师之后,他一面委派手下将领林启容在九江一带牵制曾国藩的湘军主力,一面委派秦日纲和陈玉成攻入湖北并占领武汉,然后亲率大军多面合围江西一带的湘军。在这种情况之下,胡林翼是不可能从湖北驰援困在江西的曾国藩的了,左宗棠感到万分震惊,他急忙从湖南抽调军队驰援江西。本来,骆秉章已经把湖南的军政大权让渡给了左宗棠,无论左宗棠做什么他是都不过问的,但他与曾国藩个人私交不好,所以他干预了此事。左宗棠告诉骆秉章:一旦让太平军攻陷了江西,那么接下来他们就要攻占浙江、福建和广东,到时湖南就会陷入他们的包围圈,我们也是在劫难逃。

左宗棠在成功说服了骆秉章之后,他先是命令刘长佑于1856年初驰援江西,而后命

陈玉成

令湘军旧将王鑫赶紧增募军队，为出兵援助江西湘军做准备。在左宗棠的积极运作之下，曾国藩所率湘军主力度过了一场危机。随后，太平天国发生了天京事变，洪秀全、杨秀清、韦昌辉、秦日纲和石达开之间杀得一塌糊涂，太平军的实力和声望遭到了极大的削弱，曾国藩及其所率湘军才真正度过了这场灭顶之灾。假如不是左宗棠派军驰援及时，恐怕曾国藩早就被石达开杀掉了吧。

1857年，曾国藩由于与时任江西巡抚陈其迈合不来，所以借故其父曾麟书过世而离开了江西军营。在曾国藩返回湖南湘乡老家后，左宗棠前来拜见了他。左宗棠非但没有对他丧父表示哀悼，也没对他离开大营表示谅解，而是毫不客气地谴责了他一顿。

左宗棠不是说说而已，他确实做到了言出必行，在曾国藩离开江西之后，湘军主力缺乏一个大家都信服的统帅，左宗棠就遥控指挥这支军队。左宗棠的具体策略是，先派江忠源的族弟江忠义率军一千从湖南去江西补充刘长佑的部队，而后又派王鑫率军三千挺进江西，再以湖南巡抚的名义直接决定湘军各部的军饷发放，这么一来大家就只能听左师爷的招呼了。在湘军各部是有一些大将、猛将和元老的，但是他们或者回家奔丧了，比如，曾氏兄弟；或者亡故了，比如，罗泽南和塔齐步等人；或者只能统率一支人马，比如，杨载福、彭玉麟和鲍超等人。因此，曾国藩离开了大营之后，大家只能接受掌握着他们粮饷命脉的左宗棠的领导。

左宗棠在拿到了湘军主力的控制权之后，就制订了一整套收复江西的军事计划，他确定了先行收复瑞州和临江等江西腹地，而后会同胡林翼克复江西全境的战略。为了实施这套计划，从1857年到1858年的一年间，左宗棠从湖南派出了多路湘军新生力量，让他们开赴江西战场，会同湘军主力与太平军展开了生死较量。结果一年之后，江西战局完全按照左宗棠预期的方向前进，湘军相继收复了瑞州、袁州、临江、吉安、抚州、建昌六府，使太平天国西征军所开辟的江西根据地大部丧失。随后，胡林翼也从湖北攻入江西，迅速收复了九江等地，至此湘军完全控制了江西。

在江西形势有利于湘军之时，石达开率领太平军转战浙江、福建、安徽等省区，并且攻入了湖南地区，意在直捣湘军的老巢。在这种情况下，曾国藩遵从清廷的诏命，返回了江西湘军大营。左宗棠则召回了刘长佑的军队，全面主持应对石达开的战役。石达开是太平军中数一数二的名将，他率部攻入湖南对于骆秉章的心理冲击是很大的，左宗棠却轻描淡写地对这位巡抚大人说："石达开不足为惧，我自有破敌之方。"

左宗棠不是吹牛的，他早就从石达开的进军路线中发现了玄机，他断定石达开必然经由益阳、安化和新化向宝庆发起进攻，于是他就命令刘长佑在宝庆埋伏了重兵。果然不出所料，石达开果然于1859年强渡湘江，向宝庆杀奔而来。刘长佑见石达开长途奔袭而至，就马上发起了反攻，以逸待劳地伏击了太平军。石达开遭遇了惨败，只得率部转战广西地区，湖南境内得以安宁。

第二节　怒骂樊燮

左宗棠在湖南，不但处理军政大事，而且狠抓吏治和税收，把该省政务打理得井井有条，当然也得罪了不少人。左宗棠为了肃清境内官员的贪腐行为，是下了大力气的，他和巡抚骆秉章带头执行有关清廉和勤俭的规定，对违规官员严惩不贷。左宗棠以师爷的身份统领湖南政府，施政又如此严格，各级文武官员肯定有不买账的。为了理顺领导和管辖体系，左宗棠以巡抚的名义，参掉了十八名渎职的官员，从此湖南官场秩序井然。

为了给湘军筹措粮饷，左宗棠主要施行了两项政策：一是让湖南境内的士绅参与军政管理和辖区治安，同时依靠他们募捐钱物，把他们的权利和义务结合起来；二是彻底整顿税收，在降低农民负担的基础上增加收入，核心环节就是抑制各级官员的灰色收入。左宗棠这么做，得罪人是难免的，但他已经在湖南树立起了很高的威信，所以一般没人敢于向他发难。

左宗棠不但对下级强硬，他对于上级依然如是，时任湖广总督是满人大员官文，他曾经派人去湖南募捐，结果被左宗棠一口给回绝了。另外，官文打算把湘军名将王鑫收为己用，左宗棠闻讯后赶紧给王鑫写信，让他迅速脱离官文的阵营，一点也不给官文面子。还有，左宗棠在代表骆秉章写给官文的官方咨文中，也是对官文极尽蔑视和挖苦之能事，经常弄得官文下不来台。官文作为堂堂的满人大员和封疆大吏，他对于左宗棠的狂傲肯定是心怀不满的，但是念在防卫两湖地区还要依赖左宗棠的分上，他只得暂时忍耐了下去。

左宗棠在湖南干出了名堂，他的声威也传遍了全国，不但曾国藩和胡林翼屡次向咸丰帝为他请功，而且连与他未曾谋面的当朝御史宗稷辰也向清廷举荐了他。咸丰帝从此知道了左宗棠的大名，他向湖南巡抚骆秉章要人，打算将左宗棠调到兵部任职。可是，骆秉章舍不得放左宗棠离开自己的幕府，于是他向咸丰帝奏明原委，要求暂时将左宗棠留在湖南。咸丰帝答应了骆秉章的要求，同时赐予左宗棠四品卿衔，并通过他的好友郭嵩焘向他问好。

不管左宗棠有多优秀，一旦两湖地区的军政形势好转了，官文就要算账了。官文作为湖广总督，他要报复左宗棠这么一个巡抚的师爷，似乎是一件很容易的事情。可是，左宗棠在湖南的官声甚佳，而且他的关系网遍布湘军各部，他的大名也为皇帝所熟知，要想扳倒他必须寻找一个合理的借口。虽说欲加之罪何患无辞，但是左宗棠一不贪腐二不渎职，所以官文想找借口还真不容易，直到樊燮案的发生才让他抓住了机会。

樊燮本是湖南永州镇总兵，他不顾清廷的律令和左宗棠的规定，私自调用数百名士兵充当自己的家仆，而且拿公家的粮饷来报销自己私宅的费用，另外他还以武将的身份坐轿检阅军队。左宗棠闻讯之后大怒，他以巡抚骆秉章的名义上奏清廷，要求将樊燮革职查办。樊燮听到这个消息之后，立刻来向骆秉章求情，骆秉章则把此事推给了左宗棠。于是，樊燮赶紧来见左宗棠，他先向左宗棠施礼，而后讲明了来意。可是，左宗棠端坐不动一言不发，樊燮问左宗棠何故如此，左宗棠反问了一句，你说了半天，怎么不跪下呀？

樊燮听左宗棠说出了这句话，怒不可遏，觉得自己好歹也是个二品总兵，凭什么给一个四品师爷下跪呢？左宗棠大骂樊燮，这一下子就彻底撕破了脸皮。樊燮回家后愤恨不平，他向湖广总督官文告了左宗棠一状，这就给官文收拾左宗棠提供了一个很好的借口。

而樊燮为什么会找官文告状呢？这首先是因为官文对左宗棠不满一事，樊燮早就有所耳闻，他正好可以利用这个矛盾来为自己出气；其次是因为樊燮虽然身为汉人，但他与满族大员的私交不错，他不但是湖广总督官文的五姨太的亲戚，而且湖南布政使文恪也是他的至交好友。

1859年，樊燮在官文和文恪等人的唆使之下，向都察院递交了诉状，他向清廷参劾左宗棠以一劣幕的身份把持湖南省政，而且说左宗棠横行不法欺辱朝廷命官，并且请求咸丰帝严肃处分左宗棠。在樊燮向清廷告状的同时，官文的奏折也到了京城，他极力主张制裁左宗棠。如此一来，樊燮案便成了满汉之争，事情变得复杂化了。满汉之争从清入关第一天起就一直存在，而且满人一直占据上风。但是在太平天国运动爆发后，满人无力镇压，清廷只好寄希望于汉人编练的湘军。咸丰帝之所以让官文总督湖广，就是因为担心湘军集团过度膨胀，才让他来监督和制约汉人势力的。

樊燮的诉状和官文的奏疏被送到皇宫大内之后，咸丰帝虽然早就听说过左宗棠的大名，但他本能地站在了满人官文一边，下旨让官文及其下属钱宝青一起审理这桩案件。并且，咸丰帝在上谕中说，假如官文查明樊燮所诉属实，可将左宗棠就地正法。假如官文真把左宗棠抓起来审理，那他一定会把这个案子办成铁案的，因为左宗棠确实曾经怒骂樊燮并勒令对方下跪。但是，官文要想逮捕左宗棠绝非易事，因为曾国藩、胡林翼和骆秉章这三个军政大佬不会同意，左宗棠的老友郭嵩焘也是不会同意的。

郭嵩焘时任翰林院编修，他深知此时朝中第一重臣是肃顺，于是他就通过老乡王闿运求见了肃顺。而王闿运此时是肃顺的门客，他自然也会帮着郭嵩焘为左宗棠说话，希望肃顺可以在咸丰帝面前力保左宗棠。肃顺对于湘军大佬一向是钦佩和器重的，他听郭嵩焘和王闿运讲述后，表示愿意帮助他们解救左宗棠，说："我不便直接向皇上求情，免得落个内外勾结的罪名；但是，你们可以通过其他人向皇上求情，等皇上问起我的时候，我自然会替你们说话。"

郭嵩焘没请动肃顺，便转而求助于上书房行走潘祖荫，希望他能在咸丰帝面前替左宗棠说话。潘祖荫一向钦佩左宗棠的官声和人品，现在听说此事之后，他当即保证愿意全力协助此事。随后，潘祖荫给咸丰帝上了一份奏折，他在这份奏折中力保了左宗棠，并且他写了一句分量很重的话：国家不可一日无湖南，而湖南不可一日无左宗棠。这封奏折触动了咸丰帝，他赶紧召来肃顺商议对策，肃顺就坡下驴为左宗棠说了好话。于是，咸丰帝决定，将樊燮撤职查办，同时不再追究左宗棠的责任。

左宗棠身在湖南署衙，不知敌友为他博弈的结果如何，因此他坐立不安，这次是真的害怕在此丢掉性命。左宗棠再也不敢待在湖南巡抚衙门了，他向骆秉章递交了辞呈。骆秉章有一千个一万个不愿意，也得答应了左宗棠的离职请求，并请左宗棠推荐给他一个人。左宗棠推荐了老友刘蓉，让刘蓉代替自己协助骆秉章打理湖南省政，自己则前往北京参加会试获取功名。

第三节　投身湘军

1860年初，左宗棠离开了湖南巡抚大堂，顶风冒雪向北进发，准备赶到北京参加会试。可是，当左宗棠走到湖北襄阳的时候，襄阳道毛鸿宾挡住了他的去路。毛鸿宾之所以要拦住左宗棠，是因为胡林翼要他把一封密函转交给左宗棠，胡林翼的这封信的大意是说：你千万不要去北京，因为官文已经在北京设好了圈套要害你，所以请你先转往他处。

左宗棠接到了胡林翼的密函，一方面是感激之情，因为老友胡林翼在关注着自己的安危；另一方面是迷茫彷徨，长沙他是回不去了，北京也不安全了，他又该何去何从呢？左宗棠，一个自比诸葛亮的大才，一个执掌过湖南省政的要员,一个遥控过湘江主力的统帅,一个声震寰宇的传奇人物,竟然在外省的冰天雪地里迷失了方向。痛定思痛之后,左宗棠决定向东去投奔曾国藩的湘军大营,求得一营兵马杀敌报国,也绝不能落入小人官文的圈套。

左宗棠离开襄阳之后,他先去湖北英山县会见了驻军此地的胡林翼,而后才向东进入安徽宿松县的曾国藩大营。曾国藩对于左宗棠的到来喜出望外,他们就东南形势和湘军发展交换了意见,两个人进行了彻夜长谈。在提到个人前途时,左宗棠表示要在曾国藩手下带兵打仗,曾国藩对此表示欢迎。曾国藩虽然希望左宗棠的大才能够为己所用,但是他同时又怕自己驾驭不了左宗棠,因为他虽然贵为湘军统帅,但是左宗棠从来都没当过自己的下属,相反左宗棠向来是以导师的身份出现的。另外,更为重要的是,曾国藩又怕清廷不肯放过左宗棠,自己擅自收留左宗棠会招致不必要的麻烦,所以他只能对左宗棠的来投表示谨慎欢迎。

就在左宗棠投奔曾国藩没几天,清廷下发的上谕到了,咸丰帝亲自为左宗棠平反昭雪,并让他进京就职。曾国藩心里的石头总算落了地,他赶紧给咸丰帝上书,要求暂时不让左宗棠进京,而是委派左宗棠回湖南招募六千军马,然后让左宗棠统率这支新生力量参加安徽、江西和浙江三省的平叛战争。咸丰帝随即批准了曾国藩的请求,赏给左宗棠四品卿衔,让左宗棠赶回湖南招募军队,而后赶赴战场帮助曾国藩办理军务。

左宗棠受命之后兴奋莫名,因为他不但免除了杀身之祸,而且成了湘军统帅曾国藩的重要助手。此时的曾国藩不但是湘军统帅,而且很快就升任为两江总督,并且清廷让他督办江南军务,也就是说安徽、江苏、浙江和江西四省地盘都将在他的统领之下,左宗棠跟着他比跟着骆秉章更有前途。另外,左宗棠得到了回湖南招募和训练军队的授权,凭他在湖南的影响力和关系网,要想打造一支属于自己的军队,那绝不是一件难办的事情。

左宗棠打定主意之后,赶紧从安徽返回湖南,在长沙、湘乡、郴州、沅州、湘阴等府县招募了一支由三千五百个青壮农民组成的新生力量,分别交由自己的铁杆心腹崔大光、李世颜、罗近秋、黄有功、戴国泰、黄少春、张志超、朱明亮、张声恒九人统领。另外，左宗棠又联络了王鑫（此时已死）之弟王开琳，让他收罗能征善战的老湘营的一千四百人加入自己的队伍。如此一来，左宗棠手下的嫡系部队达到近五千人的规模，但仍未凑足六千人的预定数量。

左宗棠的建军原则是宁缺毋滥，他没有坚持拉齐六千人的规模，而是让这五千人投入了正规的军事训练，并用最精良的装备来武装这支军队，而且充分保障他们的后勤供应。按说左宗棠这是在替湘军招募后备力量，可是他却把这支五千人的军队改称为楚军，从而将其变成了从属于自己的嫡系武装。虽然楚军和湘军只有一字之差，但这意味着左宗棠已经开始自立门户了。他虽然名义上是湘军统帅曾国藩的属下，但实际上他已经成为楚军的祖师爷了。在那个风云变幻的岁月中，没有从属于自己的独立的武装力量是干不成大事的，左宗棠对此有着充分的体会和认知。

第五章　步步高升

第一节　进军赣北

1860年7月，左宗棠正在长沙城外加紧训练楚军的时候，石达开率领所部太平军已经从广西转战贵州，并有进入四川的趋势和意图。此时石达开已经自立门户，虽然他的部队不如洪秀全阵营规模庞大，但是他一直是太平天国前期统帅中最为能征善战的一个，所以清廷对他率部侵蜀一事非常重视。在这种情况下，清廷准备调派左宗棠率领楚军挺进四川，迎头痛击石达开所率太平军。

左宗棠接到清廷的命令后，表现得非常矛盾和为难，一方面他志在平吴不想入蜀，另一方面他又不敢轻易违逆清廷的意志。左宗棠把他的为难情况向曾国藩和胡林翼通信做了说明，曾国藩和胡林翼都主张让他率领楚军开赴江西和安徽一带，一起参与收复东南的战役。胡林翼是这么劝导左宗棠的：你孤军深入四川是不会有太大作为的，就算挡住了石达开的进攻也不会立下过人的功劳，眼下太平天国主力溃败在即，我们应该携手完成这一大业。

由于曾国藩、胡林翼和左宗棠这三个大佬都坚决不同意把楚军调到四川，清廷也表现得无可奈何，便只好另调骆秉章入蜀对付石达开，让左宗棠准备就绪之后开赴江西战场。虽然骆秉章一直是甩手掌柜，但他毕竟肩负着一省的重担，眼下左宗棠不想去的地方只有骆秉章才能代他去，这到底意味着什么呢？这至少意味着，左宗棠在晚清官场体系中地位是与骆秉章齐平的，而他开赴江西之后也将担任战区长官和方面大员。

左宗棠不是第一次率军打仗了，他很早之前就追随张亮基在两湖地区抗击过太平军，后来他又追随骆秉章打退过石达开的进攻。因此，左宗棠深知改进装备、加强训练和严明军纪的重要，他在打造这支楚军时是倾注了全部心血的。1860年10月，太平军李秀成、李世贤、杨辅清和黄文金所部围攻曾国藩的祁门大营，曾国藩把湘军主力交由其弟曾国荃围攻安庆，他手下只有三千兵马。无奈之下，曾国藩紧急向左宗棠求助，他命令左宗棠率领所部楚军赶赴江西景德镇，作为祁门后方的有力支撑。

1860年11月初，左宗棠在曾国藩的一再催促下，率领所部五千楚军，从湖南省城长沙出发，经由醴陵等地，威武雄壮地挺进江西东北部的景德镇地区，与曾国藩的祁门大营互为犄角。左宗棠驻军景德镇之后，立即安营扎寨稳定根据地，然后出兵德兴和婺源，向太平军发起了凶猛的进攻。左宗棠不愧为军事大才，才几个月就打造出来了一支所向披靡的铁军，德兴和婺源等处的太平军守军根本就抵挡不住楚军的进攻。可是，太平军毕竟占有人数优势，而且太平军已经占据了江西的大部分地区。因此，在左宗棠率领楚军主力离开景德镇的时候，太平军调集兵马又猛攻景德镇，左宗棠只得率军回援。

这支围攻景德镇的太平军是黄文金部，他凭借优势兵力与左宗棠展开了鏖战，曾国藩闻讯之后急调鲍超前来助战。于是，在左宗棠和鲍超所部的联合反攻下，黄文金所部太平军被迫撤离景德镇战场，逃奔到彭泽和建德地区。左宗棠迅速与鲍超乘胜追击，一举击溃了黄文金所部太平军，并顺利收复了彭泽和建德，黄文金丢盔弃甲之后逃奔到芜湖地区。

黄文金前脚刚刚退走，李世贤就率领大军来与左宗棠一较高下，1861年初，两军会战于皖南和赣北的主战场。左宗棠首先派出的是王开琳的老湘营，老湘营虽然只有一千多人，但是他们的战斗力十分强劲，所以王开琳上来就扫荡了李世贤的前锋部队。李世贤初战失利之后，便调集重兵来围攻王开琳，老湘营寡不敌众只得缓步退却。李世贤攻势凶猛，他不但击退了王开琳，而且攻占了景德镇，对曾国藩的祁门大营也形成了包围之势。

曾国藩被包围到祁门之中，他曾经试图打开通往浙江一带的粮道，但是都被李世贤给击败了。在这种情况下，曾国藩写好了遗书，准备以死来报效清廷。可是，左宗棠是不会见死不救的，就在李世贤攻克了景德镇之后，他率领楚军主力攻克了乐平，为祁门大营打开了一条通往外省的通路。李世贤闻讯赶紧来战左宗棠，两军对峙于乐平一带，左宗棠利用背山面河的有利地势，以五千人的楚军击败了十万之众的太平军，顿时惊破敌胆威震全国。

左宗棠大胜李世贤的消息传到祁门大营后，曾国藩感慨万分，他立即上奏清廷为左宗棠报功。于是，清廷赏给左宗棠正三品太常寺卿衔，并让他全力帮办曾国藩办理军务，左宗棠的升迁之路就此打开了。

第二节　巡抚浙江

1861年，咸丰帝驾崩于热河承德避暑山庄后，以肃顺为核心的赞襄八大臣掌握了清廷的大权。随后，慈禧太后和恭亲王奕䜣联合发动了辛酉政变，处决和发配了赞襄八大臣，从而夺回了清廷的最高权力。慈禧太后非常清楚，要想剿灭太平军，就必须依靠曾国藩的湘军（此时胡林翼已死），以及从属于湘军的左宗棠的楚军，当然还有李鸿章的淮军。为了表彰左宗棠的战功，并让他率领楚军积极为清廷卖命，在曾国藩的鼎力保荐下，慈禧太后于1862年初任命他为浙江巡抚。

左宗棠接任浙江巡抚之后，立即整合楚军主力资源，准备雄赳赳气昂昂地开赴浙江战场。虽然此前左宗棠曾经多年打理湖南省政，但那毕竟是以师爷的身份，在头衔上就低了巡抚一大截。如今左宗棠升任了清朝财赋大省浙江的巡抚，不但取得了二品头衔，而且单独掌握了该省军政大权，他该是何等的意气风发和踌躇满志。然而，左宗棠是个志大才高之人，他不会满足于这个浙江巡抚的位置，他要在建功立业的基础上再谋新职，但是眼下他面对的是如何剿灭浙江境内的太平军的问题。

左宗棠虽然当上了浙江巡抚，但是他要想收复浙江绝非易事，因为李秀成与其堂弟李世贤已经攻占了浙江大部分州府，虽然李秀成此时已经转赴上海与李鸿章交战，但是李世贤仍然布下了二十万大军的防线。另外，杨辅清也从皖浙边境袭扰江西，牵制着左宗棠进军浙江的步伐。左宗棠的计划是：先击败杨辅清，稳定江西后方，然后再进军浙江前线。

左宗棠先是选派部将刘典前往婺源阻挡杨辅清的进攻，刘典虽然不足以击败杨辅清，但是他为左宗棠拖住了杨辅清的部队。左宗棠随后率领楚军主力开赴婺源，与杨辅清的部队展开了激战；杨辅清不是左宗棠的对手，随即被打得落荒而逃。左宗棠解决了杨辅清，也就为进军浙江扫清了外围干扰，他下一步就要考虑如何收复浙江的问题了。

清廷为左宗棠制订了一套收复浙江的计划，命他先行救援硕果仅存的衢州府，而后再逐步扩大根据地，最后肃清浙江全境。左宗棠凭借他多年的战争经验，发现清廷的这套计划不可行。所以，他只有两种选择：一是遵命行事，二是改弦更张。左宗棠经过深思熟虑，他最终选择了后者，并把理由告知了清廷：太平军素来以围困坚城的方法对付清军，假如自己率领楚军进入衢州，势必落入太平军的包围和伏击圈；要想打开浙江困局，必须从太平军的薄弱环节入手，然后再逐步扩大战果。

鉴于左宗棠以往的韬略和战功，清廷同意了他的意见，让他根据自己的计划收复浙江。如此一来，左宗棠就没有了清廷的掣肘。左宗棠选择的突破口是开化县，他率领楚军一举荡平了驻守此地的太平军，顺利攻入浙江境内，并迅速建立起了一块比较扎实的根据地。随后，左宗棠乘胜进攻，又一举收复了遂安县，稳步扩大了他在浙江的战果。

就在左宗棠攻占安化和遂安县的时候，李世贤正率领大军猛攻衢州，在清廷的一再催促之下，左宗棠只得率军来救此城。左宗棠与李世贤在衢州对峙了两个多月，左宗棠的楚军勇猛顽强，李世贤所部太平军则人数众多，双方各占优势，因而互不相让。但是，左宗棠毕竟曾经在江西打败过李世贤，所以李世贤与其所率将士对于楚军心存敬畏。两个月后，左宗棠终于取得了战场优势，李世贤率部退守金华府及其周围的龙游、寿昌、兰溪诸县，衢州之围遂得以化解。

为了进一步剿灭李世贤，左宗棠制订了进攻金华的计划，他鉴于楚军兵力不足，便采用明太祖朱元璋惯用的"先剪羽翼，后捣腹心"的战略，打算先扫清金华外围的龙游、寿昌、兰溪和汤溪等处，然后再与李世贤在金华决战。为了取得战争胜利，左宗棠并不急于发起进攻，他派人回湖南招募新勇，并添设水师船队。如此一来，左宗棠的楚军得以迅速膨胀，他不但击溃李世贤收复浙江，而且在全国的军政格局中迅速被认可。

虽然左宗棠精于兵事，但是他们与李世贤布置在浙江各地的二十万太平军来说，在数量上仍然处于绝对劣势。为了壮大清军的阵营，左宗棠整合了他所能征集到的全部军政资源，一方面他把所部楚军万人交由刘典指挥之后，还通过清廷把猛将蒋益澧和高连升所部八千人从广西调过来，同时他还借调了福建记名提督秦如虎的数千兵马，三路大军会攻金华周围的龙游等县；另一方面他又联合英法等国的军官，组建与常胜军齐名的常安军和常捷军，凭借他们优良的装备和雄厚的战力收复宁波、浙江沿海等各地。

左宗棠在对待蒋益澧等将领上，给予了他们充分的信任；但他对于由英法将领掌控的常安军和常捷军，则是自始至终抱有利用和戒备的心理，以防这些外国武装在中国发展壮大或为非作歹。左宗棠与李鸿章不同，李鸿章虽然也对外援有防范之心，但他对列强的依赖程度是高于左宗棠的，左宗棠则向来主张：以我为主，严防列强的对外方针。所以，在初步达到战略目标之后，左宗棠就下令遣散了常捷军和常安军，从而未曾给浙江省和清朝东南地区引来外患，这也算是功不可没。

左宗棠主持围攻龙游之时，秦如虎率部攻克了处州（今丽水），金华的门户就被洞开了。随后，左宗棠命令蒋益澧、刘典和高连升分别从北、西、东三面进攻汤溪，奋力剪断金华的又一个羽翼。但是，汤溪的守军十分顽强，李世贤又派军来救，所以左宗棠没能顺利拿下此城。正当左宗棠陷入困顿之时，曾国荃率领湘军主力猛攻太平天国的天京，洪秀全紧急命令李秀成和李世贤率师回援。李秀成率领十万大军回援，李世贤也率领七万主力往回赶，这就为李鸿章攻克苏州和左宗棠收复金华创造了条件。

当李世贤率领太平军主力离开浙江之后，汤溪守军向楚军投降，从而左宗棠顺利收复了汤溪，并把矛头指向了严州，对金华造成了极大的威胁。1863年初，在左宗棠所部大炮的猛烈轰击下，严州城终于被拿下了。正当左宗棠扫清了金华外围，准备直捣金华的时候，太平军驻扎的湖州和绍兴一带的黄呈忠、范汝增、练业坤率领十万大军前来增援金华。这十万大军是由三路人马组成的，他们彼此之间并不能团结协作。当他们赶到金华附近的时候，与楚军蒋益澧部刚一交战就溃不成军了。太平军援军溃散后，驻守金华的守军也跟着四散奔逃了，这样蒋益澧所部兵不血刃就顺利进占了重镇金华。

在蒋益澧收复了金华之后，左宗棠便组织军队乘胜进击，金华之东的武义、永康、东阳、义乌、浦江、诸暨六县的太平军望风而逃。左宗棠在收复了这六县之后，就把兵锋指向了省城杭州。为了顺利拿下杭州，他仍然采取之前进攻金华的战略。左宗棠的军事思想，主要就是剥皮战略，为了攻取一座重镇，就先拿下它周围的各个据点。在杭州守敌惊恐万状之下，左宗棠分兵攻占了杭州东边的绍兴以及西南的桐庐，然后逐步缩小了包围圈。事实证明，左宗棠的这套战略是积极稳健的，是对朱元璋军事思想的继承和发扬。

在左宗棠即将扫平浙江的时候，太平军残部败退到福建地区。为了充分调动左宗棠的战斗积极性，清廷委任他为闽浙总督兼浙江巡抚。至此，左宗棠在级别上已经与曾国藩齐平了，成了晚清封疆大吏之一。清廷之所以要让左宗棠升得这么快，除了是要表彰他的战功、推动他破敌的动力、迅速肃清闽浙两省之外，应该还有其他的深意。笔者揣测，清廷是故意让左宗棠与曾国藩并驾齐驱，并让左宗棠对曾国藩形成有效制衡，以免曾国藩生出不臣之心。

第三节 总督闽浙

1864年初，为了迅速拿下天京，清廷命令李鸿章率部支援曾国荃。曾国荃不希望李鸿章的淮军前来抢功，便通过其兄曾国藩通知了他，他便命令程学启所率淮军从苏南开赴浙北。左宗棠非但对李鸿章的这一举动不领情，而且还向清廷参了他一本，说他这是越境掠功。由此可见，左宗棠对于收复杭州已经胜券在握了，不然他不会这么对待李鸿章的。

左宗棠率领大军围攻杭州之后，李世贤情知杭州已不可保，便下令杭州守将陈炳文率部突围。于是，左宗棠所率楚军并未经受大的伤亡，就顺利收复了杭州。左宗棠收复杭州后，清廷对他赏加太子太保衔，并赏他黄马褂，以此来表彰他的赫赫战功。在左宗棠收复杭州、富阳和余杭的过程中，他依赖的部将主力是蒋益澧的部队，另外法国人德克碑的常捷军也发挥了重要的作用。

左宗棠不但得罪了李鸿章，而且他很快就与曾国藩翻脸了，虽然曾国藩一向尊重和迁就性格倔强的左宗棠，但是他们之间还是闹得不可开交。原来，曾国荃虽然攻克了天京（随后恢复南京的称呼），但是幼天王洪天贵福等人却逃跑了。为了推卸这个责任，曾国藩与左宗棠之间打起了笔墨官司，并同时向清廷告对方的状。清廷并未处分他们，而是分别授予他们侯爵与伯爵爵位。但是他们从此失和了，笔者以为这正是清廷所乐意看到的。曾国藩在裁撤湘军的时候，楚军作为湘军的一支却并未被裁撤掉，因为左宗棠是不买曾国藩的账的。

虽然太平天国的总部被攻克了，但是太平军并未全部被消灭，李世贤与陈炳文和汪海洋等太平军残部转战江西。幼天王洪天贵福和干王洪仁玕准备去江西投靠李世贤，结果在左宗棠的追赶下，被时任江西巡抚沈葆桢所擒获。洪天贵福和洪仁玕被俘之后，沈葆桢对他们进行了审讯，而后就在上奏清廷后把他们处决了。洪天贵福死后，陈炳文率领所部太平军投降了，李世贤和汪海洋随即反目了，他们陷入了各自为战的境地。

李世贤离开江西后，经由广东进入福建的漳州地区，而汪海洋所部也随即进入福建的长汀、连城、上杭一带。尽管李世贤此时与汪海洋已经决裂，但他们二十多万的兵力，依然给福建省乃至整个东南沿海造成了很大的冲击。面对这一局面，左宗棠制订了平闽战略，他先命黄少春和刘明珍两军去接防，而后命康国器率部进攻盘踞在漳州的李世贤，再命刘典率部赶赴汀州对付汪海洋，最后自己亲率中军大营进入福建。

1865年初，左宗棠正在福建调兵遣将的时候，李鸿章委派刘松林和杨鼎勋率领淮军抵达厦门，参加剿灭太平军余部的战斗。这次左宗棠没有拒绝李鸿章的好意，他在福州统一部署讨逆战争，先集中力量攻击漳州，使得李世贤被迫退往西南地区。而后，他又整顿军队会攻汀州一带，汪海洋被迫窜往江西，而后又被迫逃往广东。为了迅速剿灭太平军残敌，清廷委派左宗棠节制广东、福建、江西三省军队，如此一来他就掌握了浙江、福建、江西、广东四省的军政大权。

1866年初，左宗棠率领东南各省军队，攻陷了广东嘉应府，几乎全歼了太平军余部。至此，清朝镇压太平天国的历史使命算是完成了，而其中收官者就是左宗棠。同年四月，左宗棠不再兼任东南三省军务大臣，返回福州专任闽浙总督本职。左宗棠是个清正廉洁的官员，他在闽浙总督任上，始终把整顿吏治当作第一要务，另外他还把发展农业、整顿盐政和茶务作为重点工作来抓。经过左宗棠的精心治理，福建和浙江的生产生活秩序得以迅速恢复，各项事业也蒸蒸日上。

第六章　筹划海防

第一节　仿造轮船

在第一次鸦片战争中,英国以其坚船利炮叩开了清朝的海防大门,中国从此被迫开启了近代化进程。当时第一个认识到西方列强的军舰厉害的,是在广东主持禁烟的林则徐,他发现了一个最简单的问题,那就是外国军舰是钢铁打造的,而中国船只都是用木头和竹子组装的。林则徐认为,要想巩固中国的海防,必须制造跟外国军舰一样坚硬的战船。为此,在林则徐的主持下,两广地方政府筹资建造了两艘包裹着铜皮的战船。这两艘战船的外形与外国军舰很相似,但是内部根本没有动力机械,纯粹就是两艘战舰模型,因此它们成了历史的笑料。

在左宗棠出山从政之前,他曾与林则徐在长沙城外湘江上的小船舱内密谈了数日,两个人所探究的问题当然就包括海防。左宗棠并不取笑林则徐造就了两艘战船模型,相反他认为这是林则徐代表国人向列强学习先进工艺的开始,而且他深为佩服林则徐在广东抗英时的坚定勇敢。差别在于,左宗棠不像林则徐那么老朽,他从年龄上和心态上都占有优势,他将在林则徐所开创事业的基础上进一步改进思路和做法。

太平天国运动爆发之后，洪仁玕明确提出要购买二十艘外国火轮来争夺长江沿线的霸权，李秀成所部更是装备了精良的洋枪洋炮，李世贤也曾准备购买西洋大火轮来装备军队。而与此同时，左宗棠也曾协助曾国藩打造湘军战船。非常可惜的是，虽然这些战船上也装备了火炮，但是船体本身是木质结构的，所以才会屡屡因遭遇火攻而船毁人亡。后来，曾国藩创设的安庆军械所制造了第一台蒸汽机，并制造出来第一艘小火轮。

左宗棠在升任闽浙总督之后，他非常重视海防和水战，为此他在给浙江宁绍台道道员史致谔的手札中指出：

> 轮舟为海战利器，岛人每以此傲我，将来必须仿制，为防洋缉盗之用。中土智慧先逊于西人，如果留心仿造，自然愈推愈精。如宣城之历学，及近时粤东、扬州之制造钟表、枪炮，皆能得西法而渐进于精，意十年之后，彼人所恃以傲我者，我亦有以应之矣。李泰国之事变，实为雇佣洋人，而不使华人得与其间。闻曾节相上书恭邸，言其不可。各国公使亦共斥之，乃得了结。然恭邸斥之者，恶其谬诈，而各国公使所以斥之者，一则忌其专利，一则不欲以利器假人也。毕竟沿海各郡长久之计，仍非仿制轮舟不可。欲仿制必得买其舡，访得覃思研求之人，一一拆看，模拟既成，雇洋人驾驶，而以华人试学之，乃可展其有成。为此始有费而终必享其利，始有所难而终必有所获。鄙见如是，仍乞留心。

左宗棠在积极倡导仿造轮船的同时，于1864在杭州仿造了一艘小轮船，然后把它停泊在西湖的湖面上。左宗棠仿造的这艘小火轮虽然体形小，但是它已经具备了近代轮船的内部构造，不再是当年林则徐所仿造的那两艘空壳模型了。仿造完成后，左宗棠邀请法国军官德克碑和税务司日意格前来观看。这两个老外对这艘小火轮赞不绝口，他们都认为这艘小船已经跟欧洲的轮船很接近了。德克碑对于这项事业很感兴趣，他专程跑回法国把相关技术资料通过日意格转送左宗棠,可惜左宗棠因忙于福建战事暂时放下了对此事的关注。

左宗棠在剿灭太平军残部之后回到福州,他在处理闽浙两省内部政务的同时,开始把海防规划提上了议事日程。在左宗棠看来:

> 窃惟东南大利,在水而不在陆。自广东、福建而浙江、江南、山东、直隶、盛京,以迄东北,大海环其三面。

而自海上用兵以来,西方列强的火轮兵船横行于中国沿海,星驰飙举,无足挡之。因此,左宗棠提出了自己的造船主张:

> 欲防海之害而收其利,非整理水师不可;欲整理水师,非设局监造轮船不可。

第二节　设船政局

左宗棠为了能够在福州创设船政局,他给清廷上了一份奏折,在这份奏折中他论证了西洋各国的海军和海上事业的发展,也指出了东洋(日本)正在积极谋求海上优势。当时左宗棠的见识是超前的,他不但讲清了世界大势,而且及早指出了要防范日本取得超越大清的海上霸权,这在那个年代是非常难得的。左宗棠要建造的福州船政局,从一开始就立意深远,不是要小打小闹或做做样子,而是要切实把它办成近代远东第一大造船厂,这充分反映了他的霸气。

左宗棠关于创设福州船政局的奏折写得内容充实文采飞扬,在历史上留下了精彩而光辉的一笔,其中有段文字是这么说的:

> 西洋各国与俄罗斯、美利坚（美国），数十年来讲求轮船之制，互相师法，制作日精。东洋日本始购轮船，拆视仿造未成，近乃遣人赴英吉利学其文字，究其象数，为仿制轮船张本，不数年后，东洋轮船亦必有成。独中国因频年军务繁兴，未暇议及，虽前此有代造之举，现复奉谕购雇轮船，然皆未为了局。彼此同以大海为利，彼有所挟，我独无之。譬犹渡河，人操舟而我结筏；譬犹使马，人跨骏而我骑驴，可乎？

清廷在收到左宗棠的奏折之后，慈禧太后让内阁、军机处、总理衙门和各省督抚进行会商。当时正值洋务运动风起云涌之时，以恭亲王奕䜣为首的洋务派对于这封奏折自然是大加赞赏。于是，慈禧太后批复了左宗棠的奏折，肯定并赞扬了他的远见卓识和务实精神。清廷在下发给左宗棠的上谕中声称：

> 中国自强之道，全在振奋精神破除耳目近习，讲求利用实际。该督见拟于闽省择地设厂、购买机器、募雇洋匠、试造火轮船只，实系当今应办急务。

至此，左宗棠创办福州船政局履行完了审批程序，开始着手筹划这一重大工程。

开办轮船厂对于清朝来说是个新生事物，包括左宗棠在内的国人是不懂行情的，因此左宗棠召来了法国人日意格和德克碑，让他们全力筹划此事。左宗棠一向是不信任西方列强的，但在常捷军和常安军协助楚军克复浙江的过程中，日意格和德克碑给他留下了良好的印象，所以他们之间的合作就有了诚信和感情基础。西方人也许有许多缺点甚至是缺陷，但是他们普遍具有契约精神和敬业品格，这在合作创业的过程中异常重要，而日意格和德克碑就是典型的这种人，所以左宗棠是比较信任他们的，把兴办船政局的许多业务交由他们去负责。

要想把福州船政局创办好，选址就成了首要的任务，因为只有选择一处最合适的地址，相关工程才能真正上马。在日意格和德克碑的陪同和参谋下，左宗棠亲自在福州外围转悠，经过多日认真考察和对比，他最终选定了距离福州六十里的马尾作为厂址。选择马尾作为厂址有着诸多便利，除了它距离福州市区较近之外，它还有更重要的一个地理优势，那就是它背靠山林面临大江，最容易进行军事布防。福州船政局在马尾设厂，马尾很快就被建设成为一个军港，后来中法战争中的马尾军港就是此地。

选定马尾作为厂址后，左宗棠便召来日意格，与他商定了有关中法两国合办福州船政局的各项章程，并草签了合同。随后，左宗棠委派日意格前往上海，让他把合同交由法国总领事白来尼画押作保。当日意格前往上海的时候，德克碑前来拜会，左宗棠便把合同条款出示给他看，德克碑表示无异议。福州船政局的筹建工作正在进行时，1866年10月，清廷忽然选调左宗棠离开闽浙，赶赴西北督办军务，让他前去剿灭捻乱和回乱。

西北军国大事不容推卸责任，东南海防事业又不能胎死腹中，左宗棠陷入了左右为难的境地。假如换个人处在左宗棠的位置上，他就未必会坚持把福州船政局办下去了，因为人在事在，人亡政息的情况太普遍了。左宗棠不同，他有一颗公忠体国和干事创业之心，他是决计不肯半途而废的。左宗棠在上奏清廷的奏折中说：

> 轮船一事，势在必行，岂可以去闽在迩，忽为搁置？且设局制造，一切繁难事宜，均臣与洋员议定，若不趁臣在闽定局，不但头绪纷繁，接办之人无从谘访，且恐要约不明，后多异议，臣尤无可诿咎。臣之不能不稍留两三旬，以待此局之定者此也。唯此事固须择接办之人，尤必接办之人能久于其事，然后一气贯注，众志定而成功可期，亦研求深而事理愈熟。

左宗棠指出福州船政局不能停办，清廷是表示同意的。关于接手人选问题，清廷要左宗棠保荐一个人。左宗棠保荐的这个人是沈葆桢，沈葆桢是林则徐的外甥和女婿，他平生做事勤奋而又志向高远，因而深受左宗棠的器重和时人的推戴。但是，沈葆桢正在家中丁忧，他是不肯在此期间出来做事的，因而令左宗棠颇费脑筋。左宗棠不但多次上门相劝，而且上奏清廷说明情由，请清廷以国家大义相感召，敦促沈葆桢出山。

左宗棠暂时没能请动沈葆桢，沈葆桢还联合福州士绅一百多人，上奏清廷挽留左宗棠。沈葆桢的意思很明确，那就是福州船政局开工在即，左宗棠暂时不能离开闽浙，应该等事情有了眉目之后再让他赶赴西北。沈葆桢上奏清廷的呈词是这么写的：

> 创造轮船一事，关系甚巨，非常之功，非他人任。事成则万世享其利，事废则为四裔所笑，天下寒心。诚使督臣左宗棠驻闽中，豫将赴甘之师先行部署，俟外国工匠毕集，创造一有头绪，即移节西征。

在沈葆桢等人的竭力挽留下，清廷准予左宗棠再留守福建数月，让他迅速把建造福州船政局工程开展起来。左宗棠接旨之后，抓紧这几个月的宝贵时间，对造船事业穷尽了心力，日夜奔忙马不停蹄，进行科学合理的顶层设计，把人事、购机、筹款、制订船政章程、艺局章程、购买局厂地基、挑选驾船人才等事宜都落到实处。在当时的历史条件下，创办福州船政局这么庞大的军工企业绝非易事，左宗棠这是拼了老命在尽心筹划。

曾国藩曾经说过：办大事者，应将多选替手作为第一要义。因此，关于接替自己总理船政的人选，左宗棠是首先要考虑的内容。经过深思熟虑，左宗棠仍然坚持应把沈葆桢推出来负责，不管沈葆桢眼下态度如何，左宗棠于公于私都会把这一事业委托给他。左宗棠的诚心最终感动了沈葆桢，虽然他正在丁忧不便立即出山，但他最终同意了左宗棠的要求，答应来年接手这一

沈葆桢

船政事业。沈葆桢在历史上的名气不如曾国藩和左宗棠响亮,但他也绝对是个硬汉,当年他连曾国藩的账都不买,做起事情来无所畏惧,这正是左宗棠器重他的主要原因。

在所有的筹办事务中,第一位的是人事,第二位的是经费。关于人选问题,左宗棠已经解决了;关于经费问题,左宗棠进行了仔细的核算。建造福州船政局的首批经费需要四十三万两白银,这笔钱要由清廷和地方财政共同解决,后续经费每月需要五万两银子,这笔钱左宗棠拟请福建海关划拨。左宗棠把这一方案上奏清廷后,清廷立即指示有关部门做好配合,务必保证福州船政局的经费不能缺。在最关键问题上,清廷给予了左宗棠最大的支持,这正是左宗棠誓死效忠清廷的直接原因。

在一切准备就绪之后,左宗棠与有关各方进行会商之后,制定了一套《船政章程》,其主要内容如下:

一、船政局雇洋员为正、副监督,即以日意格通晓官话汉字,令德克碑推日意格为正监督,德克碑为之副,一切事务均责成该两员承办。

二、船政局内设立艺局以拔人才。艺局之设,必学习英、法两国语言文字,精研算学,乃能依书绘图,深明制造之法,并通船主之学,堪任驾驶。此项学成制造、驾驶之人,为将来水师将才所自出。

三、规定5年期限。轮船一局,实专为习造轮机而设,俟铁厂(机器厂)开设,即为习造轮机之日。故五年之限,应以铁厂开厂之日为始。

四、定轮机马力,并搭造小轮船。大轮船轮机马力以150为准,除拟买现成轮机两副外,其余9副由铁厂自造。5年期内造150马力大轮船11艘,80马力小轮船5艘。

五、饬洋员与洋匠要约。与洋人共事,必立合同。船局所雇洋匠的赏罚、进退、辛工路费,非明定规约,无以示信。

六、预定奖格,以示鼓舞。洋员及师匠人等,须优定奖格,庶期尽心教导,可有成效。5年限满,教习中国员匠能自按图监造,并能自行驾驶轮船,加奖洋员、洋匠银共108000两。

七、从国外购买机器须交纳按洋法包装费和由洋行保险费。

八、凡需用纹银之项,应准开销银水。闽省通行银色,向较江、浙、广东为低。船局支发各款,除在闽境采办物料毋庸补水外,其采买洋料等用款,应准将补水银两作正开销。

九、宜讲求采铁之法。轮机水缸需铁甚多。据日意格说,中国所产之铁与外国相同,但开矿之时,熔炼不得法,故不合用。现拟于所雇师匠中,择一兼明采铁之人,就煤、铁兼产之处开炉提炼,庶几省费适用。

十、轮船中必需之物宜筹备。轮船中应用星宿盘、量天尺、风雨镜、寒暑镜、罗盘、水气表、千里镜、玻璃管,以及垫轮机的软皮等件,现饬日意格等回国探问制造器具价格,如所费不过数千金,即由日意格等筹购一分,并约募工匠一人同来一并教造。

另外,为了培养本国专业人才,左宗棠还拟设福州船政学堂,为此他拟定了《艺局章程》八条,主要是明文规定了船政学堂学生的学习纪律、学堂的规章制度、奖惩办法以及学生毕业后的待遇等问题。左宗棠非常重视本国青年英才的培养,并准备依靠他们在五年后取代洋员,从而使得福州船政局和东南海防事业完全国有化。

第三节　早期运营

1866年底，左宗棠在做好了有关福州船政局的一切筹备工作之后，他奉命远赴西北办理军务。左宗棠在启程之前，接连给清廷上了八封奏疏，所讲内容大都是有关船政事宜。清廷非常理解左宗棠对福州船政局寄予的希望和感情，慈禧太后在下发给他的上谕中表示：

> 此次创立船政，实为自强之计。自当坚定办理，方能有效。左宗棠所见远大，大臣谋国，理当如此。其所议优待局员酌定程限甚为周妥，均著照所请行。其余所议各条亦属妥协，并著照所议办理。左宗棠虽赴甘省，而船局乃系该督创立，一切仍当预闻。此后遇有船局事宜的陈奏，均著仍列左宗棠之名，以期始终其事。

就在左宗棠动身离开福建之后没几天，福州船政局的工程正式在马尾破土动工了，先筑起船坞，然后在坞内滨江处依次建有船槽及铁厂、轮机厂、机器厂等厂房。船坞的东北面为船政局办公处所，附近设有外国员匠住房、船政学堂等。依山而上，建有中国员匠住房及护厂楚军营垒等。从开工到建成共耗时两年，到1868年年底，船政局的基建任务宣告完成。

沈葆桢从1867年7月正式担任总理船政大臣，他担任这一要职长达八年之久，对福州船政局的发展做出了杰出的贡献。福州船政局设总理船政大臣，这是左宗棠的远见卓识，同时也是中国近代工业发展史上空前的创举。总理船政大臣有具折奏事的权力，地位相当于各省督抚，这是只设总办的江南制造总局等军事工业所望尘莫及的，反映出福州船政局确实占有举足轻重的地位。

在建造厂房的过程中，日意格依照合同的规定，动身去法国办理购买机器、轮机和招募洋员匠等事宜。1867 年 10 月，日意格带领所雇洋员匠回到福州。同年年底，由日意格从法国购到的各种机器及轮船所装配的轮机运至船政局。随后，船台建成，为轮船的组装、制造做好准备。1868 年初，沈葆桢和日意格亲自督率中外师匠开始绘 150 马力船式于地板之上，按图仿造第一号轮船。次年六月这艘被命名为"万年清"号的轮船造成，自陆入水，微波不溅，且一律用中国人驾驶。随后，该船展轮北上，驰驶天津海口，由清廷派大臣勘验。恭亲王奕䜣代表清廷对福州船政局试造轮船的成功给予肯定，他认为：

该船均系中国人驾驶，并不搀用洋人，尤为难得。

福州船政局为轮船自驾确实开了个好头，它在早期经营阶段共成船 15 艘，其中 150 马力轮船 9 艘，250 马力轮船 1 艘，80 马力轮船 5 艘。根据左宗棠与日意格订立合同规定应造 150 马力轮船 11 艘，因第 7 号轮船"扬武"号改为 250 马力，日意格认为该船的费用与制造难度相当于两艘 150 匹马力轮船，得到沈葆桢认可。因此，造船计划是与左宗棠原议基本相符的。

从 1871 年制造第 5 艘轮船"安澜"号始，福州船政局所造的其他 8 艘 150 匹马力轮船的轮机全部为自造，也实现了合同的要求。"扬武"号的制成，提高了造船技术，该船以其马力大的优势后来成为福建水师的旗舰。第 13 号轮船"海镜"号以商船模式制造，后来被轮船招商局承领。此外，从第一号轮船制造起，船上铁轴、铁胁俱能打造，大而铁柱，小而齿轮，俱可成功。其他配件、配物，大自桅舵、烟囱、煤舱、舢板，小至明窗、水管、绳缆、栏梯、精自舵表、气表、远镜、号气钟，粗至帆旗、衣装等，各分厂均能逐件制造。

福州船政局在造船和驾驶两方面的成绩，与左宗棠的"设厂制造轮船、习造轮机兼习驾驶为当今应办急务"的初衷是相符合的。1871 年，远在西北

的左宗棠深为闽局各事日见精进而感到高兴,他认为:

> 去海之害,收海之利,此吾中国一大转机;由贫弱而富强,实基于此,快慰奚如。

虽然福州船政局的造船水平赶不上西洋各国,但它使中国有了第一家机器造船工厂,有了第一所船政学堂,并派出了第一届留学欧洲的学生,有了第一代轮船布防于沿海七省,这里面都饱含着左宗棠的奠基之功。

第七章　用兵陕甘

第一节　剿灭西捻

清廷之所以非要调派左宗棠远赴西北，是因为西捻军和回民起义已经把陕甘一带闹翻了天，而时任陕甘总督杨岳斌无力挽救危局。这个杨岳斌是何许人物？此人就是当年曾国藩手下的湘军水师大将杨载福，他是在平定太平天国之后才改名杨岳斌的，他在湘军中的地位本来是高于后来声名显赫的彭玉麟。连杨岳斌都搞不定陕甘危局，这足以说明西捻军和回乱已经猖獗到何等地步了，清廷在万般无奈之下，只好选派威震全国的楚军统帅左宗棠来收拾残局。

1866 年底，左宗棠率领三千楚军精锐从福建出发，他打算经由江西、湖北、河南、直隶进入北京，在进宫陛见了同治小皇帝和两宫皇太后之后，再赶赴陕甘战场。可是，由于陕甘军情紧急，所以在左宗棠赶到江西九江的时候，他就收到了慈禧太后的懿旨。慈禧太后告诉左宗棠：你先不用来京请训了，赶紧去陕甘督办军务吧。由此可见，当时的情况是多么紧张，左宗棠在福州筹备船政局时要顶着多大的压力了。

关于捻军的兴起、发展、分裂和覆灭，笔者在前两部分中已经做了比较详细的记述，在此主要是写与左宗棠有关的西捻军的活动。众所周知，捻军是在太平天国起义之后发展起来的，它的前期首领是张乐行。在整个太平天国运动期间，捻军都配合了太平军的反清军事行动，太平天国的天京被湘军攻破后，捻军仍然活跃在安徽、湖北、河南等省区。后来，捻军发生了分裂，张乐行的侄子张宗禹率领的队伍转战陕西一带，这支军队被称为西捻军，而赖文光和任柱所率领的捻军被称为东捻军。

西捻军首领张宗禹手下有数万骑兵，左宗棠深知仅凭自己手上的三千人马是无力剿灭敌军的。为此他上奏清廷，希望清廷批准他的部将刘典再从湖南招募三千人，一共凑足六千精兵。左宗棠走到湖北黄州的时候，当地守将告诉他：捻军已经大规模进入湖北，而且他们气势汹汹势不可挡。在这种情况下，左宗棠又在原来拟定的六千军队的基础上再扩招一倍，凑足了一万两千人。尽管左宗棠顺利补充到一万两千人，但用来对付捻军数万骑兵还是捉襟见肘，不过他率军打仗向来是以少胜多的，所以也就没想在数量上占据对敌优势。

左宗棠虽然不追求军队人数上的优势，但他特别注重装备和后勤问题，鉴于捻军都是骑兵机动部队，他便主张训练马队并组织炮车。另外，左宗棠还上奏清廷，要求把老部将高连升调来参战；并且，他委派手下大将蒋益澧专程赶赴香港，购买了两千杆最新式的洋枪，用来装备所属部队。除此之外，左宗棠还上奏清廷，要求在湖北建立援助陕甘的后路粮台，并从广东、福建、浙江等省转运粮食，而且他还向洋商借贷了一百二十万两白银作为紧急军费。经过左宗棠的多方周旋，虽然他手下的部队人数不占优势，但是在装备和后勤上已经超过了西捻军，这就为他胜利进军陕甘打下了良好的基础。

1867年初，清廷正式委任左宗棠为陕甘总督、钦差大臣、督办陕甘军务，并把老湘营刘松山部和湘军鲍超部配属给他，让他集中数万大军进入陕西。清廷为了让左宗棠专心平乱，就先把陕甘总督一职交由穆图善代理，让他集中全力办理军务。左宗棠原有的楚军都是精锐部队，刘松山的老湘营更是百战雄师，鲍超所率湘军的战斗力也绝对不含糊，他有了这些军马就足以傲视西北了。

1867年春，左宗棠把所部楚军分为前、中、后三路，然后从湖北汉口向陕西潼关进发，他的目的是阻挡捻军向中原地区回窜。左宗棠虽然有了军事资本，但他并不利令智昏，而是针对陕甘一带的特殊情况，制订了"先捻后回"的进军方针，避免同时与捻军和回民式装开战。左宗棠在上奏清廷的奏折中说：

> 务将捻逆尽之秦中，免致流毒他方，又成不了之局。捻逆既平，则办理回逆余逆，亦易为力矣。陕省全局之患，在捻与回。以贼势论，回狡而捻悍，回散而捻聚。以贼情论，回之通捻，图借捻以抗拒官军，遂其剽掠；捻之通回，图借回以牵制官军，便其纵横。盖回逆意在乱秦，捻逆意在窜豫，彼此各有所图，两不相喻。盗贼群居，无终日之计，故旋合而旋离也。官军之讨贼也，宜先捻而后回。盖捻强于回，捻平则回益震，一也；捻在秦不过秦之患，窜豫则中原之患，两害相形，在秦为轻，又一也。

左宗棠制订了作战方针，就在陕西境内对西捻军展开了围剿。西捻军不是楚军的对手，但他们的机动性较强，所以剿捻工作并不顺利。1867年底，张宗禹率领西捻军从陕西东渡黄河进入了山西，令左宗棠大为震惊。左宗棠急忙派部将刘松山和郭宝昌进入山西追击张宗禹，而后自己亲率大军而来，希望能够把西捻军消灭在山西境内。可是，张宗禹所部西捻军的机动性太强了，任凭左宗棠所率楚军穷追不舍外加剿追堵截，还是让这股叛军从山西流窜到了直隶地区。

1868年初，张宗禹率部直逼北京卢沟桥，令清廷上下大为震惊。慈禧太后将李鸿章、官文和左宗棠一起处分，革去了他们的职务，让他们戴罪立功。在这种情况下，左宗棠率领楚军追击到保定附近，李鸿章、官文和丁宝桢也率军前来会剿西捻军。张宗禹所部看上去势头很猛，但是此时他们已经成为强弩之末了，这支西捻军冲击北京不过是他们的垂死挣扎。在张宗禹率领西捻军进入直隶之时，东捻军赖文光和任柱所部已被李鸿章的淮军所灭，所以此时西捻军孤立无援且已陷入重围。

西捻军虽然已经陷入了重围，但是张宗禹仍然保持着最初的狡猾和顽强。他虽然打不过左宗棠和李鸿章的联军，但还是率部冲破了直隶的清军伏击圈并逃窜到河南彰德（今安阳）地区。左宗棠对张宗禹穷追不舍，他也率领楚军来到了彰德，张宗禹又被迫率部流窜到了直隶天津静海一带，最后只得逃亡到山东德州地区。左宗棠为了追缴张宗禹的西捻军，也是下了血本的，他死死咬住这股残敌，绝不放他们一条生路。最后，左宗棠联合李鸿章夹击西捻军，张宗禹率部在茌平一带渡过徒骇河，然后就不知所终了，捻军起义至此宣告彻底覆灭。

西捻军灭亡后，清廷取消了对于左宗棠等人的处分，让他官复原职，继续担任陕甘总督、钦差大臣、督办陕甘军务的要职，并赐予他太子太保衔。左宗棠本以为，捻军起义比回民暴乱厉害，等他剿灭了西捻军再回头收拾回乱的时候，他才发现自己当初的判断失误了，陕甘回民起义的风潮原来是那么猛烈和难以遏制。左宗棠性格无比顽强，不管前面等着他的是什么困难，他都会拼尽全力去克服的，这也正是清廷依赖他的最重要的原因。

第二节　回乱源流

陕西、甘肃和宁夏是中国回民的聚集区，当地回汉杂处矛盾不断，历史上就有各种冲突，这是回乱乃至回变在同治年间爆发的总根源。当然这只是概括的说法，如果我们对回乱进行细致分析，就会发现事情的起因非常复杂。在这些复杂的成因中，主要的因素有资源争夺、统治压迫、宗教差异等，其他的原因则不占统治地位。

陕甘宁地处黄土高原，这里曾经是华夏文明的发祥地，但是由于当地数百年气候干旱和水土流失，导致当地的生存资源极其紧张。在这种情况下，以宗族为单位的居民就展开了激烈的资源争夺战，后来自然就演变成为回民和汉民之间的争抢和械斗。鉴于当地明显的不同民族之间大杂居和小聚居的特点，所以在冲突中民族色彩日益严重，最后发展到回民想杀光汉民而汉民也想清洗回民的地步。

清入关之后，为了取得对中华大地的统治优势，便有意制造地方民族矛盾冲突，以区分而治之之效。清廷对于陕甘一带的民族政策，基本上就是扶汉抑回，在回民与汉民发生冲突的时候，清朝地方政府总是一味地偏袒汉民而制裁回民，这就激起了大量回民的誓死反抗。在太平天国运动和捻军起义爆发后，清廷为了筹措军费，便变本加厉地在统治区域内榨取钱粮。陕甘本来就是贫瘠的地区，但是当地政府仍然对广大臣民敲骨吸髓，弄得遍地饿殍民不聊生，其中以回民所遭受的剥削和压迫最为严重。

回民变乱还有一个重要原因，那就是宗教文化差异带来的民族冲突，回民是普遍信仰伊斯兰教的，而汉民普通信仰的是中国传统宗教（比如道教），当然还有其他宗教（比如佛教），这就在行为习惯和生活方式上产生了重大差异。伊斯兰教的忌讳比较多，比如不许吃猪肉之类的习俗，在回汉交错的杂居区最容易引发民族冲突。另外，在伊斯兰教内部，也分为新派和旧派，以及逊尼派和什叶派，他们之间也会发生激烈的冲突，这一切都加剧了当地的矛盾。

同治年间的陕甘回变，当然存在反抗和挑战清朝统治秩序的成分，但是它的本质是当地回民要杀光汉民，然后建立起一个独立或自治的伊斯兰国家。在这场事变中，夹杂着民族矛盾和阶级矛盾，以及回民武装和汉民团练之间的矛盾，但是最根本的矛盾还是民族矛盾。陕甘回变主要发生在陕西和甘肃，但是也波及了宁夏、青海和新疆，地域广大影响深远。这场回变杀了多少人呢？恐怕我们统计不出一个准确的数据来。

陕甘回变正式爆发于1862年，即同治元年，前期导火索是圣山砍竹事件和血洗秦家滩事件。圣山砍竹事件是回汉民众之间的械斗，血洗秦家滩事件是汉民团练武装对于回民群众的清洗，这两次事件发生后回汉矛盾就不可抑止了。在陕甘回乱的前几年，云南爆发过一次回民起义，其中有个首领叫任武，他躲过了清朝地方政府的通缉，潜回陕西渭南仓渡清真寺，借回汉仇恨煽风点火，秘密发展回民起事武装，杀死了清朝地方官员张荓，这也是陕甘回乱武装力量中较早的一支。

同年春，太平军陈得才部联合捻军攻入陕西，关中回民趁机起义，以白彦虎为首的十八营包围了西安城长达三年之久，另外他们还包围了潼关等地。这支回民武装不断在关中一带攻城略地，他们不但冲击清朝各个州府，而且发动了针对汉民群体的大清洗。这支回民武装还与甘肃和宁夏等地的回民武装相串联，不断扩大根据地和游击区。在1866年张宗禹率领捻军入陕的时候，陕甘回乱配合了这支西捻军的反清活动，给清朝的统治秩序造成了极大冲击。

清廷对于陕甘回乱是毫不留情的，它不但从直隶和甘肃调来了大批正规军来镇压，而且还组织地方团练进行围剿。清廷开始任命钦差大臣胜保的时候，可是在太平军、捻军、回乱一起发难的情况下，胜保屡遭败绩，根本就平灭不了这股回乱的烈火。随后，清廷撤掉了胜保，改任多隆阿为钦差大臣。多隆阿比胜保能干，他连续打了几场胜仗，有效遏制了陕甘回乱的发展势头。但是，在他乘胜进攻周至的回乱武装时，遇到了敌军的袭击而丧了命。多隆阿战死后，穆图善接替了他的职务，但是此时回乱已有愈演愈烈之势。

在参与镇压陕甘回乱的汉民团练武装中，有个人叫董福祥，他本来是编练民团协助清朝地方政府镇压回乱的，结果却被清朝地方官员王蔼臣给逼反了。董福祥虽然是汉人，但他的部队中有大量的回民将士，所以他这个武装集团的性质比较复杂。董福祥的势力在乱局中不断壮大，后来占据了甘肃东部和陕西北部的十余个州县，这引起了左宗棠的高度重视。

第三节　平定回乱

左宗棠在会同李鸿章剿灭了西捻军之后,并未立即返回陕西镇压回乱,而是请旨进京陛见了两宫皇太后和小皇帝。当时同治帝年龄还小,慈安太后不懂政治也不通汉语,所以掌握皇权的就是慈禧太后。慈禧太后眼下最关心的一件事是,左宗棠多久可以平定陕甘回乱,左宗棠的回答却令她深感惊讶,因为他说需要五年才能完成此事。

面对慈禧太后的大惑不解,左宗棠做了详细的解释:陕甘回乱虽然看上去不如太平军和捻军起义猛烈,但是它的社会矛盾是相当深广的,动乱规模是极其庞大的,当地的矛盾冲突是非常复杂的。要想把回乱镇压下去,以清军的战斗力应该不是太难的事情,可是要想长期保持西北地区的稳定,非下大功夫不可,要从源头和根本上寻求改进良方。进军西北镇压回乱,最难的是筹集军饷,陕甘等地的财源极不丰富,且已遭受了动乱的严重破坏,从外省调集钱粮则存在运输上的难题,驻军屯垦也需要时间才能奏效。

慈禧太后是个明白人,她听了左宗棠的分析,由衷地赞同他的看法。左宗棠所论头头是道,困难是显而易见的,要想从根本上解决问题,保持西北地区的长期稳定,清廷必须给他提供充足的钱粮和后勤物资。慈禧太后给了左宗棠以最大的信任和支持,她下旨各省筹措西北军费,并把海关税银优先调拨给楚军。有了慈禧太后的大力支持,左宗棠便制订了三路进攻的方略,并征集马车运输后勤物资,准备打好这场平乱战争。中国地势整体情况是西北高而东南低,因此左宗棠用马车运输物资绝非易事,这个过程比收复失地更为困难。

1868年11月底,左宗棠到达西安城之后,立即与属下部将、时任陕西巡抚刘典讨论平乱和剿匪事宜。左宗棠经过对陕西局势进行简要分析,他便把矛头指向了董福祥土匪团练武装。董福祥的势力范围主要在陕北地区，左宗棠派出的统兵大将是老湘营的刘松山，这是目前他手下的王牌将领。刘松山率部挺进陕北后，就在当地清军刘厚基、成定康、刘厚填等部的配合下，向董福祥所部叛军展开了猛烈的攻势。1869年1月底，刘松山等军在延安府定边县的镇靖堡击败董福祥军，董福祥的父亲董世有、弟弟董福禄向清军投降，董福祥突围后被唤回来乞抚。左宗棠没有杀掉董福祥，而是接受了他的投降，并从他的部众中挑选了一千多人编为三个营充实到自己的队伍中，然后把其他的降卒遣散了。

在解决了董福祥这支叛乱武装之后，左宗棠便把兵锋指向了盘踞在董志原（今庆阳一带）的回民叛乱武装十八营。1869年春，左宗棠的军队逼近回民十八营。十八营中的一些回民首领打算像董福祥一样投降，结果却遭到了左宗棠的拒绝。左宗棠是清朝大臣，也是楚军的统帅，但他首先是个汉人。回民武装不同于汉民团练，他们残杀了陕甘一带的大量汉民，所以左宗棠是不会轻易放过他们的。经过几次攻防战，十八营被楚军击溃，余彦禄等部回军被斩杀，其余各部向甘肃溃逃，回乱被基本肃清了。

左宗棠在清理了陕西地界之后，又把宝剑亮给了甘肃的回民叛乱势力，他非要彻底推毁叛匪才终止。1869年7月，左宗棠抵达甘肃径州，他首先攻剿灵州（今宁夏吴忠）金积堡马化龙部。左宗棠大兵压境之后，马化龙立即派人前来请降，并且他把自己的名字改为马朝清，以示愿意效忠清朝的诚意。但是，左宗棠是不肯放过马化龙的，他在上奏清廷的奏折中说：

> 业经就抚之灵州金积堡回目马朝清即马化龙，清水县张家川回目李德昌，或以马械、粮食显与市易，唆其扰陕；或以官军声势浩大，劝其暂就安抚，相时而动。皆以同教一家，隐相亲附。外虽貌为恭顺，无异王民，内则暗肆狡猾，仍滋他族。若壹于主抚，贼必以抚愚我，阴集其党众蚕食汉民，又将抚不可抚，窃恐渐渍既久，势不至如云南抚回为回所制不止！臣前疏所言攻心为

上者，窃以为大局虽终归于抚，然非俟其畏剿之极，诚心乞抚，则固未可漫然允之。

左宗棠说得没错，马化龙是陕甘回乱中势力最大的一支回民武装的首领，如果不是此时清军大军压境，并且也已攻占了董志原，他是不会这么快就来乞降的。一旦清军大军撤退，马化龙这帮人很快就会卷土重来的，到时再想镇压他们可就难了。而且，马化龙这帮回民杀了太多的汉人，总该让他们血债血偿。最为关键的是，在左宗棠围剿捻军和进攻董志原之后，马化龙协助和支援过他们，给左宗棠带来了极大的麻烦。本来，左宗棠是这么跟清廷说的，他要用剿抚两手对付陕甘回乱，但是他对于马化龙的政策只有剿灭。

马化龙所率作为最大的一支回民武装，提出投降左宗棠却不能如愿，这就把他们逼到了拼死一搏的地步。而且，这帮人在金积堡一带盘踞了多年，他们人数众多兵强马壮，在当地的根基又比较牢固，金积堡周围四百多个村寨都听命于他。因此，左宗棠要想一举剿灭马化龙，不是那么容易的事情。更为重要的是，当左宗棠率军进攻他们的时候，其他各支回民武装会不会趁机参战呢？针对这种困难而复杂的局面，左宗棠仍旧按照预定方案进军，他兵分三路一起出击：南路进占秦州（今天水），防止河州回民武装的介入；中路和北路直捣金积堡，对马化龙所部形成钳形攻势。

在左宗棠上次攻打董福祥的时候，刘松山所部老湘营立下了赫赫战功，所以这次攻打金积堡，他仍然让刘松山率部担任主攻力量。刘松山确实够勇猛，他总是冲锋在前率部猛攻，拿下了金积堡周围一个又一个村寨。但是，马化龙所部也不是吃素的，他们的长枪火炮也在发挥着威力，以致有一次刘松山率部攻坚时，他中弹身亡了，所部老湘营也遭受了一定程度上的伤亡。在这种情况下，左宗棠任命刘松山的侄子刘锦棠继任为老湘营的统帅，让他率部继续攻打金积堡，并让其他各部配合他的军事行动。

经过一年零三个月的艰苦作战，在付出了不小的代价之后，左宗棠最终攻下了金积堡,并俘获了马化龙及其大部将士。左宗棠当然不会放过这些人,不但马化龙被处决了,而且凡是抗拒过清军和屠杀过汉民的所部回民都遭到了清洗。在解决了盘踞在金积堡的马化龙之后,左宗棠把下一个目标指向了盘踞在河州的马占鳌。马占鳌所部也是兵强马壮,其战斗力是十分强劲的,且他占据的河州紧靠兰州,而兰州是陕甘总督府衙所在地,所以左宗棠对他是非常重视的。

1871年9月中旬,左宗棠率军抵达定西,然后下令对河州马占鳌部展开了攻剿行动。此时左宗棠的大名已经震慑了陕甘,所以马占鳌早就想率部投降了。但是,马占鳌非常清楚,投降也是要有资本的,不然马化龙的下场就是自己的前车之鉴。为此,马占鳌做好了充足的准备,他趁左宗棠立足未稳,就突然发起了反击,把楚军给打了个措手不及。如果左宗棠集中军力再次攻剿,那么马占鳌肯定会招架不住的,但是由于楚军之前进攻马化龙的时候已经遭受了挫折,假如再奋力攻打马占鳌毕竟会带来更大的损失。

就在左宗棠犹豫不定的时候,马占鳌派人送来了一封乞降书。而且,马占鳌为了表明自己投降的诚意,他送来了包括自己儿子在内的十个回军将领的儿子作为人质。在这种情况下,左宗棠选择了接受马占鳌的请降,因为他非常清楚,如果这次拒绝了对方的投降请求,那就是逼对方跟自己拼死血战了。左宗棠答应对方的乞降之后,马占鳌立刻用铁链锁住自己,然后来到左宗棠的大营叩头谢罪。通过一番交谈,左宗棠觉得马占鳌是个人才,他不但赦免了马占鳌的罪过,而且代表清廷授予马占鳌五品官衔,并让马占鳌继续统率两个营的兵力,协助自己管理河州一带的治安。马占鳌之前杀过许多汉民,但他向左宗棠投降之后,为了立功受赏却协助清军镇压了回民起义,手上也沾满了同族兄弟的鲜血。马占鳌的势力在晚清保存了下来,他的子孙更是在清末和民国期间把马家军的势力发展壮大,一直到建国才退出历史舞台。

1872年8月18日,在收服了马占鳌并解决了河州问题后,左宗棠把行辕搬到了兰州的陕甘总督府,然后委派刘锦棠等部将,继续清剿西宁的回民武装。此时活跃在西宁一带的回乱势力主要有三股，他们的首领分别是马永福、马桂源、马本源。此时马化龙已经被消灭了，而马占鳌也投降了，所以他们是掀不起大风浪来了。马永福见刘锦棠所部来势汹汹，他掂量了一下自己的分量就主动请降了，可是他的两个堂侄马桂源和马本源兄弟却不肯轻易投降，结果被刘锦棠给抓获了。随后，左宗棠下令处决了这两个回民将领，西宁地区的社会秩序逐渐得以恢复。在刘锦棠征剿西宁叛匪的时候，从陕西逃避至青海的白彦虎所部又逃亡到了新疆地区，当然他们最后逃到中亚，形成现在的东干族。

在左宗棠收复了西宁之后，陕甘回乱就只剩下一支盘踞在肃州（今酒泉）地区的马文禄所率武装了，他是要彻底剿灭回乱残匪的，所以马文禄也是在劫难逃。经过多年的征战，左宗棠所部军队已经疲惫不堪了，在经过一段时间的休整之后，1873年10月他们兵临肃州城下。马文禄当然不想被消灭，他在率部激烈反抗之后出城投降，可是他已经没有机会了。左宗棠不但杀掉了马文禄，而且从他所部五千五百人的残余力量中挑出了九百个老幼放走了，然后把其余的四千多人全部杀光了。

左宗棠耗时五年，耗银四千多万两，牺牲了数千将士，最终把回乱给平定了，为这场大乱画上了一个句号。在这次平乱战争中，左宗棠的杀戮称得上冷酷血腥，但是假如不对叛乱痛下杀手，那是永远无法平息这场动荡的。陕甘之乱平定了，西北数省的生产生活秩序也逐步恢复，清廷的统治又延续下去了。为此，慈禧太后赏给了左宗棠一个协办大学士的头衔，以此来表彰他的显著功勋。

第八章　收复新疆

第一节　问题由来

新疆原来不叫新疆，而是被称作西域，大体是指西北地区的辽阔疆域。西域诸国原来是在匈奴帝国的控制之下的，西汉王朝为了对抗匈奴，汉武帝才委派张骞出使西域，这是中原王朝第一次与西域发生官方接触。后来，汉朝逐步征服了西域，并设置了西域都护府，对西域诸国进行管理和控制。之后，唐朝曾经设置安西都护府，元朝曾经设置察合台汗国，才对西域一带进行了有效统治。

大清开国初期，并未将西域列入统治范围，时值乾隆二十年，由于国力和军力都比较充足，清廷才派兵占领和派员勘定西域，于四年后将这片土地改称新疆，并将它纳入自己的疆土之内。由于新疆地域广大，所以清廷在这里设置了三个行政单位：第一个是伊犁将军，这是新疆地区最高军政长官；第二个是乌鲁木齐都统，这是次高军政长官；第三个是镇迪道，负责管理乌鲁木齐之东的镇西府和迪化州的民政事务，隶属于陕甘总督。伊犁将军和乌鲁木齐都统向来由满人担任，这是清廷的一贯作风，因为他们更加信任本民族的官员。左宗棠作为陕甘总督，他只能通过镇迪道管辖一部分新疆民政，而对于新疆军政大事是没有管辖权的。

太平天国运动期间，除了有捻军和回民响应外，新疆本土的割据势力也在伊犁、库车和乌鲁木齐发动了几次大起义。1864年，由于清廷无力抽调军队前来平叛，新疆便成立了五个自立政权，他们分别是：以喀什噶尔（今喀什市）为中心的金相印、司迪克政权；以乌鲁木齐为中心的妥得璘（今妥明）政权；以库车为中心的黄和卓政权；以和阗为中心的玛福迪、哈比布拉汗政权；以伊犁为中心的迈孜木杂特政权。这五个政权建立后，他们为了能由自己占领整个新疆，就相互攻伐临近政权，为此他们还向中亚的邻国求援，这就直接导致了新疆局势的复杂化。

1865年，中亚的浩罕汗国利用金相印、司迪克政权向其求援的机会，派阿古柏带领侵略军进入新疆。阿古柏本是中亚塔什干地区的一个孤儿，曾经长期流落街头卖艺为生，后来成了浩罕汗国的一个权贵的娈童。再后来，阿古柏把自己漂亮的妹妹嫁给了浩罕汗国的伯克（即首领），他才获得了一个军职。阿古柏天生具有很强的军事天赋，他在一系列的战争中成长起来，并跻身于大将和诸侯的行列。阿古柏进入新疆后，他毫不迟疑地采取了军事行动，先后攻克了天山南麓的英吉沙尔（今英吉沙县）、喀什噶尔、叶尔羌（今莎车县）、和阗（今和田县）等地。两年后的1867年，阿古柏又攻占了乌什、阿克苏和库车。然后，阿古柏在喀什噶尔悍然宣布建立哲德沙尔汗国（即七城汗国），自立为汗，据有南疆。又过了三年（1870年），阿古柏势力又向天山北麓扩展，打败妥得璘政权，占取乌鲁木齐和玛纳斯等地。

阿古柏攻占了天山南北，几乎把整个新疆囊括进了他的汗国，这就从根本上改变了清帝国的统治版图。阿古柏很清楚，眼下清朝正在进行平定回乱过程中，一旦陕甘回乱被平定，自己就要直接面对大清的军事压力。阿古柏更清楚，凭借自己的军事实力，对付新疆本地的几个割据政权是绰绰有余的，但是与庞大的清朝对抗是力不从心的。为此，阿古柏从建国那天起，就在试着拉拢俄国和英国，力求建立起多方攻守联盟，共同抵御清朝平叛的铁骑。

俄国是侵占了中国领土最多的国家，此前它就趁第二次鸦片战争之机，侵占了中国东北地区黑龙江以北、乌苏里江以东 100 多万平方公里的领土，以及西北地区巴尔喀什湖以东以南 44 万多平方公里的领土。眼看阿古柏占领了新疆，俄国就先出兵挺进中亚，灭了包括浩罕汗国在内的三个国家，然后于 1871 年侵占了新疆伊犁。清廷为此向沙俄交涉，沙俄方面的回答是：我不是要占领你的领土，我是在帮你收复失地。俄国的狼子野心，清廷是很清楚的，阿古柏也是很清楚的。但是，此时左宗棠尚未完成平定陕甘回乱的功业，清廷暂时是不敢与沙俄正面决裂。阿古柏正需要沙俄来协助他对抗清廷，所以对沙俄势力的侵入表示欢迎。1872 年，俄国向喀什噶尔派出使团，与阿古柏订立《喀什噶尔条约》，以承认阿古柏政权为交换条件，俄国得到了在南疆通商等权益。

除了俄国把手伸入了新疆之外，英国也没有闲下来，英国政府派出代表去联络阿古柏，阿古柏对英方的来使也表示热烈欢迎。1874 年初，阿古柏与英使订立了《英国与喀什噶尔条约》。英国同样无视清政府对新疆的领土主权，以承认所谓的哲德沙尔汗国为独立国，从而换取了在新疆的特权。阿古柏也遣使到英国，从英国人手中得到武器弹药的资助，并进一步加深了两国关系。阿古柏很聪明，他明白俄国不但帮他对抗清朝，而且有吞并自己之意。眼下把英国的势力引入新疆，不但可以帮助自己抵御清朝，而且可以用来牵制俄国。

至此，新疆已经沦入阿古柏之手，而沙俄和英国的势力也侵入到了这片地区。沙俄侵占伊犁的时候，左宗棠尚未肃清甘肃境内的回乱，但他对新疆的局势十分关注。想当年左宗棠尚未出山的时候，他就以研究地理和军事作为平生之志趣，而且林则徐老前辈把巩固新疆塞防的历史重担托付给了他，他怎么能够对新疆的危局置身事外呢？另外，陕甘回乱平定在即，楚军集团进可以把势力扩张到新疆，退则只能接受日益衰败的命运了，左宗棠作为该集团的掌舵人，他自然要倾向于努力完成这一历史使命。

左宗棠有心在平定陕甘之乱之后收复新疆，可是此时摆在他面前的困难太多：首先，他已经六十岁了，而且由于常年奔波在外加上环境艰苦，所以身体状况不是太好，以老迈之躯劳师远征是困难的；其次，楚军经过多年南征北战，损失也十分惨重，连大将刘锦棠都因病回籍休养了；再次，经过多年的内外战争，清朝的财政状况已经捉襟见肘了，再发动一次大的战争，就算左宗棠和楚军受得了，国家的财政未必能支撑下去了；还有，新疆的军政大权一向是交由满人来掌握的，左宗棠作为一个汉人，他主动要求处理新疆事务，这很容易引起清廷的猜忌；最后，即便左宗棠能够战胜阿古柏，他也未必能够解决新疆问题，因为沙俄绝不是容易打发的。

俄国侵占伊犁以后，清廷派伊犁将军荣全前往收回伊犁城池，令乌鲁木齐都统景廉相机收复乌鲁木齐，调乌鲁木齐提督成禄迅速出关赴任。荣全接旨之后，赶到伊犁与沙俄驻军交涉，可是俄方的态度是：我没打算在这儿长期驻扎，我不过是替你看护城池，等你收复了乌鲁木齐等地之后，我自然会把伊犁归还给你。沙俄如此耍无赖，荣全也没有任何办法，而景廉和成禄都按兵不动，根本不敢与沙俄开战。更有甚者，景廉还大肆贪污军饷，并且他在军营置酒高会，还供养了一个戏班，把妻妾接来一起享受，此外他还向清廷虚报战功。

满人大员是如此的腐败无能，指望他们收复新疆已经没有了任何希望，左宗棠闻讯大怒，他立刻上述弹劾了成禄，并建议清廷将其撤职查办。清廷接到左宗棠的奏折之后，慈禧太后便发给总理衙门进行处理，恭亲王奕䜣让左宗棠再上一折，对新疆问题及其解决方案进行分析。左宗棠在给总理衙门的复函中，明确指出了新疆问题的严重后果，又指出了相关满人大员试图和谈是不管用的，最后提出了军事解决方案。左宗棠的复函是这么写的：

俄人久踞伊犁之意，情见乎词。尊处持正论折之，实足关其口而夺其气。惟自古盛衰强弱之分，在理而亦在势。以现在情形言之，中国兵威且未能加于已定复叛之回，更何能禁俄人之不乘机窃踞？俄罗斯狡然思启，必将不夺不厌，恐非笔舌所能争也。荣侯深入无继，景都护兵力单，后路诸军久成迁延之役。兵数虽增，仍多缺额。且冗杂如常，并无斗志。望其克复要地，速赴戎机，实无把握，并虑徒增扰累，以后更无从着手。宗棠所以有从内布置，从新筹度之请也，就兵事而言，欲杜俄人狡谋，必先定回部；欲收伊犁，必先克乌鲁木齐。如果乌城克复，我开维扬，兴屯政以为持久之谋，抚诸戎傅安其耕牧之旧，既不遽索伊犁，而已隐然不可犯矣。乌城形势既固，然后明示以伊犁多之疆索，尺寸不可让人。遣使奉国书与其国主，明定要约，酬资犒劳，令彼有词可转。彼如知难而退，我又何求。即奸谋不战，先肇兵端，主管劳逸之势攸分，我固立于不败之地。俄虽国大兵强，难与角力，然苟相安无事，固宜度外置之。至理喻势禁皆穷，自有不得已而用兵之日。如果整齐队伍，严明纪律，精求枪炮，统以能将，岂必不能转弱为强，制此劳师袭远之寇乎？要之，目前要务不在预筹处置俄人之方，而在精择出关之将；不在先索伊犁，而在急取乌鲁木齐。

左宗棠攻克肃州（今酒泉）之后，便把军事重心向西北转移，兵出玉门关外，准备武力收复新疆。1874年初，左宗棠又调派广东陆路提督张曜所率嵩武军抵达玉门关。随后，清廷派前乌里雅苏台将军金顺和凉州副都统额尔庆额率军出关，张曜也随即率军行至哈密。同年八月，清廷以景廉为钦差大臣、督办新疆军务，金顺为帮办大臣。清廷仍然没改变让满人掌握新疆军政大权的既定方针，左宗棠这么忠诚能干，清廷只让他在肃州设西征总粮台，负责督办粮饷转运。

虽然清廷只让左宗棠督办粮饷，但他仍然为收复新疆献计献策，就在他为西北塞防奔忙的时候，日军从海路侵入了台湾。面对这种复杂局面，清廷内部产生了两种截然相反的意见，从而形成了海防和塞防两派，以李鸿章为首的淮军集团主张放弃新疆，而以左宗棠为首的湘军（楚军）集团主张必须收复失地。我们都清楚，清廷最终倾向于接受了左宗棠的意见，倾全国之力收复了新疆。对于此事的过程、意义和得失,笔者将做进一步的介绍,所得出的结论也许是有别于以往传统的说法。

第二节 海塞之争

在大清西北边塞和东南沿海都遭到外敌入侵的时候,清廷命亲王、郡王、内阁、军机处、总理衙门、六部、各省督抚和将军共同上奏廷议,然后决定国家大政方针行动的踪迹。当时顶级的军政大佬,一个是淮军祖师爷李鸿章,另一个就是楚军祖师爷左宗棠。李鸿章提出的方针是,大清应放弃西北塞防和新疆地盘,把有限的军力和财力集中应用于东南海防。左宗棠闻讯之后勃然大怒,他上奏清廷弹劾李鸿章,义正词严地指出海防和塞防应该并重,新疆作为大清的神圣领土是不可侵犯的。

李鸿章的海防论是有理由的,他在给清廷的奏议中说:

> (乾隆帝占新疆)徒收数千里之旷地,而增千百年之漏卮,已为不值。目前即勉图恢复,将来断不能久守;论中国目前力量,实不及专顾西域。新疆不复,于肢体之元气无伤;海疆不防,则腹心之大患愈棘。对于西征军可撤则撤,可停则停,将其经费匀作海防之用。

李鸿章的见识不能说没道理,因为当时列强主要威胁的就是中国海防,而新疆确实不存在(至少当时没发现)什么珍贵的战略物资,与其两头兼顾,还不如放弃塞防专攻海防。

针对李鸿章的意见,左宗棠也发表了高见,他是这么说的:

> 时事之宜筹、谋谋之宜定者,东则海防,西则塞防,二者并

重。乾隆帝收新疆圣意闳深，拓地二万里。无论乌鲁木齐未复，无撤兵之理；即乌鲁木齐已复，定议划地而守，以征兵作戍兵为固圉计，而乘障防秋，星罗棋布，地可缩而兵不能减，兵既增而饷不能缺，非合东南财赋通融挹注，何以重边镇而严内外之防？今若画地自守，不规复乌垣，则无总要可扼。即乌垣速复，驻守有地，而乌垣南之巴里坤、哈密，北之塔尔巴哈台各路，均应增置重兵，以张犄角，精选良将，兴办兵屯、民屯、招徕客、土，以实边塞，然后兵渐停撤，而饷可议节矣。若此时即拟停兵节饷，自撤藩篱，则我退寸而寇进尺，不独陇右堪虞，即北路科布多、乌里雅苏台等处恐亦未能晏然。是停兵节饷，于海防未必有益，于边塞则大有所妨，利害攸分，亟宜熟思审处者也。

从理论上讲，左宗棠的战略是全面的，而李鸿章的主张是片面的，对于一个国家来讲塞防和海防当然要并重，所以清廷最终接受了左宗棠的意见。但是，在当时的历史条件下，仅仅把关内的粮饷转运到新疆就是一项浩大的工程，更别提大军出塞与敌人一较高下了。如果非要夺回新疆，那么必然要耗费大量的财政资源，还要损伤很多人，最后得到的也不过是一片开阔的地域和一个并不真正臣服的族群而已，同时东南海防的建设必然要深受影响。

1875年5月，即清光绪元年春，清廷发布上谕，称左宗棠筹办海防塞防的奏疏所见甚是，决定任命他为钦差大臣、督办新疆军务，并授予他关外用兵和粮饷转运等各项权力。这是非常了不起的事情，当时左宗棠已经六十三岁，而且他还是个汉人，清廷却把收复新疆的军政大权全部交付给了他，并且为他提供了充足的钱粮供应。为了筹集到足够的军费，清廷除了从各省调拨钱粮之外，还向外国银行借了款项，令左宗棠一方面感到激动，另一方面又感到羞愧。

左宗棠受命之后，国人大都对他钦佩万分，其中同为湘军阵营的时任两江总督刘坤一说他"任天下之至重，处天下之至难"，此言可谓精准之至。

左宗棠是这么看待他这一使命的：

> 臣本一介书生，辱蒙两朝殊恩，高位显爵，出自逾格鸿慈，久为生平梦想所不到，岂思立功边域，觊望恩施？况臣年已六十有五，正苦日暮途长，乃不自忖量，妄引边荒艰巨为己任，虽至愚极陋，亦不出此！而事顾有万不容已者：乌鲁木齐各城不克，无总要之处可以安兵；乌鲁木齐各城纵克，重兵巨饷，费将安出？伊犁为俄人所踞，喀什噶尔各城为安集延所踞，事平后应如何布置，尚费绸缪。

在经过激烈的讨论之后，清廷最终委派左宗棠去收复新疆，他以老迈之躯踏上了进军新疆的征程。不管前面等待左宗棠的是何等的艰险，他都会义无反顾地走下去，直到达成收复疆土的目的。左宗棠是个地理学家和军事家，他所做出的任何军事行动都是经过细致的分析验证的，因此他这次进军新疆也不例外。经过认真对比研究，左宗棠发现新疆同样是北高南低，北疆比南疆更具地理优势，所以他要率部先取北疆。

第三节　收复北疆

左宗棠受命收复新疆之后，虽然制订了先取北疆的战略，但他并未直接率军开进北疆，而是驻扎在兰州进行了充分的战前准备工作。首先，左宗棠撤并了能力较差的满人旧将金顺、景廉、穆图善等部，改任楚军大将刘锦棠总理行营事务。左宗棠此举是颇为难得的，他不顾可能招致来自清廷的非议和猜忌，大刀阔斧地进行人事方面的调整，这就在很大程度上保证了军队整体的战斗力。其次，左宗棠下令各部大力开展军事训练，把清军将士打造成无坚不摧的铁军，为安定北疆打下了坚实的基础。再次，左宗棠制订了缓进快攻的作战方略，先以缓慢步伐麻痹对手，而后再以快速攻击战胜敌人。最后，左宗棠十分注重粮草供应，他向清廷争取到了充足的军费和后勤物资，并征集了五千多辆马车负责运输，还在归化（今呼和浩特市）设立北局，在肃州（今酒泉市）设立南局，全力保障军需供应。

1876年初春，左宗棠经过了充足的准备之后，亲自从兰州抵达肃州，就近指挥收复北疆的战斗。随后，左宗棠命令刘锦棠部开进新疆哈密，徐占彪部出关进驻巴里坤。此前张曜已先期驻扎哈密，金顺所辖军队在济木萨和古城一带活动。大军进入北疆腹地之后，左宗棠指出北疆的第一战略目标是乌鲁木齐，第二战略目标是玛纳斯，一旦收复了这两座城池，北疆各地就可以依次收复了。此时盘踞在北疆的主要势力不是俄国人，也不是阿古柏，而是在陕甘回乱中败给了左宗棠的白彦虎，他已经投靠了阿古柏，并与之建立了泛伊斯兰教军事同盟。白彦虎的军队主要驻扎在乌鲁木齐东北部的古牧地，只要左宗棠派军攻占了此地，白彦虎在北疆的统治也就土崩瓦解了。

为了一举剿灭白彦虎所部反叛势力，左宗棠委派刘锦棠率领精锐之师，在安顺等部的配合下，长驱直入攻向古牧地。白彦虎也是一员百战名将，他打算凭借险固的城池与刘锦棠展开攻防战。但是经过一天的血战，白彦虎就抵挡不住了，他只得率领残部逃往了南疆。随后，刘锦棠不但率部攻克了古牧地，而且在金顺的协助下乘胜攻取了乌鲁木齐。在刘锦棠和金顺所部清军攻占乌鲁木齐之后，新疆将军荣全也前来助战，三路大军同时出动，一举就攻克了玛纳斯。至此，北疆已经宣告克复，左宗棠的战略计划部分得以实现了。

阿古柏和白彦虎已在北疆盘踞了多年，他们也受到了当地伊斯兰教徒的拥护，因此左宗棠所部以犁庭扫穴之势收复北疆并不容易。收复北疆只用了几个月的时间，所以我们认为此战轻而易举，但事实上却不那么简单。清军之所以能够获胜，是有着多方面的原因的：首先，这是左宗棠制订了正确的作战方针的结果，没有他的运筹帷幄就难以取得此战的胜利；其次，这是刘锦棠所部顽强攻坚的成绩，尽管其他各部也参与了作战，但是其中起决定性作用的还是刘锦棠的老湘营；最后，这是清朝财力和物力的体现，尽管清朝的统治已经残破不堪，但是它一旦聚集起全部能量，其效果还是十分惊人的。

第四节　收复南疆

左宗棠在收复了北疆之后，马上把兵锋指向了南疆，他把金顺留在北疆负责善后事宜，同时命令刘锦棠、张曜和徐占彪的主力部队先进行战略休整，而后再自北向南进发。在攻占北疆的战斗中，刘锦棠所部攻无不克战无不胜，所以左宗棠担心他们轻敌冒进会有所失，便让他们一定要做好休养和整顿工作，因为他深知骄兵必败的道理。南疆是阿古柏的大本营所在地，白彦虎的残部也窜入了这一地区，所以收复南疆的难度是明显大于北疆的。左宗棠在深思熟虑之后，决定仍然采取进攻北疆时坚持的缓进速战方针，来年再一举拿下南疆。

1877年春，左宗棠让金顺驻军玛纳斯以西，防止沙俄驻军从伊犁出兵援助阿古柏，又命金运昌率领新生力量防卫乌鲁木齐大后方，然后才派刘锦棠进军达坂城，另派张曜和徐占彪进军吐鲁番，对南疆叛军形成了钳形攻势。在清朝大军压境的情况下，阿古柏吓得魂飞魄散，他很清楚一件事，那就是左宗棠从未打过败仗，所以他要想抵御左宗棠的大军那无异于以卵击石。阿古柏为了免遭败亡的命运，便向沙俄驻军求助，可是俄军也不敢触犯左宗棠的虎威。在万般无奈之下，阿古柏便央求英国政府帮忙，他一方面通过英国王子代为向清廷求情，另一方面则委托英国公使威妥玛与李鸿章交涉，他的目的就是要在南疆保留其自治汗国。

左宗棠从来不给李鸿章面子，他也不理会英国人的态度，他的目的非常简单，那就是非要除掉阿古柏收复新疆而后快。阿古柏在万分绝望之下，他先是委派白彦虎去阻挡刘锦棠的楚军，然后收拢嫡系军事力量进行负隅顽抗。刘锦棠此时是左宗棠手下第一虎将，他绝不是好惹的，阿古柏和白彦虎都不是他的对手。1877年4月中旬，刘锦棠率部抵达达坂城附近，然后趁夜突袭达坂城敌军。白彦虎的部队也不是吃素的，他们迅速用枪炮发起了反击，楚军死伤了数十人，但是没有一个人向后撤退，刘锦棠的坐骑被击毙，可他换马再战。

在刘锦棠的顽强进攻下，达坂城被攻下，而与此同时，张曜和徐占彪也联合攻取了吐鲁番。白彦虎充分领教了清军的威力，便马不停蹄地率部逃窜到中亚地区，再也不敢充当阿古柏的打手和帮凶了。在白彦虎被迫西逃之后，阿古柏完全丧失了继续抵抗天朝大军的斗志，他在绝望中喝毒酒自杀了。阿古柏死后，他的哲德沙尔汗国群龙无首，处于分崩离析的状态之中。而左宗棠从容不迫地指挥刘锦棠等部，一一收复了南疆各个城池和地盘，并全歼了未来得及西窜的所有叛匪。

在平定南疆后，左宗棠总算是舒了口气，他总结了此前进兵的经验，肯定了西征军将士的功绩，在家书中这样写道：

南疆底定，以事功论，原周秦汉唐所创见。盖此次师行顺迅，扫荡周围万数千里，克名城数十百计，为时则未满两载也。而决机制胜全在"缓进急战"四个字，细看事前各疏可知大概。至其本原，则仁义节制颇有合于古者之用兵。理主于常而效见为奇，盖自度陇以来未有改也。贼以其暴，我以其仁；贼以其诈，我以其诚，不以多杀为功，而以妄杀为戒。故回部安而贼党携，中国服而外夷畏耳。实则我行我法，无奇功之可言，在诸将士劳苦功高。朝廷论功行赏，礼亦宜之。至于锡封晋爵，则在我实有悚息难安之隐。

第五节　收复伊犁

左宗棠以强大的武力收复了北疆和南疆，这足以震慑盘踞在伊犁的沙俄军队，但是俄方并没有让出伊犁的意思。面对这种尴尬的局面，左宗棠打算武力驱赶沙俄的侵略势力，完全克复新疆这片土地。但是，清廷并不打算与沙俄开战，因为左宗棠虽然能够打败阿古柏和白彦虎，但是以清朝当时的国力，是不足以与俄国相抗衡的。而且，一旦清朝与沙俄在西北边塞展开了激烈的角逐，日本就有可能再次进犯东南沿海，到时西方列强如果再趁火打劫，清朝就真的国将不国了。

既然不能与俄国开战，清廷就下令左宗棠暂停进军，先派满臣崇厚赴俄交涉伊犁归属问题。崇厚是个满族庸臣，他既不懂军事又不通外交，所以一入俄国就被对方牵着鼻子走。1879年9月初，崇厚在克里米亚半岛与俄国签订了丧权辱国的《中俄伊犁条约》(即《里瓦基立条约》)。按照这份条约之规定，俄国虽然将伊犁交还给清朝，但是要割去中国霍尔果斯河以西、特克斯河流域及穆素尔山口等要地，使伊犁以西、以南险要尽失，且俄国还攫得伊犁代守费四百万两白银以及通商和免税等权益。

崇厚签约的消息传来之后，全国舆论大哗群情激愤，纷纷要求废掉这个条约。左宗棠更是义愤填膺，他上奏清廷指出：

> 武事不竟之秋，有割地求和者矣！兹一矢未闻加遗，乃遽议捐弃要地，餍其所欲，譬犹投犬以骨，骨尽而噬仍不止。目前之患既然，异日之忧何极！此可为叹息痛恨者矣。俄人自占据伊犁以来，始以官军势弱，欲诳荣全入伊犁陷之以为质。既见官军势强，难容久踞，乃借词各案未结以缓之。此次崇厚全权出使，唉布策先

以巽词之,枝词惑之,复多方迫促以要之,其意盖以俄于中国未尝肇起衅端,可间执中国主战者之口,妄忖中国近或厌兵,未便即与决裂,以开边衅,而崇厚全权出使,便宜行事,又可牵制疆臣,免生异议。就事势次第而言,先之以议论委婉而用机,次决之以战阵坚忍而求胜,臣虽衰庸无似,敢不勉旃!明春解冻后,亲率驻肃亲军,增调马步各队,出屯哈密,就南北两路适中之地驻扎,督饬诸军,妥慎办理。

在左宗棠的一再要求下,清廷终于雄起了一次,慈禧太后下旨将崇厚革职拿问。经过刑部审问定罪,决定判处崇厚斩监候,后因英俄两国的反对而作罢。与此同时,清廷做了两手准备,一方面委派曾国藩的儿子、驻英法大使曾纪泽赴俄重新谈判,另一方面命令左宗棠做好谈判失败之后的战争准备。左宗棠受命之后,立刻调集刘锦棠、张曜、金顺三路大军,于1880年6月包围了伊犁地区。并且,左宗棠不顾自己六十八岁高龄和体弱多病的状况,亲自率军西征,并且让人抬着一口棺材,以示决一死战绝不服输的决心。

沙俄早就对左宗棠的强硬果敢有所警戒了,因此它随即在伊犁地区增兵,以此来抵挡清军前进的步伐。而且,沙俄为了对清朝形成整体上的恫吓,还在黑龙江和乌苏里江一带增设重兵;更有甚者,它竟然调集了二十多艘军舰,进驻日本长崎,然后扬言要封锁中国沿海并进犯京津。在中俄局势日趋紧张的时候,前常胜军总指挥、英国人戈登来清访问,清廷请他调停中俄冲突,他会见了李鸿章并建议:如果你要作战,就当把北京的近郊焚毁,把政府档案和皇帝都从北京迁到中心地带去,并且准备作战五年。戈登这番言论是很令人胆战心惊的,李鸿章把他这番话转述给清廷后,包括慈禧太后在内的人都不敢轻易对俄强硬了。

在沙俄的强势和戈登的恐吓下,清廷只得把左宗棠调回北京,不再让他与沙俄以命相搏了。左宗棠虽然对此是不甘心的,但他也只好回到北京,因为首先他不敢违逆清廷的旨意，其次他也明白沙俄确实不好对付。为了使武力夺取伊犁留下一丝希望，左宗棠在离开新疆哈密时，向清廷建议由大将刘锦棠总理新疆军务，清廷批准了他的意见。这样，左宗棠虽然离开了新疆前线，一旦曾纪泽与俄国人的谈判不利，刘锦棠依然可以率军与俄军一较高下。

曾纪泽与俄方的谈判也异常艰难，先是俄国人以已与崇厚签约为由，不肯重新和谈。曾纪泽以其才智和坚韧，在谈判桌上经过一年多的较量，最终成功说服了俄方代表，于1881年2月下旬与俄方签订了《改订条约》（又称《中俄伊犁条约》），拿回了整个伊犁地区。但是，清廷补偿给俄方的军费有所增加，从五百万两白银提升到九百万两。赔款总比割地强，这个结果比预期的要好，因此曾纪泽一时之间成了英雄人物。

谈判结果是很难得的，清廷都为此感到兴奋，百官和士绅也都称赞曾纪泽的能力和功劳，唯有左宗棠是十分不满的，他认为这九百万两白银根本就不该给俄方。1884年11月，清廷在新疆正式设省，以刘锦棠为首任巡抚，这是清朝的胜利，也是左宗棠的成功。从此，新疆重新回到了中国的怀抱，虽然俄方屡次谋求这片土地，但是他至今仍在中华版图之内。

第六节　经营西北

左宗棠扎根大西北十余年之久，他并不是整天骑在马背上指挥打仗，而是在开展军事行动之外还参与了地方经济建设。左宗棠对于开发和经营西北数省的功劳，是不亚于他平定回乱和收复新疆的功勋的。左宗棠一方面是位地理学家和军事家，另一方面也是位政治家和实业家，这才是完整的左宗棠。当年林则徐与左宗棠商讨新疆和西北局势时，乱局尚未正式形成，因此他们所谈论的内容中，除了军事防御和政治治理之外，更多的应该是经济开发和工农业发展的内容。

左宗棠经过对甘肃地区的土地考察，他发现：

> 地气高冷，节候暑少寒多，物产甚稀，民生日蹙。蚕桑既限于土宜，裘褐亦艰于购制。民间无衣之苦，甚于无食。

因此，左宗棠利用他的职权和影响，大力提倡当地农民种植棉花，以此来解决当地民众的穿衣保暖问题。在左宗棠到任之前，当地普遍种植罂粟，并以此谋取不当得利。左宗棠深知鸦片的危害，他主政陕甘之后，就下令严禁种植罂粟，代之以棉花的种植和推广。除了推广种植棉花之外，左宗棠还下令设置纺棉局，大力推广棉纺技术和工艺，将当地所产的棉花加工成丝线和布匹，并进而加工成衣服和被褥。

鉴于西北地区的干旱多风和水土流失，左宗棠下令从径州到玉门关一带挖渠修路，并在河边和路边普遍栽植柳树。如此一来，当地的环境得到了极大的改观，每年天暖季节都是绿树成荫，再也不是一片黄秃秃的土丘了。左宗棠种柳有四种目的：一是巩固路基，二是防风固沙，三是限戎马之足，四是利行人遮凉。后来，凡是左宗棠所到之处，他都要动员军民植树造林，其中以柳树为最。人们把左宗棠主持栽种的柳树成为"左公柳"，这一说法一直流传至今；"左公柳"与左宗棠本人有着直接的关系，"左宗棠鸡"就是胡乱往上套出来的一个菜名，其实它与左宗棠本人没有任何关系。别管怎么样，历史和民众记住了左宗棠，不但是因为他的百战之功，也是由于他关注民生。

左宗棠在西征过程中，遇到的一个重大后勤问题就是粮食问题，从内地万里转运耗费了大量的人力物力和财力，从当地征收和赎买都不现实，因为西北百姓的口粮本身就成问题。可是，西北地区有个得天独厚的地理条件，那就是地广人稀，有很多荒地是未经开垦的。在这种情况下，左宗棠便组织部分军力，进行河流疏导、荒地开垦、农业粮食作物的种植和开发。比如，左宗棠曾经下令，让张曜率部在新疆哈密地区开垦出来了一万九千多亩荒地，从而获得口粮数千担，这就大大缓解了军粮征集、运输和供应方面的压力。

除了发展农业之外，左宗棠还号召当地军民，因地制宜地发展渔业和畜牧业，尤其是着力发展养羊业。羊肉中包含着丰富的营养和热量，可以作为增强将士体力的最佳食品；羊皮和羊毛都可以用来缝制军衣，以此来抵御西北地区的严寒和风雪。左宗棠在军营中，与一般的军事统帅不同，他从不讲究吃穿住用的档次，一切都与将士们等同。左宗棠在治军和理政方面能取得如此大的成就，跟他的性格转变是直接相关的，他当年表现强硬是为了震慑部属，后来表现随和是为了笼络人心。

如果左宗棠仅在西北地区发展农林牧副渔等产业满足军队生活的需要，那还谈不上他开发大西北的重大功勋，他把近代工业引进西北地区，才是他搞洋务和经营西北的杰出成就。左宗棠主持开办的洋务企业主要有，西安机器局、兰州机器局和兰州织呢局，这都是他在极端困难的条件下，勉为其难地开办起来的。在平定陕甘回乱期间，左宗棠先是在西安成立了机器局，从江南制造总局和金陵机器局调募一批工人，并购买机器，从事枪支弹药的制造，以此来节省从上海购买武器的军费。平定了陕甘回乱之后，为了进一步收复新疆，左宗棠又把西安机器局搬迁到兰州，从而成立了兰州机器局，大力生产枪支弹药以及火炮和炮弹，以便满足战场上的实际需要。

除了发展军事工业之外，左宗棠还在兰州兴办民用工业，其中最著名的当然就是兰州织呢局。左宗棠开办洋务企业，一方面满足了楚军的军事需要，节省了大批军费；另一方面也雇用了大批当地民众，创造了不少就业机会。在左宗棠的骨子里，有一种强烈的信念，那就是自强是战胜一切敌人的法宝。在左宗棠看来，只要中国人大力学习西方先进的科技，就一定能赶上并超过他们，并且能够打败他们。左宗棠的思想当然有着很大的局限性，他并未脱离洋务派和理学派的思想窠臼，终究不能超越那个时代的高度，但他自始至终表现出了一种凛然正气和誓不低头的精神。

左宗棠所办的洋务企业，尤其是兰州织呢局，曾经发挥了巨大的作用。

但是，随着世界科技的进步，这些企业逐渐落伍了，兰州织呢局也被迫停产了。左宗棠不明白一点，要想办好洋务企业，就必须随时更新技术设备，并不断提高经营管理水平，最重要的是要由官办改为商办，不然就会被市场残酷地淘汰掉。在办理洋务方面，左宗棠的成就是不如李鸿章的，不管他是否愿意承认这一点，但都改变不了这个既定的事实。

第九章 入值军机

第一节 何以上位

1881年2月底,左宗棠一到京师,即被任命为军机大臣、总理衙门大臣并管理兵部事务。至此,左宗棠一手掌握了清廷的行政、外交和军事大权,成了炙手可热的中枢重臣。左宗棠之所以从新疆被调回来,主要是因为清廷要向沙俄表现出某种和平姿态,他回京后能担任如此高位,这是他事前所不敢祈望的。

在此之前,曾国藩曾经受封一等侯爵,并且担任过直隶总督和两江总督,还获得了武英殿大学士的职衔;李鸿章长期掌控直隶和北洋,并且获得了文华殿大学士的头衔。曾李这两位大佬虽然称得上位高权重,但是他们与左宗棠今日的权位相比是有很大差距的。因为清朝从雍正帝开始军机处才是真正的中枢,入值军机外加掌控总理衙门和兵部,这个分量有多重是一般人难以想象的。

慈禧太后为什么要让左宗棠担任如此显赫的官职呢?这里面的原因是比较复杂的,笔者个人之见觉得至少应该有几点原因:

首先,多年以来左宗棠劳苦功高,他参与镇压了太平军和捻军起义,又主持平定了陕甘回乱，还领衔收复了新疆大部分地区，而且对于洋务运动建树甚多，因此他在很大程度上支撑了大清的江山社稷，把一腔热血献给了他的忠君爱国事业，令慈禧太后感动不已。事实上，左宗棠进京之后，慈禧太后立刻召见了他，在整个觐见过程中，她不时泪眼婆娑，对于大清的危局和他的功劳感叹不已。为了表彰左宗棠的盖世功劳，也为了让其他人效法他的公忠体国，慈禧太后唯有通过高官厚禄来赏赐和激励他。

其次，多年以来，在慈禧太后之下，一直有个人位高权重，此人就是恭亲王奕䜣。在当年的辛酉政变中，慈禧太后之所以能够一举铲除肃顺等八大臣的势力，主要就是依靠恭亲王奕䜣的力量。为了酬谢恭亲王奕䜣的功劳，慈禧太后赏给了他议政王的职位，让他长期担任军机处领班大臣和总理衙门大臣。随着时间的推移，慈禧太后和恭亲王奕䜣之间发生了权力争夺，也产生了政见分歧。为了找人抗衡恭亲王奕䜣，慈禧太后扶植了李鸿章，可是李鸿章上位之后在内外政策上与恭亲王奕䜣保持一致，这就令慈禧太后非常不放心。在这种情况下，左宗棠正好被慈禧太后给推了上来，让他上位的目的就是制衡及打压恭亲王奕䜣和李鸿章的。

最后，左宗棠爬上高位，也是京城舆论的产物。左宗棠领衔平定了回乱并收复了新疆，他还对沙俄表现出了强硬的姿态，这就在很大程度上提振了国人的斗志和士气。数十年来，随着列强用坚船利炮叩开了大清的国门，国人时常受到列强的欺负，因此由翰林院和都察院的一帮闲散文臣组成的清流党对此是深以为耻的。如今，左宗棠率军出山了，他显示了大清的威风，并在很大程度上震慑了敌人，所以他很快就被包括清流党在内的国人视作了大清帝国的救星。左宗棠的声威如日中天，舆论的风潮把他推了上去，因此慈禧太后要通过提拔左宗棠来显示自己秉公持正的态度。

基于以上三种原因，左宗棠爬上了中枢重臣的高位，他将一如既往地倾尽全力效忠清王朝，并利用职权为国家和人民谋福利。左宗棠本来是个举人出身的文人师爷，他连进士的功名都没取得，从而也就没能进入官场的正途。可他通过自己的努力和战功，一步步走上了位极人臣的中枢高位，这在当时的历史条件下是非常难得的。左宗棠会在这个中枢大佬的位置上如何作为，笔者将在下节进行讲述，以便我们对他一生的功业有个清晰而全面的认识。

第二节　励精图治

左宗棠受命入值军机之时，他是有过犹豫和徘徊的，他非常清楚一件事，在朝廷中枢为官比在疆场征战更累人也更危险。左宗棠曾经向慈禧太后表示，他想告老还乡安度晚年，或者留在京师作为一名闲散大夫充作顾问。可是，左宗棠越推辞，慈禧太后越认为他不贪恋权位，也就对他越发倚重。

在慈禧太后的勉励之下，左宗棠开始承担起军机处、总理衙门和兵部的重担，正式介入国家大政方针的制定和执行。在京诸臣僚中，比较拥护左宗棠的有两类人：一类是湘军集团的人物，在曾国藩仙逝之后，虽然刘长佑、刘坤一、杨岳斌、彭玉麟等人都登上了政治舞台，但是他们中间没有一个人能够作为集团首领为大家所服膺，左宗棠的地位和声望决定了他会受到该集团的普遍支持；另一类就是笔者在上节提到过的清流党，其中以翁同龢和张之洞等人为代表，他们都认为左宗棠是个能够力挽狂澜的人物。

左宗棠不但对于军机处和兵部的内部军政事务要求严格，而且他在主掌总理衙门时对外国使节也是十分强硬的，这是他有别于恭亲王奕䜣和李鸿章的地方。在左宗棠入职总理衙门之前，恭亲王奕䜣和李鸿章对于列强是十分客气的，一般不敢当面与他们发生冲突。左宗棠则不然，他不管是俄国人还是日本人，都是一脸的疾言厉色，在国家利益和尊严问题上绝不让步。不仅仅是对日俄，对于欧美列强也是如此，有一次左宗棠当面训斥英国公使威妥玛，令翁同龢对他感佩万分。左宗棠对外强硬是有利有弊的，他作为一个弱国的大臣，对于列强一贯强硬，这就决定了他在这个位置上待不久，不然受损的就是清国的利益了。

在内政治理上,左宗棠提出了三条政纲并监督执行,这三条政纲分别是:河道必当修,洋药必当断,洋务必当振。由此可见,左宗棠是个脚踏实地干事业的人,他绝非一般的浮夸官僚可比,这种务实的品格在晚清官场是最为可贵的财富。左宗棠提出的这三条政纲,都是当时国家经济事务中的当务之急,哪一条都称得上急迫和重要。如果换一个人坐在左宗棠的交椅上,也许会提出类似的政纲来,但是他们未必会像左宗棠那样认真地去督促各级政府贯彻执行。

修治河道是左宗棠的一贯主张,此时他把重点放在兴修京畿的永定河上。左宗棠之所以重视永定河水利工程,主要是因为他从新疆回京途中,亲眼看见了永定河失修所带来的严重危害。永定河主要位于直隶省境内,而时任直隶总督就是李鸿章,左宗棠去找李鸿章商议此事,可是李鸿章对他的建议并不支持。在这种情况下,左宗棠只得调派他的部将王德榜、刘璈、王诗正率各军抵涿州一带修治永定河。除此之外,左宗棠还多次亲临修河工程前线,亲自勘察金门闸坝,并巡视南岸河堤,还督促工程进展情况。经过四个多月的加紧施工,永定河疏通和加固堤坝等工程基本完工,京城和直隶境内的旱涝情况有所改善,连醇亲王奕譞都对左宗棠的劳绩十分推崇。

对于鸦片的流毒和危害,左宗棠进行过认真的分析,他曾经给慈禧太后上奏指出:

> 窃惟鸦片产自泰西印度地方,由英国商人转贩而来,流毒中国,名为洋药。其患先中于市廛衙署,凡中人温饱之家,佚游燕僻子弟,聚处而嬉,用以遣日,比吸食有癖,积渐成瘾,瘾重而形神交瘁。于是赀倾家破而身命随之,内地罢民抛宜谷、宜蔬、宜瓜果腴地以种罂粟,劙果取浆,名为土药。其患先中于镇集乡村,凡食贫力作之人,游手无聊之辈,久且视为寻常,日用所需不知禁令为何事。于是吸食者多,更成积重之势。华民之吸烟者多,洋药之销路亦日益畅。从前各海口每岁进洋药三万余箱,嗣渐增至五万余箱,近闻且增至七万余箱矣。而洋药之价前时每箱百斤售银七百余

两，近闻已减至五百余两，是销路之畅由于货价之减可知也。臣前督陕甘，先以禁种罂粟为务，饬各属随时查拔以清其源。遇有洋药入境，则标识封存行栈，靳由原路折回，不准在地销售，其故违者察出焚之通衢，已著微效。惟此法行之一方为宜，若统筹全局，则令其由原路折回，于此者或销于彼，仍为不了之局。详察事宜，断非加洋药、土烟税捐不可。税捐加则洋药、土药之价必贵，价贵则瘾轻者必戒，瘾重者必减，由减吸以至断瘾，尚有可期。

左宗棠在一定意义上是林则徐的传人，当年林则徐曾经在广东严禁鸦片，如今左宗棠也把限制鸦片进口视作当务之急。虽然左宗棠对于鸦片贸易的危害深恶痛绝，但是在国门业已打开的情况下，仅凭他一人之力，也是无法禁绝鸦片的。在这种情况下，左宗棠提出了一套折中的方案，那就是对于鸦片贸易征收重税，这样一来，一方面可以增加清政府的财政收入，另一方面又能限制鸦片贸易的肆虐。左宗棠大力介入此事，但是收效并不明显，因为不但外国鸦片贩子不答应，而且国内的官绅烟贩集团也大加干涉，他们想方设法阻挠新政的实施。

左宗棠在入职中枢期间，还把全国的洋务运动放在重要地位，此前他曾在东南创办福州船政局，也曾在西北创办西安机器局、兰州机器局和兰州织呢局，但那都是地方性的具体事务。如今他作为掌枢大佬，对于各省的洋务运动都大力提倡和支持，以求坐收渔翁之利之效。左宗棠并不具备先进的政治理念，他认为只要在器物层面有所改进，清朝就能成为世界强国。但是，左宗棠错了，他与同时代的其他著名人物一样，都没意识到这是晚清的政治体制所决定的。

左宗棠虽然未曾从制度和文化层面改良过清王朝，但他毕竟是个励精图治的实干派，他对于官场上因循守旧、贪污腐化、营私舞弊、不负责任和拉帮结派的官僚作风是难以忍受的。面对这种积重难返的僵局，左宗棠沉重地指出：

自入国门以来，每闲朋侪许与之，谈辄逊谢不遑，且以党附为戒。遇言者指摘枢垣，必面陈勿予驳斥，以开言路。惟事有是非，人有邪正，政有利弊，谋有臧否，苟有所见不敢不言，言之亦不敢不尽也。知我者以为然否。疏稿惟关地方利害、民生疾苦者，始随时刊布。意在外闲牧令，奉有文檄，每不留心省览，付之幕吏，而文书由院行司道，司道行府、厅州县，遇连篇累牍帖写，厌其冗长，随意删节，漫无文理，其报张帖日期、处所，一纸塞责，上下不相检校。如是，而望草野周知政令，必达难矣。

第三节　无奈请辞

尽管左宗棠至公至正、励精图治、脚踏实地且针砭时弊，但他依旧在中枢大佬的职位上无所作为，因为除了他的楚军嫡系和湘军部众之外，没有几个人把他的指示当回事。也许有人会说，左宗棠可以利用职权，大刀阔斧地进行人事组织更新。此说似乎很合理，但是实际上是行不通的，因为固有的集团的利益是动不得的，慈禧太后也不会容忍左宗棠一家独大。

左宗棠开始只是感觉办事费力劳而无功，后来愈发感觉政敌势力的强大，虽然上头有慈禧太后的鼎力支持，恭亲王奕䜣也不敢随便拿他怎么样，但是却有一张无形的大手笼罩在朝廷的上空，左宗棠所承受的压力越来越大。尽管恭亲王奕䜣不当面跟左宗棠对着干，但是只要他使个眼色，满族王公大臣就会以各种形式掣肘和攻击左宗棠。同样，虽然李鸿章在左宗棠面前满脸堆笑，一副非要讨好他的模样，但是转眼之间李鸿章就会散布不利于他的言论，并指示部将一起来攻击他。

李鸿章是这么评价左宗棠的：

左相精力甚健，于枢廷政务、各省情形不甚了澈，所建练旗兵、借洋债、兴畿辅水利、加洋药税厘诸议，似属救时要政，却近老生常谈，恐有格于时势不能尽行之处。

李鸿章的亲信薛福成对左宗棠的评价则更低，充满了细节描写和嘲讽意味，他是这么说的：

左每展阅一页，每因海防之事而递及西陲之事，自誉措施之妙不容口，几忘其为议此折者，甚至拍案大笑，声震旁室。明日复阅一页，则复如此。诸公并厌苦之，凡议半月而全疏尚未阅毕。

李鸿章和薛福成等人对于左宗棠的评价未必是事实，因为他们的话语中充满了挟私报复之嫌，但是凭他们的权势和影响力，自然有人在此基础上添油加醋煽风点火。没过多久，左宗棠的声望就有所降低，他不再是那个刚刚收复了新疆而红极一时的左宗棠了，就连清流党也对他主政半年来的作为和业绩表示失望。甚至慈禧太后也认为起用左宗棠没能达到预期目的，从而对他的眷顾和垂青有所减弱。

左宗棠在政治上是个敏感的人，他很清楚目前自己只有两条路可以走：一是低调做人沉稳做事，不给政敌留下任何把柄，这样就可以在中枢大佬的位置上多待一段时间；二是主动提出辞职，离开这个是非之地，从而尽量保留自己的好名声。左宗棠几经思考之后，最终选择了后者，他向慈禧太后提交了辞呈。慈禧太后先是挽留了他，但他离职的意向十分坚决，她便于1881年10月底批准了他的请求，改任他为两江总督兼南洋大臣。

左宗棠只当了八个月的军机大臣、总理衙门大臣、管理兵部大臣，便被政敌们排挤出了中枢，这是晚清官场黑暗腐朽的必然结局。左宗棠离开京师重地和朝廷中枢之后，去南京担任两江总督和南洋大臣，但这也是在地方督抚中数一数二的职位，也足以与直隶总督兼北洋大臣相抗衡。慈禧的目的正在于此，她见左宗棠入值军机意义不大，便让他掌控南洋制衡北洋，同时让醇亲王奕譞来制衡恭亲王奕䜣，以实现中央和地方官场上的微妙平衡。

第十章　掌控南洋

第一节　统帅阅兵

　　1882年初，左宗棠从北京赶到南京，正式就任两江总督兼南洋大臣。笔者此前说过，两江总督下辖江苏（含上海）、安徽和江西三省地盘，其中上海和江苏是一百多年来中国最富庶的地区；而南洋大臣的主要职责是负责南部中国沿海地区的外交、洋务、通商和防卫工作。两江总督兼南洋大臣，在整个晚清政府的封疆大吏中，与直隶总督兼北洋大臣并驾齐驱的，是高于全国其他督抚和将军的。左宗棠是楚军的祖师爷，还是湘军集团硕果仅存的主要首领，由他担任两江总督兼南洋大臣，其权势是如日中天威震寰宇的。

　　左宗棠之所以要辞去军机大臣的要职，是因为他感觉自己在行使权力的过程中遭受到了来自各方的掣肘。清廷之所以让他改任两江总督兼南洋大臣，除了让他与李鸿章的北洋相抗衡之外，还是为了让他做好东南沿海的防御，严防法国势力的入侵。这次法国开始没有直接侵犯中国本土，而是侵占了清朝藩属国越南的部分地区，从而挑战了天朝上国的威仪。在清朝国力不如法国的情况下，李鸿章主张委曲求全，左宗棠则一如既往地准备武力对待。在左宗棠看来，法国侵占越南是不给大清面子，它下一步就要以越南为跳板来进犯中国的内陆，还可能把军舰开到中国的沿海地区。

为了做好对法战争准备，左宗棠一上任就开始检阅江苏等地的军队，以求整顿水陆大军并提高其作战能力。左宗棠先后巡视了扬州、靖江、镇江、常州、苏州、上海等地的军营，发现一些行伍中竟然充斥着大批五六十岁的老兵，他不禁勃然大怒，下令裁撤这些老兵，另招一批青壮年参军。并且，左宗棠下令，严格训练军队和发放军饷，如有弄虚作假者一律严惩不贷。江苏等地的清军，有湘军的旧部，也有淮军的势力，还有八旗和绿营的残余，左宗棠对他们一视同仁，全部用军法来管束他们。

在左宗棠视察上海期间，出现了精彩的一幕，这在历史上也是一段佳话。在此之前，凡有清朝官员前往上海，上海租界里面的洋人都是很倨傲的，他们根本不把这些官员当回事。但是，这次左宗棠来了，情况大为改观，英法美等国的领事组织各界人士夹道欢迎他，并燃放烟花爆竹来以示热情，这是很不寻常的。1882年，左宗棠第一次视察上海时，洋人们对他执礼甚恭。1883年，他第二次视察上海时，洋人们仍然对他礼敬有加。

左宗棠之所以会受到西方使节的礼遇，主要是因为这些洋鬼子早就仰慕左公百战百胜的威名，用慈禧太后的话说就是，洋人有些害怕左宗棠。虽然左宗棠在上海受到了礼遇和欢迎，但是左宗棠的心里并不痛快，因为上海本来是中国的地盘，现在却成了列强的租界，以他的爱国、忠义和强硬是感到羞耻的。晚清时期的中国，可谓积贫积弱，左宗棠能受到列强使节的礼遇，总算给清廷和国人挽回了一点面子。左宗棠虽然很想收复租界光大中华，但是当时的国力是不允许他这么做的，他也没有找到一条真正可以使中国摆脱贫弱的道路，这不能不说是那个时代的悲哀。

左宗棠除了视察各地陆军之外，还巡阅了长江及其出海口的水师各营，他决定给南洋再增添十艘大型军舰。为此，左宗棠先从他一手筹备的福州船政局定造了"开济"与"镜清"号两艘快船，又从德国购进"南深"、"南瑞"号巡洋舰，初步加强了南洋水师的力量。而后，左宗棠在上奏清廷的奏折中说：

自海上用兵以来，事势纷纭，未能确操胜算，虽阅四十余年，内外极力支持，尚无定局。泰西各国以经商致富，广造机器，增制轮船，动辄挟其所长，多所凌忽。纵观往事，窃有不能已于言者。海上用兵以来，文如林则徐，忠而有谋，以之制初起之寇，本有余力，不幸为忌者所间，事权不属，不克竟其设施；武如陈化成，力扼吴淞，苦战不却，不幸右路未战先溃，致夷兵革于右路，力遂不支，遂以身殉。是则议论不协，勇怯不齐，有任其咎者，遗憾至今四十余年，不知伊于胡底！而所谓识时务者，仍以因循粉饰，苟且目前之安，此志节之士所为抱抑塞磊落之怀，扼腕叹息者也！

第二节　战和之争

左宗棠坚决不肯同法国侵略势力妥协，他决意与法方硬拼一场，可是李鸿章坚决反对他这么干。左宗棠的理由是：法国军队在侵占越南之后，下一步的战略目标就会是清国，这一仗是躲不过去的，所以一定要立足于战。李鸿章的意见是：当前清国的海防尚未完备，综合实力也弱于法国，所以要尽量寻求和平解决的途径。这两位军政大佬，一位是湘军掌舵人，另一位是淮军祖师爷，他们之间各不相让，这就把清廷置于尴尬为难的境地。

在我们的印象中，左宗棠是积极的和爱国的，而李鸿章是消极的和卖国的，其实这种说法是站不住脚的。左宗棠立足于战，是因为他是个理想主义者，也是因为他特别讲求气节，不管能不能打赢，先拼尽全力打一仗再说。李鸿章立足于和，常被国人讥笑为软弱无能，其实这正是他老成谋国的表现，他很清楚晚清政府和军队已经衰弱到了何种地步，如果非要血战到底那么最后付出的代价会更大。

本来清廷是打算让李鸿章亲赴广州，指挥法军之战的，但是他以各种理由相推托坚决不肯前去。在这种情况下，清廷也不便强逼，因为强逼李鸿章的结果就是导致清军的必然失败。左宗棠闻讯之后愤恨不已，他一边大骂李鸿章，一面继续整顿两江和南洋的海防，准备与法军开战。与此同时，左宗棠也在寻找同盟军，淮军集团是不会支持他的，湘军集团里的大佬却有志同道合之人，比如，时任兵部尚书彭玉麟。在镇压太平军期间，彭玉麟是曾国藩手下的湘军水师大将，他向来都是勇猛善战的，连悍将曾国荃都对他忌惮三分。

1883年春，清廷命彭玉麟巡视长江水师，左宗棠前往吴淞口与他相会。在水师诸将面前，左宗棠慷慨激昂地说：

> 能破彼船坚炮利诡谋，老命固无足惜。或者四十余年之恶气借此一吐，自此凶威顿挫，不敢动辄挟制要求，乃所愿也。

彭玉麟说：

> 如此断送老命，亦可值得。

诸将校表示：

> 我辈忝居一二品武职，各有应尽之分，两老不临前敌，我辈亦可拼命报国。

左宗棠和彭玉麟所说的都是肺腑之言，水师诸将说的话也许有些表演成分，但是当时同仇敌忾的场面还是很感人的。

为了做好战备工作，左宗棠继续在辖区兴修水利和发展农业，以此作为战前保民之法。左宗棠认为，西方列强强在工商业，中国的长处是农业生产，只要我们搞好了农业生产，就能在国力上与西方列强相抗衡。左宗棠虽然饱含着一颗忠贞爱国之心,但是笔者不得不说,他的这种见识太过短浅了。先别说西方制度和文化的先进是清王朝无法望其项背的,仅凭人家的科技水平和工商业实力就是中国难以比拟的,如果想以自身传统农业来对抗列强的工商业,那真是无异于痴人说梦。

之前在越南战场上抵挡法国军队的主要是刘永福的黑旗军,刘永福本来是反清起义军的首领,他在反清失败之后,才进入越南的,在法军侵入越南之后他率部协助越南国王进行防御和反攻,后来才投靠清军协助冯子材作战。左宗棠在写给淮军大佬、两广总督张树声的信中,大大地夸赞了刘永福一顿,并且提出清军不可袖手旁观。而张树声是李鸿章的人,于是,他将这一情况通报给李鸿章之后,李鸿章认为刘永福不过是个土匪头子,根本就不能抵挡法军的进攻。刘永福确实率领他的黑旗军在越南战场上打了几个胜仗,但是在这些战斗中法军的伤亡并不大,他也无力改变越南战场上的整体走势。

在越南陆战期间,左宗棠一方面命令手下大将王德榜回籍招募军队,开赴广西军事前线,然后调派提督陈广顺前去增援,还为他们筹措了大批粮饷物资;另一方面左宗棠向清廷上奏,主动提出要亲自赶赴越南战场指挥作战,誓死抵御法国侵略军的进攻。左宗棠这一辈子,经历过数不清的战阵,但他从来没有表示过害怕。清廷以左宗棠年老体迈为由,没有批准他赶赴越南前线,但是却认同了他的战略主张。

第三节　奉调进京

左宗棠上奏请求亲自挂帅出征,结果遭到了清廷的拒绝,他在气病交加之下,眼睛犯病视觉变得模糊了。无奈之下,左宗棠只好向清廷请假,清廷给了他几个月的假期,同时准备让曾国荃接替他的两江总督兼南洋大臣的职务。左宗棠在休假治病期间,他仍然不忘整顿两江和南洋一带的海防、水运和盐务，始终关心着越南战场上法军的动向。1844年4月，曾国荃抵达南京，左宗棠与他进行了政务交接，然后奉旨进京陛见慈禧太后和光绪帝。

1883年12月底，法国侵略军在孤拔的指挥下，向驻扎在越南山西府的清朝守军发起进攻，正式挑起了中法战争。随后，法军攻占了山西府，次年初又占领了北宁府。这一消息传到清廷后，引起了满朝文武的极大震惊，慈禧太后便借机革去了以奕䜣为首的五名军机大臣的职务，任命以礼亲王世铎为领班军机大臣，组成新的军机处成员，同时命令由庆亲王奕劻主持总理衙门，并于次日宣布军机处遇有紧要事件，要同醇亲王奕䜣商办，这就是历史上非常有名的甲申易枢事变。

慈禧太后通过甲申易枢事变，解决了威胁到她的最高权力的人事组织问题，但是清朝的军政形势还在持续恶化。慈禧太后虽然拿掉了恭亲王奕䜣一党的职务，但是李鸿章并未受到牵连。时任翰林院编修梁鼎芬因弹劾李鸿章有六可杀之罪，还被冠以莠言乱政罪而革去了官职。在慈禧太后眼里，大清的军事和外交是离不开李鸿章的，不管她是否赞同李鸿章的主张，李鸿章都会被保留在重要位置上。从而，醇亲王奕譞掌握了中枢重权，李鸿章继续主持北部中国的局面，慈禧太后仍然一如既往地倚重他。

左宗棠在进京之前，对滇粤边防的局势做了进一步的了解之后，向清廷上奏指出：

> 法人既攻北宁、兴化，兵端已开，滇、粤藩篱尽撤，边防之不可不急谋增邑也明矣。滇、粤溃败各营，不足复用，所恃者仅王德榜楚军八营，而分扼镇南关、谅山两处，要区兵分力单，能守而不能进，坐失事机。自应增调一军为后劲之师，俾王德榜得一意驰驱，免虞后患。庶足绥藩服而伸天讨，收已失之人心，战异族之凶焰。建议黄少春挑选弁兵五营，驰赴广西镇南关外，为王德榜策应之师。并饬预选臣旧部之散处本籍者，编为数营，名之臣军，营务处营率之同征，以厚其势。如蒙俞旨允行，是黄少春此行，于王德

榜为后劲，于臣为前驱，似与时局较为有益。

左宗棠在上奏请战的同时，李鸿章正在与法国代表福禄诺在天津议和，他们随即签订了《中法简明条约》。左宗棠在从南京赶赴北京的途中，认真阅读了这份《中法简明条约》，然后他写下了《时务说帖》。在这篇帖文中，左宗棠不仅回顾了他在两江任上增制船炮、兴办水利、增复盐引为三大宗的治绩，而且反复阐述了对付法国侵略非决计议战不可的鲜明见解，他慷慨激昂地说：

> 宗棠今春有增灶之请，意在令黄少春纠集旧部，添造水师船只，会同王德榜札饬刘永福挑选熟习海战弁丁，为其管带驾驶，冀收桑榆之效。偿蒙俞允，宗棠亲往视师。窃自揣衰庸无似，然督师有年，旧部健将尚多，可当丑虏。揆时度势，尚有可为，冀收安南仍列藩封而后已。不效则请重治其罪，以谢天下。此一劳永逸之策也。

第十一章　再入军机

第一节　一锤定音

1884年6月中旬，时年七十二岁的左宗棠终于到达了北京，拖着老迈之躯，进京陛见了慈禧太后和光绪帝。随后，清廷委任左宗棠重新担任军机大臣，并让他兼管京师神机营的军务，以此来表示对他的信任和倚重。在此之前，清廷已经调派张之洞为两广总督，让他前去督办对法作战事宜。

左宗棠和张之洞分别就职，是清廷对外方针将要做出重大调整的信号，这意味着主战派占据了上风。原来，在李鸿章和福禄诺签订了《中法简明条约》之后，京城内外的士绅圈都把舆论的怒火指向了李鸿章，这就给清廷形成了极大的政治压力。为了缓解国人的不满情绪，慈禧太后便把左宗棠和张之洞等人抬了出来，以此来表明她是有意要对外强硬的，而之前的妥协投机行为不是她的主张。

左宗棠和张之洞上任之后，他们分别进行国家和地区范围内的战略部署，准备与法军决一死战。在这种情况之下，法国海军统帅孤拔率舰队驶往福建沿海，准备从海路扩大战火。针对法国新的军事挑衅，左宗棠根据王德榜发自前线的电文，向清廷上奏陈述了他对战局的看法。左宗棠的态度很坚定，那就是：严饬防军，稳扎稳打，痛予剿办。左宗棠的意见获得了清廷的赞许，王德榜、刘永福和黄少春都积极执行，但是淮军将领潘鼎新并不积极响应，潘鼎新的反应很消极。

1884年8月初，孤拔率领法国舰队进攻台湾岛，督办台湾防务大臣刘铭传指挥清军顽强抵抗，打退了侵略者的进犯，取得台北保卫战的胜利。但是，在此之前基隆已被法军占领，之后法军还占领了澎湖，而且法军还对台湾进行了军事封锁。

在台海战场失利的情况下，清廷对于战和大计的态度又变得游移不定了，慈禧太后让李鸿章找英德美等国帮忙协调。可是英德因与法国有矛盾不愿介入，美国则表现得十分油滑，最终谁也没帮上清廷的忙。在这种情况下，慈禧太后召集满朝文武开会讨论，大多数人拿不出一个定见出来，李鸿章仍然主和，恭亲王奕䜣勉强主战，左宗棠突然站起来大声说道："与其战败赔款，还不如拿着这笔钱作为军费，与法军顽抗到底呢！"

左宗棠的态度给了慈禧太后一颗定心丸，她随即宣布散朝，不再讨论战和大计，全力做好进一步战争的准备工作。左宗棠这次之所以能够一锤定音，不是因为此时他是军机大臣，而是因为当时整个晚清政府没有任何一个人有他那么大的决心和魄力，每个人都在战与和之间犹豫不决，唯有他自始至终抱着一颗必战之心。慈禧太后之所以会信任左宗棠，是因为他多年来的战功就是最好的例证。

第二节　挂帅出征

左宗棠的意志坚定，并不能挽救晚清王朝衰败的现实，在法军扩大侵华战争的情况下，清朝在福建的驻军再也抵挡不住了。在此前孤拔进犯台湾的时候，福建驻军曾经派出了五艘军舰前去救援，结果他们都被法军击伤或击沉了。这次孤拔亲率大批军舰前来攻击福州马尾军港，给当地驻军造成了极大的军事压力。想当年福州船政局和马尾军港是左宗棠一手筹建的,因此他对于此战是十分关切的,这就像一个父亲在看待儿子的安危一样。

1884年8月下旬,孤拔指挥法国舰队向停泊在福州马尾军港的福建海军发起突然袭击。福建海军的军舰还没有来得及起锚,就被法舰的一排重炮击沉两艘并重伤四艘。福建海军仓促应战十分被动,虽然海军官兵仍奋勇还击,但已无法挽回败局。经过短暂的海战,福建海军的11艘战舰均被法舰击沉或击伤,清朝官兵伤亡七百余人,福建海军几乎全军覆没。次日,法军又向位于闽江北岸的福州船政局开炮,击毁了许多厂房和厂内正在制造的舰船。至此,左宗棠联合法国人筹建的,由沈葆桢等人经营了多年的福州船政局和马尾军港,在法军炮舰的攻击下陷入了溃烂和瘫痪的境地。

马尾海战的失败,严重刺激了左宗棠,这里面主要有两方面的原因:一是左宗棠此前从未遭受过这种惨败,在他力主决战的情况下,清朝海军竟然遭到了法军的痛击,他无论如何都要拼命扳回局面的;二是福州船政局和马尾军港凝聚着他太多的心血,他眼见自己多年的血汗在一夜之间付诸东流,心里的难过和仇恨是可想而知的。左宗棠认为,只要自己亲自出马,一定可以改变战局走向的。

左宗棠为了能够达到预期目的,就再次向清廷请命出战,这已经是他第三次誓死请战了。慈禧太后一方面担心左宗棠年老体衰,另一方面形势又需要他这样一个大佬亲赴前线,所以她左右为难。在这种情况下,左宗棠请醇亲王奕譞代为向慈禧太后求情,以便满足自己效命沙场的斗志。醇亲王奕譞代为疏通后,慈禧太后终于答应任命左宗棠为钦差大臣,让他亲自前去督办福建军务。

1884年9月,左宗棠受命之后,与在京诸同僚旧友诀别,以示他不达目的誓不罢休的坚定意志。其中,在左宗棠最后拜会的人中,就有帝师翁同龢,而翁同龢早年就养成了写日记的习惯,因此左宗棠大义凛然的样子被记录了下来。左宗棠此行,未必能改变中法战局,但是他临事不苟勇往直前的精神是永远值得世人敬佩的。

第三节　遗恨平生

1884年9月，左宗棠离开北京，水路兼程抵达南京，受到了曾国荃的热烈欢迎。虽然曾国藩已经仙逝多年，但是湘军团队仍然保留了下来，左宗棠和曾国荃于公于私都该团结协作。在左宗棠和曾国荃的这次会见中，左宗棠对于这位小老弟进行了吹捧，问他成功的秘诀何在。曾国荃也毫不客气，兴致盎然地说了八个大字：杀人如麻，挥金如土。左宗棠之所以要吹捧曾国荃，是因为曾国荃这个人喜欢被吹捧，只有得到了曾国荃的信任，才能指望他为自己提供军事和后勤援助。

左宗棠确已老迈，清廷为了体恤这位老臣，便特意下旨不让他亲赴福州前线危险区域，也不让他统率太多军队，只让他就近指挥清军作战。但是，左宗棠就是左宗棠，他断然不肯听从清廷的这一指示，摆出了一副将在外君命有所不受的姿态，非要以身犯险拼死一搏。1884年底，左宗棠到达了福州，受到了当地军民的夹道欢迎，因为大家都认为他来了战局就有望了。左宗棠离开此地十八年之后，故地重游，令他感慨万分，他写了一副楹联来表达自己此刻的心情：

数千里荡节复临，水复山重，半壁东南资保障；
亿万姓辎车争拥，风清霜肃，十闽上下仰声威。

左宗棠坐镇福州之后，立即展开了战略部署，他先是命令刘铭传率部收复基隆，而后又分别向李鸿章的北洋和曾国荃的南洋借调五艘军舰。可是，李鸿章一直是主和的，所以他在关键时刻拆了左宗棠的台，拒不调派兵舰来助战。曾国荃本来是打算帮助左宗棠的，但他见李鸿章并未派来战船，所以也以各种借口保存实力，同样不肯让手下的舰只开赴前线。现实就是如此的惨淡，左宗棠上奏清廷向南北洋施加政治压力也没用，他唯有自己想办法解决问题。

在外援无望的情况下，左宗棠并不放弃收复台湾的决定，他委派手下将领王诗正率领三千亲兵开赴泉州，在当地征集到一批渔船，作为清军登陆台湾的运输工具。王诗正听从了左宗棠的安排，费尽了九牛二虎之力，总算率部渡海登陆台湾岛，协助刘铭传防卫了这个美丽的岛屿，有力地抵御了法军的进攻。法军在攻台不利的情况下，便率军转攻浙江镇海，结果又被清军击退了，并且孤拔也中弹负伤。随后，法军退守澎湖列岛，孤拔重伤而亡，战场形势开始向着有利于清朝的方向发展。

左宗棠在遥控指挥海军作战的同时，也在加强福建沿岸的海防，他会同闽浙总督杨昌浚、福州将军穆图善会商妥当一切，决定将海口水道标识立即撤去，并督饬水雷教习将各雷火药装齐沿港遍布。左宗棠把长门和金牌各炮台视为闽港第一关键，部署穆图善驻军于此。与此同时，左宗棠还发动沿海军民，把一切军用和民用战备物资投放到前线，对法军开战多层次立体化攻防战。经过左宗棠的多方努力，福建沿海的防卫工作大有起色，法国海军的侵略步伐被迫中止。

法军在海上没占到便宜，便把战场转移到陆地上，1885年初，法军向越南谅山一带发起进攻。在法军的大举进犯下，时任广西巡抚潘鼎新节节败退，两广总督张之洞奏请清廷革去了他的职务，改派老将冯子材率军抵挡。冯子材是个难得的将才，他采用诱敌深入伏兵四起的战术，在镇南关一带多次击败了法军。但是，在所谓的镇南关大捷的背后，是清军遭受了数倍于法军伤亡的事实。

趁着清军在战场上占据了上风，李鸿章和海关总税务司赫德认为与法国和谈的时机到来了，他们向慈禧太后认真分析了形势，最终得到了她的批准。于是，1885年6月，李鸿章在天津与巴德诺签订了《中法会订越南条约》（又称《中法新约》），这份条约规定：

一、中国承认越南归法国保护；

二、中国同意在两广、云南的中越边界开埠通商，法国享有减税通商权；

三、以后中国建造铁路时，应向法国商办。

有很多人认为，这份条约意味着中国不败而败，法国不胜而胜。其实这个看法是很短浅的，假如法军不是面临着普法战争的危局，他们是不肯接受这份条约的。

国人对中法战争的结果普遍不满，左宗棠作为前线最高统帅，他的反应更为激烈，坚决反对李鸿章议和的结果。左宗棠为了大清的内战和外战拼搏了一辈子，他从来没想到过要用妥协的方式来解决问题，在他的心目中战至最后一刻也要打下去。我们可以说左宗棠是个英雄，但是国家折腾不起了，如果非要按照他的意志去行事，那么清朝只会败亡得更早些。但是，左宗棠是意识不到这一点的，他认为自己所做的一切都是为了国家和朝廷。

中法战争结束了，左宗棠没事干了，他向清廷提出了两个请求：一个是要加强台湾地区的军事布防，并且要在此地设省并派驻巡抚；另一个是自己要告老还乡，他已经为清朝的军国大事耗尽了全部心血，需要好好静养了。清廷批准了左宗棠的请求，任命刘铭传为第一任台湾省巡抚，并且准许左宗棠返回湖南老家养老。但是，左宗棠已经支撑不住了，他于1885年9月初在福州病逝。

左宗棠在临终之前，他在口授遗折中说：

此次越南和战，实中国强弱一大关键。臣督师南下，迄未大伸挞伐，张我国威，遗恨平生，不能瞑目！

左宗棠死后，清廷发布上谕称：

大学士左宗棠学问优长，经济闳远，秉性廉正，莅事忠诚，叠著战功，运筹决胜，底定回疆，厥功尤伟，尽心民事，裨益地方，扬历中外，恪矢公忠，着追赠太傅，加恩予谥"文襄"。

至此，左宗棠彻底走完了他的人生路，他的威名却永久地留在了史册上。

第十二章　楚军大佬

第一节　杨昌浚

楚军集团是湘军集团的重要组成部分，而左宗棠不但是湘军大佬，也是楚军首领。他毕生的大部分成就，都是他率领楚军拼搏出来的。因此，笔者将简要介绍一下楚军的来龙去脉，并重点介绍该集团的几个楚军大佬，以便大家对这个派别有所认识。楚军的前身是楚勇，这是由江忠源创办的团练武装，它是湘军中最早的一支。

左宗棠创办的楚勇分为两部分，一部分是他的嫡系将士，另一部分则是罗泽南和王錱的老湘营。罗泽南和王錱死后，老湘营先是归张运兰统率，后来又归刘松山指挥，最后才归刘锦棠统率。鉴于老湘营作战勇猛纪律良好，左宗棠在创立楚军时，便把老湘营囊括了进去。楚军与湘军和淮军的不同之处在于，它没有庞大的文官幕府，所以也就没从中出太多督抚。但是，由于带兵的营官都是武将，所以他们更容易听从左宗棠的指挥，军队的战斗力和凝聚力也就更高。

在楚军大将中，作战最为勇猛的当然是刘锦棠，但是综合业绩最高的是杨昌浚。因此，在介绍楚军名将时，笔者第一个讲到的人物，就是这个杨昌浚。杨昌浚虽然不擅长打仗，但他是个督办钱粮和后勤的好手，他一生中最成功的事业是协助左宗棠收复新疆和保卫福建，他平生最失败的一件事是徇私枉判了杨乃武与小白菜一案。在楚军集团中，除了左宗棠之外，杨昌浚的官职是最高的，他先后担任过浙江巡抚、陕甘总督和闽浙总督。

1826年，杨昌浚出生于湖南湘乡的一户手工业者家庭，他与曾国藩是正宗的老乡。杨昌浚家境贫寒，但他自幼聪颖异常而又刻苦读书，所以深受时人的垂青，被免费送进了当地的私塾。1849年，杨昌浚二十三岁时，他拜罗泽南为师，进一步学习四书五经等科举相关知识。在罗泽南的弟子中，还有一个后来大名鼎鼎的人物，此人就是王鑫。

杨昌浚的学习是卓有成效的，1851年，他二十五岁时考中了秀才，但是，太平天国运动随即爆发，并于次年攻入了湖南，他的求学梦便被迫中断了。随后，罗泽南组织团练，王鑫参加了，杨昌浚也参加了，从此他走上了一条从军之路。罗泽南率部转战湖北时，杨昌浚也跟从参加了。在进攻田家镇对岸的半壁山时，他奋勇向上攀登，立下了第一个战功。此战之后，杨昌浚被任命为训导（县学教官）。而后，他又被升授为教授（府学教官）。

杨昌浚虽然取得了一些战功，但是由于他父亲杨仲明去世了，他按照礼制要在家里守孝三年，因此，他的升迁之路中断了，不过这使得他在乱世中保全了性命。时值1860年夏，左宗棠在长沙金盆岭编练楚军时，他把罗泽南和王鑫（此时已死）的老湘营作为骨干。杨昌浚以老湘营将领的身份前来投效，他和刘典被任命为总理营务处副官（正官是王鑫之弟王开化）。从此，杨昌浚跟随着左宗棠和楚军大部队，走上了一条飞黄腾达之路。

左宗棠把楚军五千人编练成功后，在长沙城外进行了几个月的军事训练，便率领他们开赴江西战场，与太平军展开了连续性的战斗。杨昌浚自然是随军前往的，他在一系列战斗中都有突出表现，因而受到了左宗棠的好评。1862年，左宗棠所率楚军扩充到八千多人，他们基本肃清了江西的地盘，随后便开入浙江境内，与太平天国李世贤部二十万大军进行决战。

在由赣入浙的一系列战斗中，杨昌浚都立下了不小的功劳，但是此时他的表现是赶不上蒋益澧的。杨昌浚能够在平叛中立功，主要取决于两点：一是太平天国的气数已经日薄西山了；二是左宗棠进行了科学的战略部署。1864年4月初，在大环境十分有利的情况下，杨昌浚率部攻占了杭州城。随后他因功被清廷授予浙江按察使衔，他的升迁之路正式打开了。之后不久，在左宗棠的保荐下，杨昌浚被任命为浙江布政使，并因功受赏头品顶戴。

1866年初，在时任闽浙总督左宗棠的保荐之下，清廷委任杨昌浚代理浙江巡抚，而后又将这一官职实授给他。杨昌浚在浙江巡抚任上的施政功过并不广为人知，但他枉法裁判1873年冬发生的杨乃武与小白菜一案则是轰动了全国。由于这个案子几乎家喻户晓，所以笔者就不再叙述案情经过了，反正最后慈禧太后处分的结果是：将以杨昌浚为首的浙江数十名涉案官员全部撤职查办或充军发配，湘军集团的势力受到了沉重的打击。至此，杨昌浚暂时丢掉了官职，也为他的失察和枉法行为付出了代价。

1878年春，左宗棠在率军征西期间，他手下的军务帮办刘典因病辞职，他便上奏清廷让杨昌浚接替刘典的职务。清廷批准了左宗棠的意见，于是在同年冬，杨昌浚抵达兰州，全面负责楚军西征的后勤和参谋相关事宜。在此期间，杨昌浚一改之前的浮夸作风，全力保障前线军需供应，并积极为西征军务献计献策。次年，左宗棠从新疆哈密回京时，他上奏清廷让杨昌浚代理他的陕甘总督一职，清廷再一次批准了他的请求。于是，杨昌浚从一名废员变成了封疆大吏，跻身于一品大员的行列。1883年，清廷改任杨昌浚为漕运总督，他仍然享有封疆大吏的政治待遇。

1884年，左宗棠在福州主持中法海战期间，杨昌浚被调任为闽浙总督，并且担任军务帮办。在此期间，杨昌浚在左宗棠的直接领导下，全力做好东南海上防御工作，为集中调动军政资源抗击法军做出了很大的贡献。次年，左宗棠病逝后，杨昌浚继承了他的遗志，与刘铭传联手维护东南海防的安全。此时，杨昌浚是闽浙总督兼福建巡抚，而刘铭传是他手下的台湾巡抚。杨昌浚与刘铭传的合作，是上下级之间的配合，也是湘军和淮军之间难得的协作。

1888年起，杨昌浚再次回任陕甘总督，并于六年后因慈禧太后过寿而受赏太子太保衔。可是，在1895年陕甘回军再次起事后，杨昌浚无力镇压，眼看着叛乱规模不断壮大。在这种情况下，杨昌浚被革去了职务，随后他便离职回籍了。1897年，时年七十一岁的杨昌浚在湖南长沙病逝，清廷追赠他太子太傅荣誉职衔。

第二节 刘典

刘典是湖南宁乡人，1820年他生于一个小康之家，早年曾就读于著名的岳麓书院和城南书院。刘典与其他湘军和淮军的人物一样，最初都是打算通过科举求官的方式进入晚清的官场，可是突如其来的太平军挺进湖南后，打破了他们的美梦。

刘典最初是在宁乡老家参与团练的，率领小股民团抵御太平军的进犯，立下了一些功劳。1860年，左宗棠回到湖南招募楚军，刘典直接率部前来投奔了他。左宗棠任命王鑫之弟王开化为总理营务处正官，刘典和杨昌浚为副官。次年，王开化病卒于军中，刘典顺利接任为总理营务处正官，从此他便成了左宗棠的左膀右臂。

在楚军进攻江西和浙江的一系列战斗中，刘典都身先士卒勇于打硬仗，他曾经率部以少胜多地重创了李秀成所率太平军，立下了显著的战功。1862年，在左宗棠的保荐下，清廷先是授予刘典知府衔，而后又让他担任了浙江按察使。两年后，清廷调任刘典为帮办苏皖军务，很快又改任他为帮办福建军务，让他参与消灭太平军残部的军事行动。刘典不但在战场上建功立业，而且他对于文教事业也特别用心。在平灭太平军之后的1865年，他还在长沙主持修建了云山书院。

1866年底，清廷委派左宗棠为陕甘总督时，刘典奉命随同前往，他被授予陕西按察使的官职。随后，刘典因参与镇压西捻军有功，他又被任命为帮办陕西军务，并且受封三品卿衔。1868年，在捻军被平定后，刘典被升任为陕西巡抚，这是他第一次执掌一省军政大权。刘典当上陕西巡抚之后，一方面他全力配合左宗棠平定陕甘回乱，另一方面他努力恢复因战乱而被破坏的秩序，并积极兴修水利发展生产，把陕西政务打理得井井有条。

1875年，左宗棠率领楚军收复新疆期间，刘典奉命前去帮办军务，协助他处理前线一切军政要务。在此期间，刘典不是统兵大将，而是左宗棠的副统帅。他虽然没有亲自上阵杀敌，但他在军中的运筹帷幄之功是不容抹杀的。经过两年的艰苦奋战，楚军重新收复了北疆和南疆，随后左宗棠命刘典全面负责管理新疆军政事务。1879年，刘典因忧劳过甚，年仅五十九便病逝于新疆塞外。

第三节 刘锦棠

刘锦棠是楚军集团中的后起之秀。在楚军平定回乱和西征新疆的过程中，最为骁勇善战的就是这位名将。提到刘锦棠，必然要提到他的叔父刘松山，刘松山接掌了老湘营的统帅权，而刘锦棠又继承了刘松山的衣钵。老湘营最初是罗泽南和王鑫等人创立的，这支部队人数虽然不多，但是它的战斗力十分强劲，而且纪律严明。老湘营最初依附了湘军，后来成了楚军的骨干，为清朝立下了赫赫战功。

刘锦棠于1844年出生于湖南湘乡一户普通农民家庭，其父刘厚荣在参加湘军后被太平军给打死了，年仅十五岁的他就立志为父报仇。从此，刘锦棠加入了其父刘厚荣的旧部，追随叔父刘松山东征西讨，在剿灭太平军的战斗中立下大功。在剿灭了太平军之后，刘锦棠追随刘松山参加了剿灭捻军的战斗，他在战争中逐渐成长为一名优秀的青年将领，并且在老湘营中树立起了很高的威信。

1870年，在左宗棠率领楚军镇压陕甘回乱的战争中，刘松山奉命去攻打甘肃回军马化龙部的大本营金积堡时，不幸遭到对方的伏击而死于沙场。随后，左宗棠任命刘锦棠接掌老湘营，勉励他去为死去的叔父报仇。此时刘锦棠只有二十六岁，他便成了这个王牌师的统帅，一个属于他的战争时代到来了。

左宗棠之所以要让刘锦棠接替刘松山的职务，不过是为了维系老湘营的军心，他当时根本没有认识到青年刘锦棠的巨大能量。左宗棠给刘锦棠下达的指示有两个：一个是让他原地坚守，另一个是让他率部退却。刘锦棠对此不屑一顾，他作为一名在血与火中磨炼出来的汉子，心中只有一个想法，那就是勇往直前绝不后退。

刘锦棠用战场实情说服了左宗棠，又用刘松山的战死沙场的精神动员起老湘营的全部资源，然后他率部一举突破了金积堡的外围防线。在这种情况下，马化龙只好率部投降，刘锦棠接受了他的投降，而后便在请示了左宗棠之后，杀掉了他和他手下的一千八百多名降兵降将。刘锦棠一战成名，左宗棠把他倚为柱石，清廷很快授予他三品衔。

在取得了金积堡之战的胜利之后，刘锦棠便把刘松山的灵柩运回湖南安葬，而后他又回军陕甘，率领老湘营直捣西宁。经过大小五十余次血战，刘锦棠最终击溃了马桂源和马本源所部回军，率部收复了西宁。数年之后的1875年，左宗棠率师西征新疆，刘锦棠作为前军主将率部参战，更大的辉煌将在前面等待着他。

刘锦棠严格遵照左宗棠制订的先北后南和缓进速战的方针，先率领老湘营收复了北疆的乌鲁木齐和玛纳斯等城池；而后他又率部挺进南疆，重创了阿古柏的侵略和割据势力，先后收复了胜金口、达坂城和吐鲁番等地。刘锦棠的战功和威名是靠着自身的实力和胆略打出来的，他背后大清的军政资源和后勤支持当然也是重要因素，但是他个人的军事指挥能力也是名不虚传的。

在刘锦棠等部大军压境之下，阿古柏在绝望之中服毒自杀了，此后南疆也落入了楚军之手，唯有伊犁还在沙俄侵略军的手里。随着西征军的节节胜利,刘锦棠先后获得了骑都尉世职、赏戴双眼花翎、三品京卿候补。后来又由骑都尉晋升为二等男爵、补太常寺卿、转通政使司通政使。1880年,左宗棠奉命返京,刘锦棠被清廷任命为代理钦差大臣,督办新疆军务。

刘锦棠接旨之后,从喀什噶尔赶回哈密,接受了这两项重要职务。由于楚军已经收复了新疆的大部分地区,再加上曾纪泽通过谈判收回了沙俄占据的伊犁,刘锦棠一生的戎马生涯就此宣告结束了。新疆的一系列善后工作,都责无旁贷地落到了刘锦棠的身上,直到新疆建省,此时他年仅三十六岁。

刘锦棠担任首任新疆巡抚后,竭尽全力经营该省,为开发建设新疆、促进新疆发展和国家统一做出了重要贡献。刘锦棠主持制定了新的《新疆屯垦章程》,在安置难民、兴修水利、推广水稻种植及渔业养殖、兴修道路桥梁、清丈地亩并改革赋税制度、禁烟禁赌、植桑养蚕、发展商业贸易、改革币制、兴办义学、整军经武、改革官制与整顿吏治、改革人犯审判制度与军流安置办法等方面,均做出积极的努力,并且收到了积极良好的效果。

1884年,中法战争爆发后,刘锦棠义愤填膺,他当即向朝廷上奏《请率师与法夷决战折》。在此折中,刘锦棠声明绝不妥协退让,坚决请求与法一战。因当时新疆刚收复,刘锦棠尚不宜离开,朝廷未同意他的请求。但他不久又上了一道《遵旨酌度仍申前请折》,坚决要求与法一战。刘锦棠掌握着一支雄兵,他本人又是一位为中外倾服的名将。因此他的态度对当时形势产生了较大的影响,壮大了主战派的队伍。

1894年,中日甲午战争爆发后,刘锦棠因守制和养病在家,他听到了日本即将入侵的消息,连忙准备进京陛见慈禧太后。清廷也在此时多次传旨,打算让刘锦棠率领一军,开赴抗日前线。刘锦棠闻命之下,即治装扶病启程,自谓年力未衰,一息尚存,自当勉济时艰,力图报国。然而,刘锦棠空有杀贼之心,此时已无力回天了,因为他五十岁的生命很快就走到了尽头。

第十三章 一生功过

第一节 正面评价

左宗棠这一生,同样是波澜壮阔的一生,关于他的是非功过,有许多人给出了不同的评价。笔者要做的工作有两个:一是对这些评价进行分类,二是对这些评价进行再评价。笔者这么做的目的,就是力求准确而完整地认识左宗棠,为大家了解晚清史提供一个借鉴。

林则徐对于左宗棠的评价有两句话,其中第一句是:

一见倾倒,诧为绝世奇才。

而第二句是:

东南洋夷,能御之者或有人;西定新疆,舍君莫属!

林则徐并不是第一个慧眼识才的人,在他之前就有一些知名人士对左宗棠刮目相看了。但是,林则徐是第一个跟左宗棠深入探讨海防和塞防的人,也是唯一一个很早就把经营新疆的历史使命托付给左宗棠的人。当年林则徐作为誉满天下的禁烟志士、民族英雄,他对于左宗棠这么一个尚未出山的书生是如此的垂青,这足以证明两件事:一是左宗棠确有真才实学,二是林则徐不愧为慧眼识才之人。

曾国藩曾经说过:

> 论兵战,吾不如左宗棠;为国尽忠,亦以季高为冠;国幸有左宗棠也。

曾国藩是湘军祖师爷,可是由他出面编练湘军是左宗棠提议和保荐的。假如没有左宗棠的运作,曾国藩就不会成为湘军祖师爷。曾国藩精通兵略,他率领湘军镇压太平军时战果颇丰。但是,左宗棠在编练楚军征缴太平军时,他的战绩更是十分辉煌。后来,左宗棠率军剿灭西捻军和回乱,并收复新疆的壮举,更是曾国藩所难以望其项背的。另外,曾国藩在遭遇挫折的时候,曾经几度要寻死觅活,都是左宗棠用严厉的责骂促使他回心转意的,这就令曾国藩对左宗棠十分敬畏。曾国藩不同于常人,他平生从不轻易褒贬人物,他能对左宗棠做出如此高的评价,足以证明左宗棠在军事韬略和为国尽忠上是冠绝当时的。

胡林翼对左宗棠的评价是:

> 横览九州,更无才出其右者。

这个评价是至高的,以胡林翼之大才,他不但对左宗棠自愧弗如,而且他认为整个中国没有一个人的才能赶得上左宗棠。胡林翼是左宗棠的同窗好友,他们青年时代就在一起做学问。胡林翼轻易是不服人的,他最为敬服的人就是左宗棠,而当时左宗棠尚未出山。

数十年后,李鸿章临终前对袁世凯做出过类似的评价,他说:

> 环顾宇内人才，无出袁世凯右者。

袁世凯在历史上的名气是高过左宗棠的，因为他在清末民初新旧交替之际爬上了国家元首的高位。但是，就其一生的文治武功，尤其是对于国家疆土的贡献，他是不足以与左宗棠相提并论的。

在樊燮案发生后，咸丰帝授权官文可将左宗棠审讯正法，为了拯救左宗棠的性命，郭嵩焘找到了时任上书房行走潘祖荫。潘祖荫对于左宗棠的政声、功业、人品和才学是推崇有加的，他在给清廷的奏折中如是说：

> 天下不可一日无湖南，湖南不可一日无左宗棠。

当时的左宗棠，以一师爷之职，掌湖南全省军政，支撑了清王朝的平叛事业，并把湖南打造成对付太平天国的稳固根据地，这里面的功劳是无与伦比的。在此之前，潘祖荫与左宗棠并无深交，他肯出面力保左宗棠，除了有看在郭嵩焘的情面上的因素之外，主要是他对于左宗棠这个人的认可。潘祖荫力保了左宗棠，在一定程度上改变了咸丰帝的意见和态度，也就为国家保护了左宗棠这么一个大才。假如当时左宗棠真被处决了，那么后来的平定叛乱不会有大的差别，但是收复新疆和中法战争就未必能坚持下来。

光绪帝是这么总结左宗棠的一生的：

> 大学士左宗棠，学问优长，经济闳远，秉性廉正，莅事忠诚。由举人、兵部郎中带兵剿贼，迭著战功，蒙文宗显皇帝特达之知，擢升卿寺。同治年间，剿平发逆及回、捻各匪，懋建勋劳。穆宗毅皇帝深资倚任，畀以疆寄，浙陕兼圻，授为钦差大臣，督办陕甘军务。运筹决胜，克奏朕功。简任纶扉，优加异数。朕御极后，特命督师出关，肃清边围，底定回疆，厥功尤伟。竭谋赞画，悉协机

> 宜。旋任两江总督，尽心民事，裨益地方，扬历中外，恪矢公忠，洵能终始如一。

中国人在为逝者盖棺定论的时候，往往不吝溢美之词，甚至不惜文过饰非，但是光绪帝对于左宗棠的赞扬，大都是有事实依据的，并不是信口开河泛泛而论的褒奖。

清末民初的书画家裴景福是这么评价左宗棠的一生的：

> 左文襄佐骆文忠，仅一幕职而得行其志，似愈于曾文正之为相；奉命出征，发谋出虑，朝廷亦从不牵制，此老一生际遇，文正不如也。

事实确实如此，左宗棠在给张亮基和骆秉章当幕府师爷的时候，已经能够代替督抚大员处理湖南乃至湖广的行政了。对于左宗棠所做出的任何决定，他的顶头上司张亮基和骆秉章都不具体过问，这份权力大得有些惊人了。后来，左宗棠独立率领楚军西征期间，清廷也确实对他比较放心，总是把军政财大权放给他，从不有意对他进行掣肘和牵制，这在满汉关系复杂的清王朝是非常难得的。左宗棠之所以能一再受到上司的信任和重用，除了他忠诚能干之外，主要是因为楚军集团从未一家独大，否则他就会像曾国藩那样受到清廷的猜忌了。

梁启超说：

> 左宗棠是五百年来第一伟人。

梁启超对于左宗棠的这个评价之高，比胡林翼对于左宗棠的评价更甚。梁启超是清末维新派的著名代表人物，而且他是民国初年著名的政治家和思想家，他曾经对李鸿章做过十分中肯的评价，但他对于李鸿章从未如此推崇。笔者以为，梁启超之所以把左宗棠看得如此伟大，主要是因为左宗棠不顾沙俄的反对拼命收复了新疆，由此可见他是站在国家主义的立场上来看待历史人物的。左宗棠为了延续晚清王朝的统治，成就了多方面的功勋，但是其中最为重大的、对后世影响最为深远的，还是他克复新疆之功。

湘阴名士左敏钦是这么评价左宗棠的：

> 综古今论之，邓、马、李、郭中兴帝室，无此战绩；卫、霍、韩、范功高边塞，无此雄威。班定远生入玉门，尚须陈乞；岳忠武痛饮黄龙，徒成虚名。勋名之盛，秦汉以后，谁与比伦？

这个评价是基本属实的，以左宗棠的赫赫战功，他足以与秦汉以来的历代名将相媲美，而且他的文治水平更是超越前人的。左宗棠上马能杀敌，下马能理政，是一个文武全才型的重臣，这更是历代名将所缺少的。而且，左宗棠在近代历史条件下，顶住压力处理了一些涉外事务，他在列强面前从不低头，这一点更足以令时人和后人对他产生敬仰之情。

赵尔巽主编的《清史稿》是这么说的：

> 宗棠有霸才，而治民则以王道行之。宗棠为人多智略，内行甚笃，刚峻自天性。宗棠事功著矣，其志行忠介，亦有过人。廉不言贫，勤不言劳。待将士以诚信相感。善于治民，每克一地，招徕抚绥，众至如归。论者谓宗棠有霸才，而治民则以王道行之，信哉。

这个评价是从多方面总结了左宗棠不平凡的一生，并对他的功业和人品进行盖棺定论，足以作为后世学人了解左宗棠的史学依据。

中共建政之后，王震全面主持了新疆地区的军政事务，他对于左宗棠收复和开发新疆的事迹自然是了解较多的。王震是这么评价左宗棠的：

史学界最近做了一件有意义的工作，对左宗棠做出了正确、客观的评价。这对海内外影响都很大。左宗棠在帝国主义瓜分中国的历史情况下，立排投降派的非议，毅然率部西征，收复新疆，符合中华民族的长远利益，是爱国主义的表现，左公的爱国主义精神，是值得我们后人发扬的。解放初，我进军新疆的路线，就是当年左公西征走过的路线。在那条路上，我还看到当年种的左公柳。走那条路非常艰苦，可以想象，左公走那条路就更艰苦了。左宗棠西征是有功的，否则，祖国西北大好河山很难设想。阿古柏是从新疆外部打进来的，其实他是沙俄、英帝的走狗，左公带兵出关，消灭阿古柏、白彦虎，收复失地，得到了新疆各族人民的支持，这是抗御外侮，是值得赞扬的。办洋务的人也有所不同，有些是爱国的，有些是卖国的。像曾国藩、李鸿章，就不能和左宗棠相提并论。曾国藩、李鸿章是丧权辱国的，左公在福建办船政局，在甘肃办织呢厂，在新疆的屯田，客观上还是有利于国计民生的。我们是历史唯物主义者，对历史人物要一分为二，左宗棠一生有功有过，收复新疆的功劳不可泯灭。

　　王震对于左宗棠的上述评价中，的确充斥着一股政治宣传的味道，但也对他收复新疆和开发西北的功绩进行了充分的肯定。

　　左宗棠是晚清三杰之一，他的历史地位与曾国藩不相上下，他的国际声望与李鸿章在伯仲之间。不过，左宗棠在普通民众心目中的分量，是高出曾国藩和李鸿章一大截的。笔者所举出的给了左宗棠好评的人物，都是一些成功的知名人士，民间百姓对于他的推崇更是如此。左宗棠的果敢坚韧、威武不屈、所向披靡、忠君爱民都深刻地影响了晚清的历史，为他在史书上又添了精彩的一笔。

第二节　负面评价

梁启超曾经在《李鸿章传》开篇说过这么一句话：

> 天下惟庸人无咎无誉。

笔者以为此言极是，像左宗棠这么一个誉满天下的人，必然也将谤满天下，不然他就不是我们所感兴趣的左宗棠了。左宗棠是个盖世大才，也是个充满缺陷的有血有肉的人，笔者将在本节指出他的几个性格缺陷和饱受争议之处，表达出自己的看法。

大凡有才的人都自诩自矜，左宗棠当然也不例外，他多年前就自命为当时诸葛亮。他在写给别人的信中，往往落款署名不是"左宗棠"，而是"今亮"或"小亮"。我们要知道，当时的左宗棠还什么都不是，虽然时人对他称许和赞誉颇多，但他不过是个穷书生，根本没有实践其才学的机会。后来，左宗棠担任了军国要员，他在制定决策时也习惯自我吹嘘，甚至为自己的某个点子拍案叫绝，也难怪李鸿章和薛福成会私下嘲讽他。笔者认为，这是左宗棠性格中的缺点，但也称不上缺陷，这反倒体现出了他比较可爱的一面。

左宗棠这一辈子从不服输，他性格要强得很，在任何人面前都是一副倔强和强硬的姿态。左宗棠开始出山担任幕府师爷时，他就总揽了湖南的军政大权，张亮基和骆秉章对他做出的决定，唯有画诺执行的份，连过问的资格都没有。除了对顶头上司不客气之外，左宗棠对于比他级别高的湖南文武大员更不客气，他总是命令他们给自己行跪拜礼，不然就把他们骂得狗血喷头，甚至对他们拳脚相加。樊燮案是左宗棠一手惹出来的，他弄得自己差点掉脑袋，但他始终不肯向满族大员屈服，多年后他还伙同曾国荃参掉了借樊燮案整治过他的官文。

左宗棠的强硬还表现在他对待曾国藩和李鸿章等人的态度上，他从来不怕得罪人，对于这两个比他分量更重的大佬，他动不动就出言责骂，经常搞得人家下不来台。左宗棠曾经给曾国藩当过助手，但是他又在湘军阵营内另立了楚军，并以此与对方相抗衡。他根本不把曾国藩当上司看待，而曾国藩也不敢把他当成下属。在刚刚平定了太平天国之乱之后，左宗棠就与曾国藩反目成仇了，两个人之间断交多年，闹到了水火不容的地步。左宗棠对于李鸿章更不客气，尽管李鸿章的实力和权势超过了他，但他始终在李鸿章面前倨傲万分，几乎从来没说过对方一句好话，让李中堂感觉跟他相处如同嚼蜡。左宗棠对曾国藩和李鸿章表现强硬还情有可原，但他对郭嵩焘蛮横就说不过去了，当年樊燮案发生后郭嵩焘对他有救命之恩，可他因为一点小事就跟郭嵩焘闹僵了，甚至到了多年不通音信的地步。

关于左宗棠收复新疆领土和主持中法战争，国人基本是持肯定态度的。当然也有人抱怨他不顾国力的衰弱，不惜向列强借外债，也要对外强硬到底。关于左宗棠一生的作为，最大的争议点在于，他在领衔平定陕甘回乱时的屠杀行为。左宗棠提出的剿灭回乱的方针是：

先将逆回痛予剿洗痛加惩创；剿抚兼施，以剿为主。

因此，就有了楚军对回民无分别的杀戮情况，他们在诱降叛军后曾对放下武器的回民进行集体屠杀，甚至左宗棠在西宁曾下达过见回格杀勿论的命令。如果我们站在人道立场和民族革命的价值观上进行评价，肯定要说左宗棠是个杀人魔头和十恶不赦的恶者。但是，如果我们对那段历史足够了解，就会认为左宗棠屠回确有不得已之处：回民已经杀了数不尽的汉民，而且他们业已把陕甘青宁数省闹翻了天，甚至他们还与西捻军和新疆叛乱势力相互策应，被逼放下屠刀的回乱分子随时都可能重新拿刀杀入，在这种情况下唯有以杀止杀别无良策。

左宗棠身上有着这样那样的缺陷和问题,但他总体上不愧为当世豪杰人物,他对历史的影响力是远超同时代人的。左宗棠当然有他不如曾国藩和李鸿章的地方:在整合湘军力量镇压太平天国事业上,他的作为是赶不上曾国藩的;在剿灭捻军叛乱和发展洋务运动的事业上,他的功绩是赶不上李鸿章的。左宗棠在这些方面的不足,主要是由于当时他所处的位置和他手上的筹码决定的,当然也是由于他的见识和胸怀限制了他的作为。总而言之,左宗棠是个伟大的英雄,也是个具有缺陷和不足的人物。

第三节 中肯评价

笔者已经对左宗棠进行了正反两方面的分析和评价,但是觉得还不够,还不足以完整而准确地评价这个人。从某种意义上来说,不管左宗棠还是曾国藩或是李鸿章,他们都是选错了方向也走错了路径的文人。晚清三杰本来的身份都是书生,假如不是天下风云突变,他们不会走上统兵打仗的道路,当然也就不会杀掉那么多的人。总的来说,是时势造就了晚清三杰,而不是晚清三杰造就了时势,他们的丰功伟绩都是历史的产物。

与曾国藩和李鸿章不同,左宗棠在科举上并不是个成功者,他经历了三次会试都没能考取进士功名,更没有机会进入京师翰林院任职,最后选择做了一名躬耕于垄亩的乡间隐士。虽然左宗棠身负大才,尽管他受到了时人的推崇,但是,如果不是遭遇天下大乱,他一辈子也不会出山的,历史上也就不会留下他的大名。是太平军的战火烧到了潇湘大地才逼出来了左宗棠,左宗棠在痛恨太平天国的时候,也应该对这个敌人充满感激之情,因为他的英名和事业正是建立在镇压叛乱的基础上的。

左宗棠在出山从政之后,我们看到的大多是他整军经武的事实。其实,他首先是个出色的政务官,是他把湖南打造成了镇压太平军的后方基地。后来左宗棠不管在哪儿任职，他都把兴修水利工程、整顿赋税和吏治、发展洋务运动作为自己的主要工作来抓。左宗棠是个勤政的人，他对自己负责的事业绝不马虎，对所能抓到手的权力也绝不放松，他的一生就是励精图治干事创业的一生。从这点来说，左宗棠是个名副其实的建设者，他把毕生的精力和心血都贡献给了晚清王朝及其华夏子民。尽管囿于左宗棠的见识水平和当时的历史条件，他没能创造出更大的成绩，也没能使中国真正走上富强和文明，但他已经为自己的理想拼尽了全力。

左宗棠是累死在福州的，他最终都没能卸下肩上的重担、如愿返回湖南湘阴老家，这不能不说是他最后的遗憾。左宗棠其实是个乡土情结很重的人，当年他曾经打算在湘阴隐居一辈子的，后来他出山入幕了也不肯离开湖广的地盘，直到樊燮案的发生他才真正走向了全国。从湖广到东南，从东南到西北，再从西北到京师，最后折返到东南，这就是左宗棠一生事业的路线图。从海防到塞防，从治军到理政，从镇内到御外，大清帝国的每件大事都与他扯上了关系。左宗棠没有辜负林则徐的重托，也没有令世人失望，他为了这个国家奋斗到了生命的最后一刻。在左宗棠的遗嘱中，最重要的一件事，就是建议清廷在台湾建省，而不是其他的什么私事。这件事与他收复新疆一样，都对后世的军政格局产生了重大影响，而且这一影响还蔓延至今。

在左宗棠的家庭成员中，除了他二哥左宗植之外，几乎全是无名之辈。而曾国藩和李鸿章的兄弟和门人大都进入了清朝的官场，他们都建立了较大的功业，也得以跻身于富贵之门。这说明了什么问题呢？这至少说明了左宗棠不是那种任人唯亲的人，他总能把私情和公事分开，从不把二者混为一谈。左宗棠的这个品格，在当时的历史环境下是非常难得的。因为那是个一人得道鸡犬升天的时代，官场上的拉帮结派和任人唯亲已经见怪不怪了。左宗棠傲然而独立，操持着他的出淤泥而不染的节操，无论是谁都不由得对他肃然起敬。

左宗棠这个人最大的特点，是他一生没向别人低过头，这是他的性格因素使然，也是清朝国力所能承担的最大值。试想一下，假如让左宗棠处理天津教案，他能拿出更好的解决办法吗？假如左宗棠坚持对外强硬，那么中法战争只会提前爆发，根本等不到法军入侵越南，而左宗棠也未必能防守好渤海和京津。假如左宗棠再多活十年，他能代替李鸿章挽回甲午战争的败局吗？左宗棠在洋人面前也是十分强硬的，而列强使节也对他礼敬有加，这是他的光荣，也代表了晚清最后的尊严。但是，左宗棠最终把这份荣耀带进了棺材，因为晚清王朝已经不可避免地走上了衰亡之路。